本书为国家社会科学基金重大项目

"荆州胡家草场 12 号西汉墓出土简牍整理与研究"

（项目批准号：20 & ZD255）

阶段性成果

本书出版得到国家文物保护专项资金补助项目资助

（项目编号：23 - 4 - 15 - 4200 - 0069）

荆州胡家草场墓地考古发掘报告

荆州博物馆　编著

李志芳　主编

王潘盼　副主编

文物出版社

图书在版编目（CIP）数据

荆州胡家草场墓地考古发掘报告 / 荆州博物馆编著；
李志芳主编. -- 北京：文物出版社，2024.10.
ISBN 978-7-5010-8531-6

Ⅰ．K878.85

中国国家版本馆 CIP 数据核字第 2024NB6462 号

荆州胡家草场墓地考古发掘报告

编　　著：荆州博物馆

主　　编：李志芳

副 主 编：王潘盼

封面设计：特木热

责任编辑：吴　然

责任印制：张道奇

出版发行：文物出版社

社　　址：北京市东城区东直门内北小街 2 号楼

邮　　编：100007

网　　址：http://www.wenwu.com

邮　　箱：wenwu1957@126.com

经　　销：新华书店

印　　刷：宝蕾元仁浩（天津）印刷有限公司

开　　本：889mm×1194mm　1/16

印　　张：20.25　插页：3

版　　次：2024 年 10 月第 1 版

印　　次：2024 年 10 月第 1 次印刷

书　　号：ISBN 978-7-5010-8531-6

定　　价：500.00 元

Archaeological Excavation Report of the Hujia Caochang Cemetery in Jingzhou

(With an English Abstract)

by

Jingzhou Museum

Cultural Relics Press

目 录

第一章 概 述 ……………………………………………………………………………… 1

    第一节 地理位置与自然环境 …………………………………………………………… 1

    第二节 发掘经过及资料整理 …………………………………………………………… 2

第二章 墓地概况 …………………………………………………………………………… 5

    第一节 地层堆积与墓葬分布 …………………………………………………………… 5

    第二节 墓坑与填土 ……………………………………………………………………… 7

第三章 墓 葬 ……………………………………………………………………………… 8

    第一节 西汉墓 …………………………………………………………………………… 8

        一 M3 ……………………………………………………………………………… 8

        二 M4 ……………………………………………………………………………… 8

        三 M8 ……………………………………………………………………………… 11

        四 M9 ……………………………………………………………………………… 12

        五 M12 …………………………………………………………………………… 12

        六 M13 …………………………………………………………………………… 16

        七 M14 …………………………………………………………………………… 17

        八 M15 …………………………………………………………………………… 18

        九 M16 …………………………………………………………………………… 18

        一〇 M17 ………………………………………………………………………… 21

        一一 M18 ………………………………………………………………………… 22

    第二节 东汉墓 …………………………………………………………………………… 23

        一 M5 ……………………………………………………………………………… 23

        二 M6 ……………………………………………………………………………… 24

        三 M11 …………………………………………………………………………… 25

第三节　宋代墓 ·· 25

　　一　M1 ··· 25

　　二　M2 ··· 26

　　三　M7 ··· 27

第四节　明代墓（M10）·· 29

第四章　随葬器物 ·· 30

第一节　西汉墓葬随葬器物 ·· 30

　　一　陶　器 ··· 30

　　　（一）礼器 ··· 30

　　　（二）日用器 ·· 32

　　　（三）模型明器 ··· 43

　　二　铜　器 ··· 47

　　　（一）礼器 ··· 47

　　　（二）兵器 ··· 48

　　　（三）日用器 ·· 49

　　　（四）货币 ··· 49

　　　（五）其他 ··· 53

　　三　漆木器 ··· 54

　　　（一）胎质与制法 ·· 55

　　　（二）纹饰 ··· 55

　　　（三）器类 ··· 55

　　四　竹　器 ··· 91

　　五　石器与杂类 ·· 92

　　六　简　牍 ··· 93

　　　（一）竹简 ··· 94

　　　（二）木简 ·· 105

　　　（三）木牍 ·· 105

第二节　东汉墓葬随葬器物 ··· 105

第三节　宋代墓葬随葬器物 ··· 106

　　一　瓷　器 ·· 106

　　二　釉陶器 ·· 106

　　三　铜　器 ·· 106

　　四　石　器 ·· 107

第五章　结　语 ·· 108

　　第一节　墓葬年代及分期 ··· 108

　　第二节　墓地性质与文化内涵 ··· 111

　　第三节　墓主身份推测 ··· 112

　　第四节　胡家草场墓地与郢城遗址的关系 ·· 114

　　第五节　胡家草场汉简发现的意义 ··· 115

附录一　荆州郢城遗址周边西汉墓文化特征探析 ······································· 117

附录二　胡家草场墓地 M12 人骨鉴定报告 ·· 152

附录三　胡家草场墓地 M12 出土简牍保护、揭取与绘图 ····························· 154

附录四　胡家草场墓地 M12 出土简牍保护工艺 ·· 159

附　表 ·· 165

英文提要 ·· 179

后　记 ·· 181

插图目录

图一　墓地位置示意图 ………………………………………………………………… 2

图二　墓地 T2 南壁剖面图 …………………………………………… 5

图三　墓葬分布图 ………………………………………………… 6

图四　M3 平、剖面图 ………………………………………………… 9

图五　M4 平、剖面图 ………………………………………………… 10

图六　M8 平、剖面图 ………………………………………………… 11

图七　M9 平、剖面图 ………………………………………………… 12

图八　M12 平、剖面图 ………………………………………………… 13

图九　M12 椁室平、剖面图 ………………………………………… 14

图一〇　M12 木棺结构图 ……………………………………………… 15

图一一　M12 椁室内器物分布图 …………………………………… 拉页

图一二　M13 平、剖面图 ……………………………………………… 17

图一三　M14 平、剖面图 ……………………………………………… 18

图一四　M15 平、剖面图 ……………………………………………… 19

图一五　M16 平、剖面图 ……………………………………………… 20

图一六　M17 平、剖面图 ……………………………………………… 22

图一七　M18 平、剖面图 ……………………………………………… 23

图一八　M5 平、剖面图 ……………………………………………… 24

图一九　M6 平、剖面图 ……………………………………………… 25

图二〇　M11 平、剖面图 ……………………………………………… 26

图二一　M1 平、剖面图 ……………………………………………… 27

图二二　M2 平、剖面图 ……………………………………………… 28

图二三　M7 平、剖面图 ……………………………………………… 28

图二四　M10 平、剖面图 ……………………………………………… 29

图二五　西汉墓出土陶鼎 ……………………………………………… 31

图二六　西汉墓出土陶器 ……………………………………………… 32

图二七　西汉墓出土陶小口瓮 ………………………………………………………… 34

图二八　西汉墓出土陶瓮（M16：6）………………………………………………… 35

图二九　西汉墓出土陶尊（M4：28）………………………………………………… 35

图三〇　西汉墓出土陶器 ………………………………………………………………… 36

图三一　西汉墓出土陶高领罐 …………………………………………………………… 37

图三二　西汉墓出土陶矮领罐 …………………………………………………………… 38

图三三　西汉墓出土陶深腹罐 …………………………………………………………… 40

图三四　西汉墓出土陶敛口罐 …………………………………………………………… 41

图三五　西汉墓出土硬陶罐 ……………………………………………………………… 41

图三六　西汉墓出土陶器 ………………………………………………………………… 42

图三七　西汉墓出土陶甑 ………………………………………………………………… 44

图三八　西汉墓出土陶器 ………………………………………………………………… 45

图三九　西汉墓出土陶灶 ………………………………………………………………… 47

图四〇　西汉墓出土铜器 ………………………………………………………………… 48

图四一　西汉墓出土铜剑（M12：8）………………………………………………… 49

图四二　西汉墓出土铜镜（M14：1）………………………………………………… 50

图四三　西汉墓出土铜镜（M14：1）拓片 ………………………………………… 50

图四四　西汉墓出土铜镜（M15：1）………………………………………………… 51

图四五　西汉墓出土铜镜（M15：1）拓片 ………………………………………… 51

图四六　西汉墓出土铜镜（M16：4）………………………………………………… 52

图四七　西汉墓出土铜镜（M16：4）拓片 ………………………………………… 52

图四八　西汉墓出土铜带钩 ……………………………………………………………… 53

图四九　西汉墓出土铜钱拓片 …………………………………………………………… 53

图五〇　西汉墓出土铜器 ………………………………………………………………… 54

图五一　西汉墓出土漆耳杯 ……………………………………………………………… 57

图五二　西汉墓出土漆耳杯 ……………………………………………………………… 58

图五三　西汉墓出土漆酒具盒（M12：77）………………………………………… 59

图五四　西汉墓出土漆圆盒 ……………………………………………………………… 60

图五五　西汉墓出土 A 型漆圆盘（M12：52）……………………………………… 61

图五六　西汉墓出土 B 型漆圆盘（M12：43）……………………………………… 62

图五七　西汉墓出土 B 型漆圆盘（M12：140）…………………………………… 63

图五八　西汉墓出土 C 型漆圆盘（M12：93）……………………………………… 64

图五九　西汉墓出土 C 型漆圆盘（M12：109）…………………………………… 65

图六〇　西汉墓出土漆椭圆奁 …………………………………………………………… 66

图六一   西汉墓出土漆椭圆奁（M12：94）　··· 66

图六二   西汉墓出土漆方平盘（M12：51）　·· 68

图六三   西汉墓出土漆器　·· 68

图六四   西汉墓出土漆樽　·· 69

图六五   西汉墓出土漆樽盖　·· 71

图六六   西汉墓出土漆器　·· 72

图六七   西汉墓出土漆几（M12：82）　··· 72

图六八   西汉墓出土漆圆奁（M12：79－1）　··· 74

图六九   西汉墓出土漆圆奁（M12：79－1）盖内纹饰　··· 75

图七〇   西汉墓出土漆圆奁（M12：79－1）内底纹饰　··· 75

图七一   西汉墓出土漆圆奁（M12：30）　··· 76

图七二   西汉墓出土漆圆奁（M16：2）　·· 76

图七三   西汉墓出土漆圆奁（M16：2）盖内纹饰　··· 77

图七四   西汉墓出土木器　·· 77

图七五   西汉墓出土木袖手女侍俑（M12：70）　·· 79

图七六   西汉墓出土木袖手女侍俑（M12：115）　·· 80

图七七   西汉墓出土木持物女侍俑（M12：154）　··· 81

图七八   西汉墓出土木俑　·· 82

图七九   西汉墓出土木俑　·· 83

图八〇   西汉墓出土木马　·· 84

图八一   西汉墓出土木动物　·· 85

图八二   西汉墓出土木车　·· 86

图八三   西汉墓出土木伞盖斗（M12：71）　·· 88

图八四   西汉墓出土木车构件　··· 89

图八五   西汉墓出土木船　·· 90

图八六   西汉墓出土漆六博盘（M12：9）　··· 90

图八七   西汉墓出土漆器　·· 91

图八八   西汉墓出土竹器　·· 92

图八九   西汉墓出土器物　·· 93

图九〇   东汉墓出土陶仓（M5：1）　·· 106

图九一   宋代墓出土器物　·· 107

图版目录

图版一　　M12 出土遣册简 （1 ~ 4）

图版二　　M12 出土遣册简 （5 ~ 8）

图版三　　M12 出土遣册简 （9 ~ 12）

图版四　　M12 出土遣册简 （13 ~ 16）

图版五　　M12 出土遣册简 （17 ~ 20）

图版六　　M12 出土遣册简 （21 ~ 26）

图版七　　M12 出土遣册简 （27 ~ 30）

图版八　　M12 出土遣册简 （31 ~ 35）

图版九　　M12 出土遣册简 （36 ~ 40）

图版一〇　M12 出土遣册简 （41 ~ 45）

图版一一　M12 出土遣册简 （46 ~ 50）

图版一二　M12 出土遣册简 （51 ~ 55）

图版一三　M12 出土遣册简 （56 ~ 59）

图版一四　M12 出土遣册简 （60 ~ 64）

彩版目录

彩版一　　胡家草场墓地全景

彩版二　　西汉墓 M3、M4 全景

彩版三　　西汉墓 M4 陶器出土情况及出土陶器组合

彩版四　　西汉墓 M8 全景及器物出土情况

彩版五　　西汉墓 M9 器物出土情况及 M12 全景

彩版六　　西汉墓 M12 椁室

彩版七　　西汉墓 M12 边箱、头箱器物出土情况

彩版八　　西汉墓 M12 头箱简牍出土情况

彩版九　　西汉墓 M12 足箱及出土陶器组合

彩版一〇　西汉墓 M14、M15 全景

彩版一一　西汉墓 M16 及其与 M12 位置关系

彩版一二　西汉墓 M17 全景及出土陶器组合

彩版一三　东汉墓 M5 全景、宋代墓 M1 全景

彩版一四　宋代墓 M7 器物出土情况及明代墓 M10 全景

彩版一五　西汉墓出土 A 型陶鼎

彩版一六　西汉墓出土陶器

彩版一七　西汉墓出土陶器

彩版一八　西汉墓出土陶小口瓮

彩版一九　西汉墓出土陶器

彩版二〇　西汉墓出土陶器

彩版二一　西汉墓出土陶器

彩版二二　西汉墓出土陶器

彩版二三　西汉墓出土陶器

彩版二四　西汉墓出土陶器

彩版二五　西汉墓出土陶器

彩版二六　西汉墓出土陶仓

彩版二七　西汉墓出土陶仓

彩版二八　西汉墓出土陶器

彩版二九　西汉墓出土铜鼎（M18∶4）

彩版三〇　西汉墓出土铜剑（M12∶8）

彩版三一　西汉墓出土铜剑（M12∶8）

彩版三二　西汉墓出土铜镜

彩版三三　西汉墓出土铜器

彩版三四　西汉墓出土漆耳杯

彩版三五　西汉墓出土漆酒具盒（M12∶77）

彩版三六　西汉墓出土 B 型漆圆盘（M12∶43）

彩版三七　西汉墓出土漆器

彩版三八　西汉墓出土漆樽（M12∶100）

彩版三九　西汉墓出土漆樽（M12∶101）

彩版四〇　西汉墓出土漆卮（M12∶87）

彩版四一　西汉墓出土漆木器

彩版四二　西汉墓出土漆几（M12∶82）

彩版四三　西汉墓出土漆木器

彩版四四　西汉墓出土漆圆奁（M12∶79－1）纹饰

彩版四五　西汉墓出土木袖手女侍俑

彩版四六　西汉墓出土木俑

彩版四七　西汉墓出土木俑

彩版四八　西汉墓出土木俑

彩版四九　西汉墓出土木动物

彩版五〇　西汉墓出土木车

彩版五一　西汉墓出土木车

彩版五二　西汉墓出十漆器

彩版五三　西汉墓出土竹筷筒及竹筷（M12∶86）

彩版五四　西汉墓出土石器

彩版五五　西汉墓出土竹笥（M12∶10）

彩版五六　M12 出土岁纪简

彩版五七　M12 出土历简

彩版五八　M12 出土日至简

彩版五九　M12 出土日至简

彩版六〇　M12 出土律令简

彩版六一　　M12 出土律令简

彩版六二　　M12 出土律令简

彩版六三　　M12 出土律令简

彩版六四　　M12 出土律令简

彩版六五　　M12 出土律令简

彩版六六　　M12 出土律令简

彩版六七　　M12 出土律令简

彩版六八　　M12 出土律令简

彩版六九　　M12 出土律令简

彩版七〇　　M12 出土律令简

彩版七一　　M12 出土律令简

彩版七二　　M12 出土医杂方简

彩版七三　　M12 出土医杂方简

彩版七四　　M12 出土医杂方简

彩版七五　　M12 出土日书简

彩版七六　　M12 出土日书简

彩版七七　　M12 出土日书简

彩版七八　　M12 出土遣册简（1～4）

彩版七九　　M12 出土遣册简（5～8）

彩版八〇　　M12 出土遣册简（9～12）

彩版八一　　M12 出土遣册简（13～16）

彩版八二　　M12 出土遣册简（17～20）

彩版八三　　M12 出土遣册简（21～26）

彩版八四　　M12 出土遣册简（27～30）

彩版八五　　M12 出土遣册简（31～35）

彩版八六　　M12 出土遣册简（36～40）

彩版八七　　M12 出土遣册简（41～45）

彩版八八　　M12 出土遣册简（46～50）

彩版八九　　M12 出土遣册简（51～55）

彩版九〇　　M12 出土遣册简（56～59）

彩版九一　　M12 出土遣册简（60～64）

彩版九二　　M12 出土木简

彩版九三　　M12 出土木简

彩版九四　　M12 出土 2 号木牍

彩版九五　　M12 出土 5 号木牍

彩版九六　　M12 出土 6 号木牍

彩版九七　　宋代墓出土瓷碗

彩版九八　　宋代墓出土器物

彩版九九　　M12 出土人骨

彩版一〇〇　M12 出土简牍保护情况

彩版一〇一　M12 出土简牍第三组剖面图（局部）

彩版一〇二　M12 出土简牍残存编绳

彩版一〇三　M12 出土简牍保护情况

彩版一〇四　M12 出土简牍保护情况

彩版一〇五　M12 出土简牍保护情况

第一章 概 述

第一节 地理位置与自然环境

胡家草场墓地位于湖北省荆州市纪南生态文化旅游区岳山村，东距太湖港 0.2 千米，南距汉宜高铁 0.1 千米，西距郢城遗址东城墙 0.98、荆沙铁路 0.55 千米，北距沪渝高速 1.34 千米。中心地理坐标为北纬 30°22′26.92″，东经 112°14′19.08″，海拔 32.43 米（图一）。

纪南生态文化旅游区位于荆州市中心城区北部，东邻湖北省武汉市、赤壁市，南接湖南省张家界市、岳阳市、湘西土家族苗族自治州凤凰县，西连湖北省宜昌市长江三峡、神农架林区，北靠世界文化遗产明显陵（位于湖北省钟祥市）、武当山（位于湖北省十堰市）和古隆中（位于湖北省襄阳市）。2010 年 11 月，湖北省人民政府批准设立荆州海子湖生态文化旅游区；2014 年 6 月，经湖北省人民政府批准，更名为荆州纪南生态文化旅游区，辖纪南镇、凤凰办事处，占地面积 220 平方千米。区内公路、铁路、水运交织，交通极为便利。207 国道、318 国道和沪渝高速公路汉宜段（G50）、二广高速公路襄荆段（G55）穿越该区；荆沙铁路、汉宜高铁在区内通过，并设有高铁荆州站；长江通往汉江的水运要道——引江济汉人工河流经该区。

纪南生态文化旅游区处于江汉平原西缘，为山丘低矮岗、冲相间的丘陵与平原过渡地形，属鄂中亚热带温润区，夏热冬凉，雨水充沛，大陆性气候明显。区域内年平均降雨量 1169 毫米，年平均气温 16~16.4℃，最高气温 39.3℃，最低气温 −4.9℃。地下水位受降雨量控制一般较高，附近耕地为水旱兼种。区内长湖是湖北省第三大淡水通江湖泊，东西长 30 千米，湖面平均宽 4 千米，水域面积约 120 平方千米，具有蓄洪、灌溉、养殖、航运、旅游、湿地生态等综合功能。

区内文物资源丰富，有全国重点文物保护单位——鸡公山旧石器时代遗址、楚纪南故城遗址、雨台山墓群、郢城遗址，以及江陵凤凰山西汉墓地、高台秦汉墓地、黄山战国秦汉墓地等重要文化遗存。胡家草场墓地周边分布的印台墓地、谢家桥墓地、周家台墓地、萧家草场墓地、凤凰地遗址及墓地等都曾出土过包括简牍在内的大批珍贵文物。

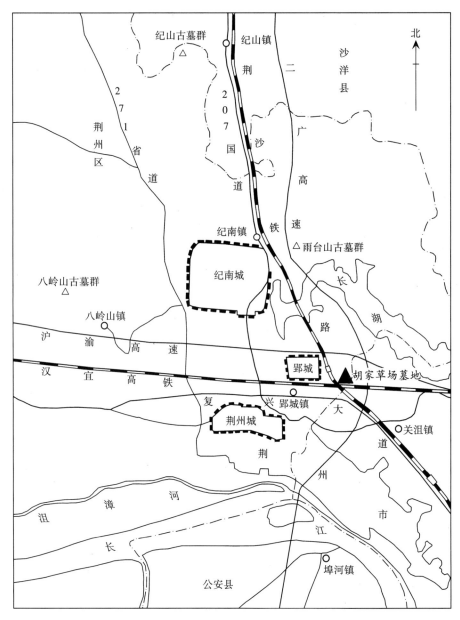

图一 墓地位置示意图

第二节 发掘经过及资料整理

2018 年,为配合荆州纪南生态文化旅游区保利·公园壹号项目建设,荆州博物馆组建了文物勘探工作队,于 7 月开始对项目用地范围进行考古勘探工作。保利·公园壹号项目位于荆州纪南生态文化旅游区东北部的岳山村内,北距沪渝高速 1.5 千米,西距荆州高铁站 2.5 千米,南距城市主干道荆沙大道 2 千米,距离荆州市政府 3.9 千米。项目用地面积共计 30.35 万平方米(即 455 亩)。

前期收集的资料表明,早在 1992 年和 1993 年,在项目用地周边的周家台 30 号秦墓和萧家草场 26 号汉墓两次考古发掘工作中，共计出土 416 枚竹简和 1 方木牍；2002 年，在印台墓地发掘的 9 座西汉墓中又出土了 2300 余枚竹简和 60 余方木牍；2007 年，谢家桥一号汉墓出土 203 枚竹简和 3 枚竹牍。因此，在勘探之初，文物勘探工作队对该项目用地内考古勘探工作格外留意和重视。勘探之前，先对项目用地及其周边范围使用无人机进行航拍、航测，结合工作人员的现场踏勘，了解项目用地所处的地理环境、周边地形、地貌及土地的使用状况。根据绘制的本区域地形图、踏勘结果，并结合以往发掘经验，初步判断项目用地范围内有可能埋藏文物的位置、性质、密集程度，编制勘探工作方案并制定详细的勘探计划。通常情况下，用地范围内的高台地，特别是原居民住址下有古墓葬埋藏的可能性较大，文物勘探工作队将其列为重点勘探区域，用地范围内的其他位置则列为一般勘探区域。根据荆州博物馆最初设定本区域考古发掘的总基点——X：3361410.000、Y：474330.000、Z：32.854（2000 国家大地坐标系），采用 RTK、全站仪统一布置考古勘探探方，该项目用地范围内共布设 100 米×100 米勘探探方 45 个。

2018 年 9 月，考古勘探工作全部结束。在项目用地范围内共发现 6 处文物点，分别为胡家草场墓地、齐家草场墓地、李家台墓地、王家台墓地、小草场墓地和刘家草场墓地。探明古墓葬 133 座，年代从西汉延续至明代，延续性较强。这些墓地的性质与近年来在郢城周边发掘的文物点性质基本相同，与勘探之初对文物点的判断基本吻合。其中胡家草场墓地平面呈椭圆形，面积 790 平方米，墓地内发现两座规模较大的西汉墓，是本次勘探最重要的发现。

2018 年 10 月，经国家文物局批准［考古发掘证照：考执字（2018）第 858 号］，考古工作人员开始对勘探发现的古墓葬进行考古发掘，在原勘探探方内布设 5 米×5 米发掘探方，从上到下、由晚及早、逐层发掘探方填土，待遗迹开口暴露后，再按照遗迹年代早晚关系，先发掘晚期遗迹再发掘早期遗迹。

胡家草场墓地于 2018 年 11 月开始进行发掘，根据以往的发掘经验，推测在此墓地勘探发现的规模较大的两座西汉墓可能会出土简牍及漆木器等随葬器物，我们提前做好了相关的物资准备及保护措施。11 月 20 日，墓地中规模最大的一座墓葬的发掘工作正式开始，按照墓地内已发掘墓葬编号顺序，将其编为 M12。修整墓坑平面时，在墓坑的北部和南部各发现一个椭圆形盗洞。11 月 29 日，开始清理椁室内部，在清理椁室内淤泥时，发现几枚竹简。随后考古工作人员在头箱西部清理出散落出来的简牍和装有简牍的竹笥。简牍出土后，在荆州文物保护中心工作人员的配合和帮助下，将简牍整体打包运至荆州文物保护中心简牍修复室进行初步保护，现场的发掘工作继续开展。11 月 30 日，在 M12 头箱东部清理出一件竹笥，工作人员将其护送回简牍修复室交由工作人员处理。

2019 年 3 月，胡家草场墓地的发掘工作结束，在该墓地共发掘 18 座墓葬，包括西汉墓 11 座、东汉墓 3 座、宋代墓 3 座、明代墓 1 座，出土陶器、铜器、漆木器、石器、竹器等器物 315 件（套）。至此，项目用地范围内的 6 处文物点的发掘工作也全部结束，共清理西汉、东汉、宋代、明代墓葬 106 座，出土随葬器物共计 545 件（套），包括铜器、铁器、陶器、瓷器、石器、骨器、水晶器、竹器、漆木器等。

墓葬发掘工作结束后，对简牍和其他出土器物的整理工作分别展开。简牍整理采用竹简整理的专利技术实施清理，先绘制简牍剖面图并编号，再揭取。揭取过程中发现简牍整体保存较好，基本保持原来的堆状。揭取工作完成后，对出土简牍进行统计，共计 4642 枚。之后对简牍的保护工作按照红外线扫描、照相、清洗、二次红外线扫描、二次照相、脱色、绑夹、登记入库等程序进行。红外线扫描按照简牍的编号顺序依次进行，同时根据扫描照片释读文字。简牍内容丰富，具有重要价值。2019 年 9 月，完成《湖北荆州市胡家草场墓地 M12 发掘简报》及《湖北荆州市胡家草场西汉墓 M12 出土简牍概述》初稿；10 月下旬，全部简牍的红外线扫描工作完成，初步释文基本完成。2020 年 1 月下旬，全部简牍的常规照片拍摄完成，之后简牍整理的工作重心转变为编联、释读与研究。2022 年 5 月，胡家草场墓地墓葬资料及出土器物包括陶器、铜器、漆木器、竹器等器物资料整理工作启动。首先将已有的墓葬平、剖面图扫描，对保存较好的器物进行绘图和制卡描述；同时，修复人员修复陶器，拼接漆木器，清点残片，并分类、绘图和制卡。基础资料整理完毕后，对所有器物进行拍照，并撰写发掘报告。2023 年 6 月，胡家草场墓地资料全部整理完毕。此前发表资料若与本报告有抵牾之处，当以本报告为准。

第二章　墓地概况

第一节　地层堆积与墓葬分布

胡家草场墓地早年为东西向的椭圆形高台地,高于周边地表1.1米。20世纪60年代,将高台地平整并改为居民点。发掘前墓地北部为鱼塘,东部为水田,墓地及周边其他区域均为房屋拆迁遗留的废墟。

台地地层堆积较为简单(图二)。

第①层:现代堆积层。灰褐色土,厚0.1~0.3米。包含少量碎砖块及碎陶瓷片。仅分布于台地东半部。

第②层:近代扰乱层。土色较杂乱,以黄灰夹褐斑为主,距地表0.1~0.3、厚0.2~0.9米。包含少量青砖碎块及釉陶片。仅分布于台地东半部,呈斜坡状堆积。

第③层:汉代堆积层,可分为3亚层。

第③a层为褐灰夹白土,距地表0.3~0.5、厚0.45~0.65米,包含物较少,分布于墓地的西半部,呈斜坡状堆积。

第③b层为褐黄夹灰红土,距地表0.75~1.1、厚0.15~0.35米,包含物较少,分布于墓地的西半部,呈斜坡状堆积。

第③c层为灰白夹褐斑土,距地表0.9~1.45、厚0.15~1.05米,纯净无包含物,分布于墓地的中部,有夯筑痕迹,但层与层之间不平整。胡家草场墓地所有汉代墓葬均打破此层。

第④层:灰黄夹锰结核颗粒土层,距地表0.85~1.45、厚0.1~0.35米。纯净无包含物,堆积较平整。基本分布于整个台地。

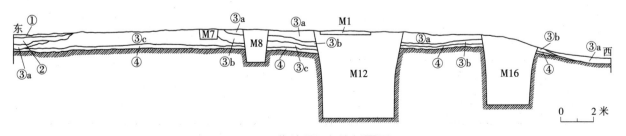

图二　墓地 T2 南壁剖面图

第④层下为褐生土。

本次发掘的18座墓葬均分布于台地之上，墓葬形制分为竖穴土坑墓和砖室墓两种。墓葬时代从西汉延续至明代，以汉代墓葬为主。墓葬埋葬较为密集，有部分墓葬存在打破关系（明代墓葬打破汉代墓葬、宋代墓葬打破西汉墓葬、东汉墓葬打破西汉墓葬）。西汉时期墓葬的分布有一定的规律，相互之间无打破关系，其他时期墓葬的分布则较杂乱无章。墓葬方向主要为东西向和南北向，以南北向居多。因人骨大多腐朽无存，故只能推测墓葬的方向，即以头箱一端（或随葬器物放置的一端）判断为头向所在。11座西汉墓中8座为南北向，仅3座为东西向。

综合墓葬在台地的分布位置及墓葬方向、规模等将18座墓葬划分为以下几组。第一组，位于墓地的中西部，包括M12、M16、M8。墓葬方向基本一致，均为南北向，墓葬北侧坑壁基本平齐。第二组，位于墓地的中东部，包括M3、M4和M18。墓葬方向基本一致，均为南北向，墓坑大小基本相同，墓坑的北侧坑壁和南侧坑壁基本呈一条直线。第三组，位于墓地北部，包括M13、M9、M15。墓葬方向基本一致，均为东西向。第四组，位于墓地北部，包括M17、M14。墓葬方向基本一致，均为南北向。另在墓地的北部、东部、南部杂乱地分布着一些小型墓葬，没有一定的规律（彩版一；图三）。

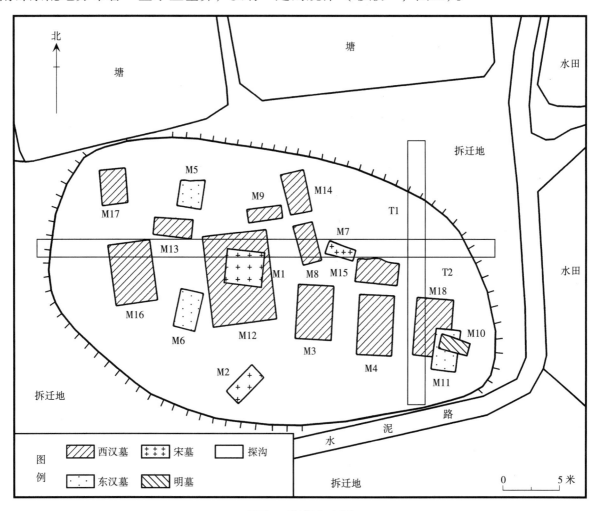

图三　墓葬分布图

第二节　墓坑与填土

胡家草场墓地18座墓葬中，11座西汉墓均为竖穴土坑墓，3座东汉墓均为砖室墓，3座宋代墓中有2座为砖室墓、1座为竖穴土坑墓，1座明代墓为竖穴土坑墓。

由于发掘前墓地已遭到人为破坏，因此本次发掘的18座墓葬墓坑均已不是其原始大小。根据墓葬现有墓坑尺寸，西汉墓中最大者为M12，墓口长7.7、宽5.72米，墓底长6.54、宽4.56米，深5.32米。墓坑规模比M12小但墓口长逾4米的西汉墓葬共4座，分别为M3、M4、M16、M18。其余6座西汉墓规模相对较小，墓口长度均约为3米。东汉墓中墓坑规模最大者为M11，最小者为M5。宋代墓中M1墓坑最大，M7最小。明代墓墓坑亦较小。

18座墓葬墓坑均为口大底小。西汉墓的坑壁近墓口处坡度一般较为平缓，坑壁下半部坡度较为陡直，同一墓坑的四壁坡度基本相同。墓坑的边长大多两组对边分别相等，平面呈长方形。M12坑壁近墓口处坡度为72°，下半部坡度为88°。东汉墓遭破坏严重，残存墓坑较浅，其坑壁坡度多为84°~86°。宋代墓坑壁坡度多为82°~84°。明代墓坑壁坡度为86°。

18座墓葬均未见封土、墓道、台阶和腰坑等设施，仅在西汉墓M16、宋代墓M7各发现一壁龛。

西汉墓墓坑内填土颗粒较细，土质较为黏结。填土多为以黄褐色为主的五花土，也有灰褐色、灰白色、褐红色五花土。多数墓葬同一墓坑内的填土基本一致，少数棺椁保存较好的墓葬近棺椁顶部及其四周填土的颜色略泛青，可能是长期被水浸泡感染而形成。墓坑内的填土多经夯打，较为板结。墓坑四壁较为平整，四角规整。东汉墓墓坑内填土较为板结，以灰黄夹褐色土为主，包含较多碎砖块。宋代、明代墓墓坑内填土均较为细碎，为以黄褐夹灰为主的五花土。墓坑四壁较为平整，四角亦较规整。

第三章 墓 葬

第一节 西汉墓

一 M3

该墓为长方形竖穴土坑墓，方向5°（彩版二：1；图四）。墓口长4.66、宽3.06米，墓底长4.08、宽2.42米，墓坑深3.04米。墓坑四壁倾斜较平整，壁面较光滑，四角均为直角。墓坑内填土为褐黄夹灰花土，较为板结，经过夯打，但夯层、夯窝难以分辨。

葬具为一椁一棺，均腐朽严重，仅存痕迹。根据痕迹判断，原椁室分为头箱、边箱和棺室。椁痕长3.06、宽1.76、残高0.56米。棺痕位于椁痕内东部，长2.01、宽0.6、残高0.32米。椁痕下残存横铺的两根长方形垫木痕迹，置于垫木凹槽内。垫木凹槽宽0.2、深0.08米，垫木痕长1.78、宽0.16、厚0.08米，两根垫木相距1.92米。人骨已腐朽无存，葬式不明。

随葬器物共13件，以陶器为主，另有少量铜器，放置于边箱和棺室内。陶器共计12件，包括小口瓮2件、矮领罐2件、深腹罐5件、盂1件、仓1件、灶1件，均保存较差。铜器仅见带钩1件，锈蚀、残损严重。

二 M4

该墓为长方形竖穴土坑墓，方向3°（彩版二：2；图五）。墓口长5.12、宽3.14米，墓底长4.52、宽2.44米，墓坑深5.04米。墓坑四壁倾斜较平整，壁面较光滑，四角均为直角。墓坑内填土为灰黄夹褐红花土，较为板结，经过夯打，但夯层、夯窝难以分辨。近椁顶部约0.5米处及椁室四周填土的颜色略泛青，应是受椁木感染所致。

葬具为一椁一棺。木椁平面呈"囗"形，由盖板、墙板、挡板、底板及底板下的垫木组成。木椁长3.54、宽1.78、高1.54米（包含垫木）。椁盖板遭盗扰坍塌至椁室内，大部分已朽烂。椁室内的分板已腐朽无存，现存墙板、挡板上的搭边榫槽，槽宽0.04、深0.04米。根据榫槽推测，原头箱分板为东西向，边箱分板为南北向，棺室分板为东西向。

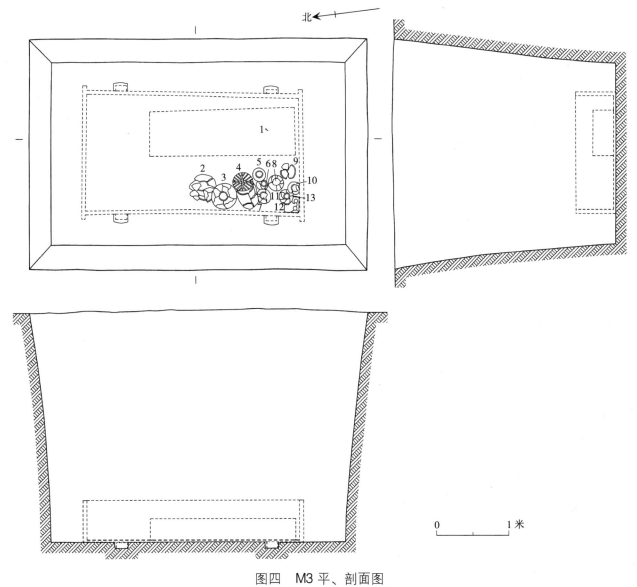

图四 M3 平、剖面图

1. 铜带钩 2、3. 陶小口瓮 4. 陶仓 5、6、8、11、13. 陶深腹罐 7、10. 陶矮领罐 9. 陶盂 12. 陶灶

椁墙板由两块木板垒砌，侧立于底板上，长3.14、厚0.2米，由上至下分别高0.7、0.54米。挡板亦由两块木板垒砌，侧立于底板上，长2.1、厚0.2米，由上至下分别高0.64、0.6米。墙板与挡板由未透顶的浅槽套榫结构连接。椁底板由三块南北向木板拼合而成，底板长3.82、厚0.2米，由西至东分别宽0.7、0.7、0.48米，总宽1.88米。底板下横置两根长方形垫木，置于垫木凹槽内，垫木两端与椁底板以上宽下窄的梯形木楔栓锁，同时与椁底板下的浅凹槽扣合。垫木长2.14、宽0.26、厚0.12米，木楔长0.12、宽0.04、厚0.02米，两根垫木相距2.04米，底板下的浅凹槽宽0.34、深0.12米。

椁室内由纵向隔梁和横向隔梁各一根隔出头箱、边箱和棺室，两根隔梁均已坍塌至椁室内，且腐朽严重。根据椁室墙板、挡板上的凹槽可知头箱内长1.38、宽0.48米，边箱内长3.14、宽0.4米，棺室内长2.58、宽0.92米。根据椁底板上的6组14个方形卯眼推

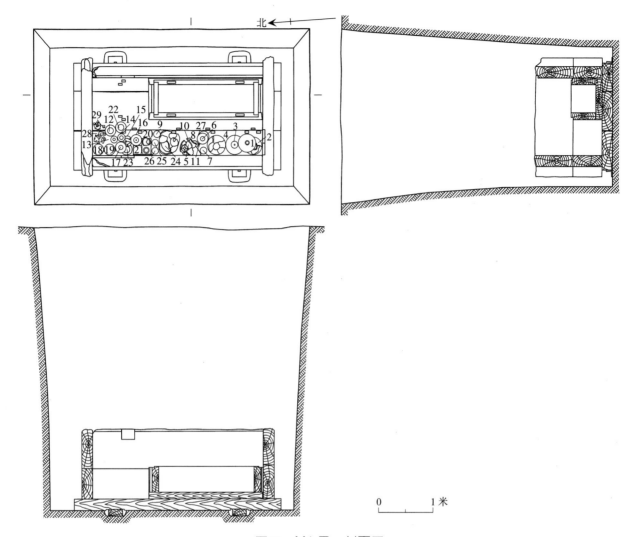

图五 M4 平、剖面图

1~4. 陶小口瓮 5. 陶钫 6、27. 陶盒 7、8. 漆樽 9. 漆樽盖 10. 铜铺首 11. 铜饰件 12、13、16、24. 陶深腹罐
14、15、17. 陶矮领罐 18、19. 陶鼎 20. 陶盘 21. 陶灶 22、23. 陶高领罐 25. 陶甑 26. 陶盂 28、29. 陶尊

测，棺室原由一幅双扇门与头箱相通，由两幅双扇门与边箱相通，各门两边均有与门扇等高的隔板，现门扇与隔板均已无存，卯眼长 0.07、宽 0.03~0.04 米。

棺室位于椁室内东部，内置一具南北向的平底方棺。木棺内、外通体髹黑漆，由棺盖（腐朽严重已坍塌至棺内）、墙板、挡板、底板榫卯扣合而成。棺盖与墙板、挡板的连接形式为子母榫扣接和栓榫，墙板与挡板的连接形式为凹凸边榫嵌接和子母透榫，墙板与底板的连接形式为栓榫。连接墙板与盖板、底板的栓榫共 8 根，每边墙板的上下两侧各 2 根。栓榫呈长方形，每根长 0.16、宽 0.16、厚 0.04 米。挡板两端各有子榫 2 个，共 4 个，子榫的长度与墙板的厚度基本相等。木棺长 2.1、宽 0.74、残高 0.56 米，棺墙板厚 0.12、挡板厚 0.12、底板厚 0.12 米。人骨已腐朽无存，葬式不明。

随葬器物共 29 件，以陶器为主，另有少量铜器和漆木器，放置于边箱和头箱内，棺内未见随葬器物（彩版三：1）。陶器共 24 件，包括小口瓮 4 件、钫 1 件、深腹罐 4 件、矮领罐 3 件、高领罐 2 件、鼎 2 件、盒 2 件、灶 1 件、甑 1 件、盂 1 件、盘 1 件、尊 2 件（彩版三：2）。陶器多有残损，少数保存较好。铜器共 2 件，包括铺首、饰件各 1 件，均应为漆木器的配件，保存较好。漆木器共 3 件，包括樽 2 件、樽盖 1 件，均有残损。

三 M8

该墓为长方形竖穴土坑墓，方向346°（彩版四：1；图六）。墓口长 3.36、宽 1.66 米，墓底长 3.04、宽 1.28 米，墓坑深 1.92～2.02 米。墓坑四壁倾斜较平整，壁面较光滑，四角均为直角。墓坑内填土为褐黄夹灰花土，较为板结，经过夯打，但夯层、夯窝难以分辨。填土中出土陶圜底罐 1 件。

葬具为一椁一棺，均腐朽严重，仅存痕迹。根据痕迹判断，原椁室分为头箱、边箱和棺室。椁痕长 2.98、宽 1.22、残高 0.3 米。棺痕位于椁痕内西部，长 2.06、宽 0.56、残高 0.26 米。人骨已腐朽无存，葬式不明。

随葬器物共 14 件（组），以陶器为主，另有少量铜器，放置于边箱和头箱内，棺内未见随葬器物（彩版四：2）。陶器共 12 件，包括圜底罐 1 件、矮领罐 4 件、高领罐 2 件、

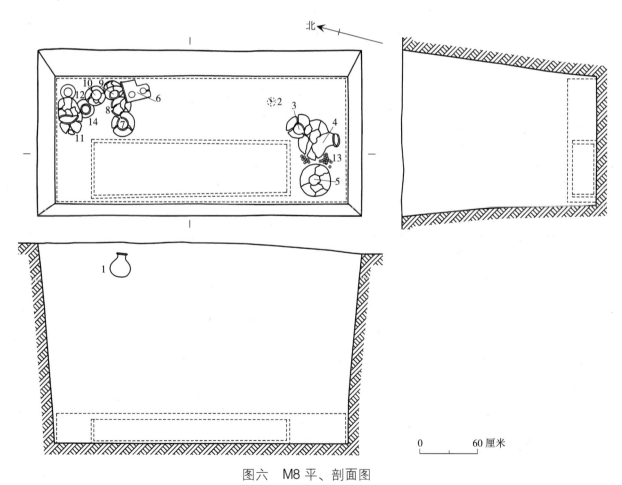

图六 M8 平、剖面图

1. 陶圜底罐 2. 铜饰件 3、12. 陶高领罐 4、5. 陶小口瓮 6. 陶灶 7、9、10、14. 陶矮领罐 8. 陶盂 11. 陶仓 13. 铜钱

小口瓮2件、灶1件、仓1件、盂1件，均保存较差。铜器共2件，包括饰件、铜钱各1件（组），均锈蚀、残损严重。

四 M9

该墓为长方形竖穴土坑墓，方向263°（图七）。墓口长3.02、宽1.02米，墓底长2.92、宽0.92米，墓坑深1.26米。墓坑四壁倾斜较平整，壁面较光滑，四角均为直角。墓坑内填土为褐黄夹灰花土，较为板结，经过夯打，但夯层、夯窝难以分辨。

葬具为一具单棺，腐朽严重，仅存痕迹。棺痕长1.94、宽0.54、残高0.16米。人骨已腐朽无存，葬式不明。

随葬器物共8件，以陶器为主，另有少量铜器，放置于棺外西侧，棺内未见随葬器物（彩版五：1）。陶器共7件，包括圜底罐1件、矮领罐1件、高领罐3件、仓1件、灶1件，均保存较差。铜器仅见饰件1件，可能为漆木器的配件，锈蚀严重。

五 M12

该墓为长方形竖穴土坑墓，方向353°（彩版五：2；图八）。墓口被M1打破，并被

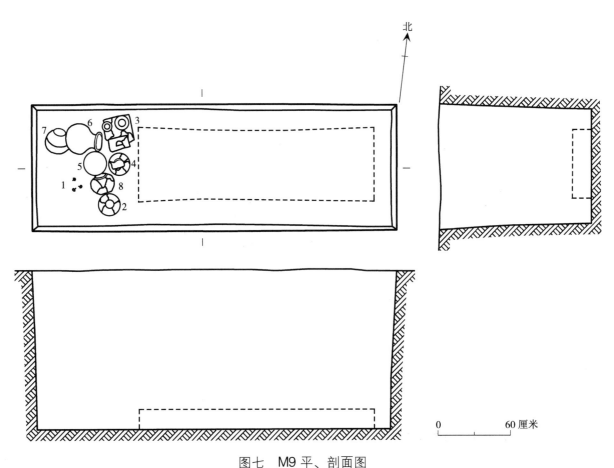

图七 M9平、剖面图
1. 铜饰件 2、7、8. 陶高领罐 3. 陶灶 4. 陶矮领罐 5. 陶仓 6. 陶圜底罐

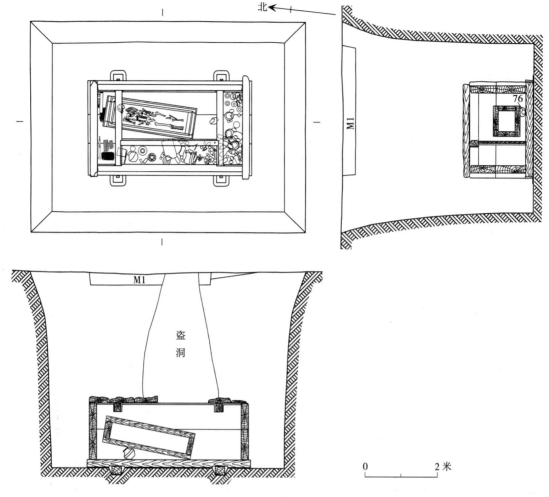

图八 M12 平、剖面图

现代房基叠压，墓坑曾遭盗扰，两个盗洞分别位于墓坑南、北两端。墓口长 7.7、宽 5.72 米，墓底长 6.54、宽 4.56 米，墓坑深 5.32 米。墓坑四壁倾斜，微弧，表面较光滑，四角均为直角。墓坑内填土为灰褐色夹红褐色斑花土，较为板结，经过夯打，但夯层、夯窝难以分辨。近椁盖约 0.5 米处及椁室四周填土的颜色略泛青，应该是受椁木感染所致。

葬具为一椁一棺。木椁平面呈"囗"形，由盖板、墙板、挡板、底板及底板下的垫木组成（彩版六；图九）。木椁长 4.44、宽 2.36、高 2.1 米（包含垫木）。椁盖板由七块木板平列横铺而成，两端均有不同程度的残朽，残长 1.52~2.64、残宽 0.42~0.68、残厚 0.06~0.18 米。中部两块盖板因遭盗扰已落入椁室内，其余铺盖不甚严密，每两块间均有较大空隙。椁室内的分板遭盗扰已无存，现存墙板、挡板及横梁上的搭边榫槽，槽宽 0.04、深 0.04 米。根据榫槽推测原头箱分板为东西向，边箱分板为南北向，足箱分板为东西向，棺室分板为东西向。椁墙板由两块木板垒砌，侧立于底板上，长 4.12、厚 0.2 米，由上至下分别高 0.7、0.82 米。挡板亦由两块木板垒砌，侧立于底板上，长 2.6、厚

0.2 米，由上至下分别高 0.7、0.82 米。墙板与挡板由未透顶的浅槽套榫结构连接。椁底板由三块南北向木板拼合而成，长 4.56、厚 0.22 米，由东至西分别宽 0.92、0.78、0.84 米，总宽 2.54 米。底板下横置两根长方形垫木，置于垫木凹槽内，垫木两端与椁底板以上宽下窄的梯形木楔栓锁，同时与椁底板下的浅凹槽扣合。垫木长 2.9、宽 0.26、厚 0.22 米，两根垫木相距 2.7 米；木楔长 0.26、宽 0.08、厚 0.05 米；椁底板下的浅凹槽宽 0.42、深 0.02 米。

椁室内由一根纵向隔梁和两根横向隔梁隔出头箱、边箱、足箱和棺室。横隔梁两端有凸榫，分别搭在椁室东西墙板上的凹槽内，纵隔梁两端亦有凸榫，分别搭在两根横隔梁上的凹槽内。横隔梁长 2.04、宽 0.18、厚 0.24 米，纵隔梁长 2.74、宽 0.18、厚 0.24 米。头箱内长 1.96、宽 0.52 米，边箱内长 2.66、宽 0.5 米，足箱内长 1.96、宽 0.52 米，棺室

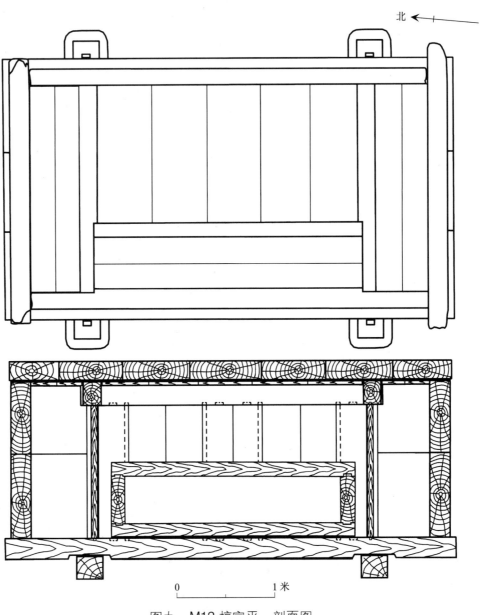

图九　M12 椁室平、剖面图

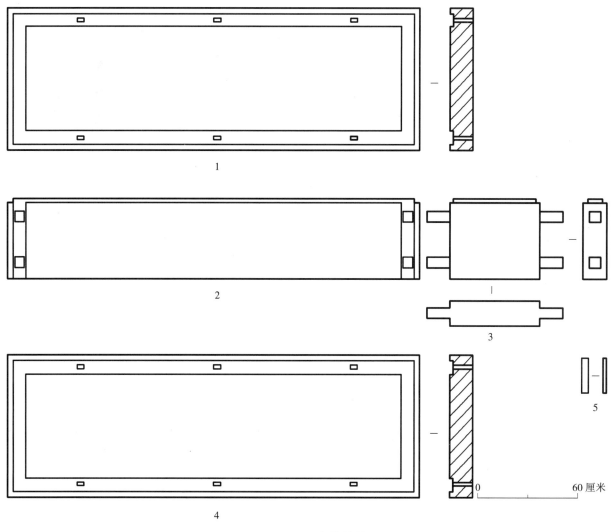

图一〇 M12 木棺结构图

1. 盖板 2. 墙板 3. 挡板 4. 底板 5. 栓榫

内长 2.66、宽 1.28 米。椁底板上现存 8 组 18 个方形和圆形卯眼，方形卯眼长 0.07、宽 0.03～0.04 米，圆形卯眼直径约 0.05 米。由此推测棺室原由一幅双扇门与头箱相通，由两幅双扇门与边箱相通，由一幅双扇门与足箱相通。各门两边均有与门扇等高的隔板，隔板上下两端有长方形榫头，上端插入隔梁下的卯眼，下端插入椁底板上的卯眼。发掘时所有门扇和隔板均已坍塌至椁室底板上，经复原，头箱门高 1.3、最宽处 0.92、厚 0.04 米，每侧隔板宽 0.24 米。边箱两幅门大小相同，高 1.3 米，每幅门最宽处 0.84、厚 0.04 米，每侧隔板宽 0.3 米。足箱门高 1.3、最宽处 0.78、厚 0.04 米，东侧隔板宽 0.24、西侧隔板宽 0.38 米。

棺室位于椁室内东部，内置一具南北向的平底方棺，椁室内积水使棺木略向东北偏移。棺室内、外通体髹黑漆，由盖板、墙板、挡板、底板榫卯扣合而成。棺盖与墙板、挡板的连接形式为子母榫扣接加栓榫，墙板与挡板的连接形式为凹凸边榫嵌接和子母透榫，墙板与底板的连接形式为子母榫扣接加栓榫。连接墙板与盖板、底板的栓榫共 12 根，每边墙板的上下两侧各3根。栓榫呈长方形，每根长0.2、宽0.04、厚0.02米。挡板两端各有子榫2个，共4个，子榫的长度与墙板的厚度基本相等（图一〇）。

木棺长2.48、宽0.82、高0.72米，棺盖板、墙板、挡板、底板均厚0.14米。木棺由两道麻绳捆缚，并用绞绳棒缠紧，麻绳直径0.01～0.02米，清理时，麻绳及绞绳棒已掉落至椁底板上。

人骨位于木棺内，略散乱，头朝北，葬式为仰身直肢。

随葬器物主要放置于头箱、足箱和边箱内（彩版七～九；图一一）。头箱出土了铜剑（附漆剑鞘、玉剑璏、玉剑珌各1件），几、扁壶、匕、圆奁、酒具盒、卮、耳杯等漆木器，筒、笥等竹器。竹笥M12：10装满简牍，放置于头箱西部；竹笥M12：90装有竹简、石砚、研墨石、墨块、小米、果核等，放置于头箱东部。足箱主要出土了矮领罐、盂、甑、灶等陶日用器及陶模型明器，壶、圆盘、圆奁、耳杯等日用漆木器，俑、马、狗等漆木模型明器，另有少量铁器及铜饰件。边箱主要出土了瓮、仓等陶日用器及陶模型明器，盘、樽、圆盒等漆木日用器，俑、马、牛等漆木模型明器，车、船等漆木模型明器构件。棺室内出土陶瓮1件。

随葬器物共162件（套），以漆木器、陶器、竹器为主，还有少量铜器和铁器、玉石器。陶器共15件，包括小口瓮4件、矮领罐3件、深腹罐2件、盂1件、甑2件、盆1件、仓1件、灶1件，大多保存较好，少数有残损。铜器共9件，包括剑1件、饰件3件、削刀柄1件、钔器2件、器座2件，保存相对较好。铁器仅见釜1件，锈蚀、残损严重。漆木器共128件（套），包括六博盘1件、扇柄1件、壶1件、耳杯29件、圆奁2件（套）、圆盘8件、方平盘1件、樽3件、酒具盒1件、扁壶1件、饼形器1件、几1件、匕1件、卮1件、T形器1件、樽盖1件、圆盒2件、柄形器1件、椭圆奁3件、木梳2件、木篦2件、木车衡3件、木伞盖斗2件、木车厢1件、木车毂3件（套）、木车构件7件（套）、木俑（含木片俑）35件、木马10件、木牛1件、木狗1件、木船1件。漆木器大多保存较差，残损者约占总数的一半。竹器共7件，包括笥2件、筒4件、筷筒1件，保存状况一般，均略有残损。石器仅见砚1件（套），保存较好。另有葫芦瓢1件，保存较好。

六　M13

该墓为长方形竖穴土坑墓，方向275°（图一二）。墓口长3.26、宽1.44～1.62米，墓底长3.14、宽1.34～1.48米，墓坑深0.88～0.96米。墓坑四壁倾斜较平整，壁面较光滑，四角均为直角。墓坑内填土为褐黄夹红灰花土，较为板结，经过夯打，但夯层、夯窝难以分辨。

葬具为单棺，腐朽严重，仅存痕迹。棺痕长2.02、宽0.58、残高0.22米。人骨已腐朽无存，葬式不明。

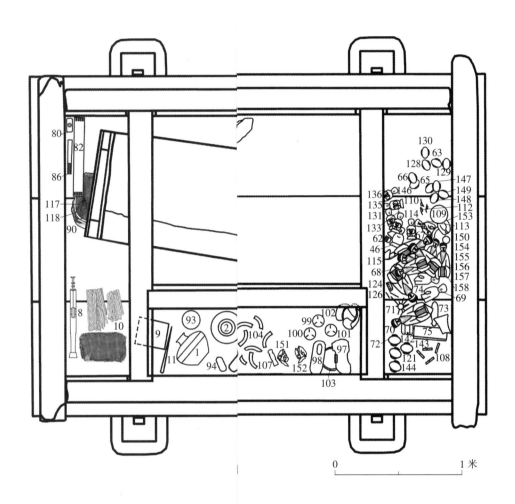

0 _____ 1 米

1、2、76、96.陶小口瓮 3、5、6.陶矮领罐 4、7.陶深腹罐 8.151~158.木俑 14.木船 15、79-2.木篦 16.木车厢 17.漆壶 18、61、75、104、105、123、126.木车构件 19~22、25、33、58、59、9°、44.铜钉器 43、52、93、109、137~140.漆圆盘 47.陶盆 48、111.陶瓶 49.葫芦瓢 50.铁釜 51.漆方平盘 53.陶仓 55、100、10° 91.漆T形器 99.漆樽盖 102、103.漆圆盒 107.木片俑 108.漆柄形器 110、112、113.铜饰件 116.铜削刀柄 118.石砚 125、159

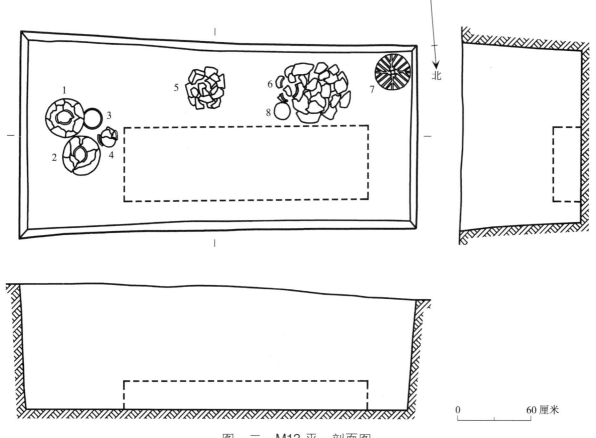

图一二　M13 平、剖面图

1、2. 陶小口瓮　3、4. 陶盂　5. 陶灶　6. 陶敛口罐　7. 陶仓　8. 陶高领罐

随葬器物共 8 件，放置于棺外西部及北部。均为陶器，包括小口瓮 2 件、灶 1 件、仓 1 件、高领罐 1 件、敛口罐 1 件、盂 2 件，均保存较差。

七　M14

该墓为长方形竖穴土坑墓，方向 348°（彩版一○：1；图一三）。墓口长 3.46、宽 1.78 ~ 1.92 米，墓底长 2.9、宽 1.14 米，墓坑深 1.92 ~ 2.02 米。墓坑四壁倾斜较平整，壁面较光滑，四角均为直角。墓坑内填土为褐黄夹灰花土，较为板结，经过夯打，但夯层、夯窝难以分辨。

葬具为一椁一棺，均腐朽严重，仅存痕迹。根据痕迹判断，原椁室分为头箱、边箱和棺室。椁痕长 2.86、宽 1.12、残高 0.44 米。棺痕位于椁痕内东部，长 1.92、宽 0.56、残高 0.32 米。人骨已腐朽无存，葬式不明。

随葬器物共 10 件，以陶器为主，另有少量铜器，放置于椁内西部（边箱）和棺中。陶器共 8 件，包括小口瓮 2 件、矮领罐 3 件、敛口罐 1 件、仓 1 件、灶 1 件，均保存较差。铜器共 2 件，包括镜、带钩各 1 件，保存较好。

八　M15

该墓为长方形竖穴土坑墓，方向276°（彩版一〇：2；图一四）。墓口长3.62、宽1.82～1.94米，墓底长3.22、宽1.48～1.58米，墓坑深2.44米。墓坑北壁上半部有早期垮塌痕迹，其余壁面陡直，且较光滑，四角均为直角。墓坑内填土为褐黄夹灰花土，较为板结，经过夯打，但夯层、夯窝难以分辨。

葬具为一椁一棺，均腐朽严重，仅存痕迹。根据痕迹判断，原椁室分为头箱、边箱和棺室。椁痕长2.63、宽1.3、残高0.32米。棺痕位于椁痕内东部，长2.06、宽0.56、残高0.24米。人骨已腐朽无存，葬式不明。

随葬器物共11件，以陶器为主，另有少量铜器，放置于边箱和棺室内。陶器共9件，包括小口瓮2件、矮领罐3件、深腹罐1件、盂1件、仓1件、灶1件，均保存较差。铜器共2件，包括镜、带钩各1件，保存较好。

九　M16

该墓为长方形竖穴土坑墓，方向353°（彩版一一；图一五）。墓坑曾遭盗扰，盗洞位

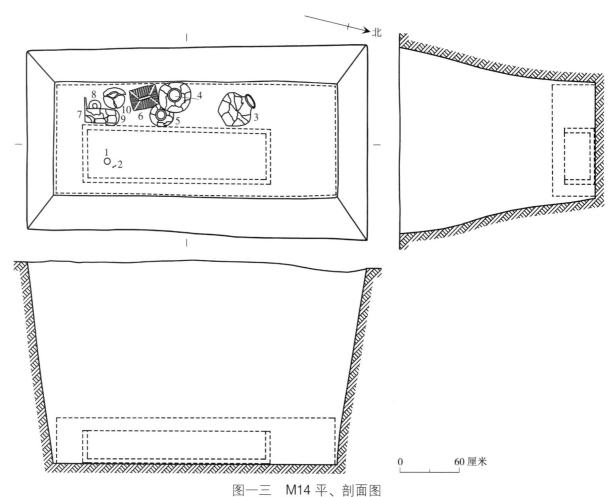

图一三　M14 平、剖面图

1. 铜镜　2. 铜带钩　3、4. 陶小口瓮　5. 陶敛口罐　6. 陶仓　7. 陶灶　8～10. 陶矮领罐

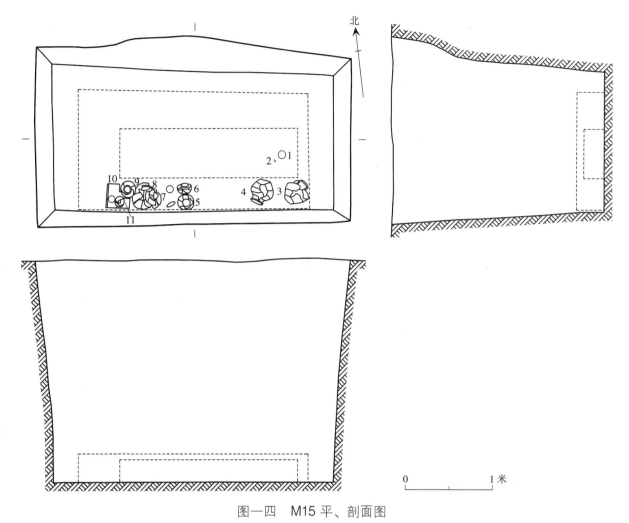

图一四 M15 平、剖面图

1. 铜镜 2. 铜带钩 3、4. 陶小口瓮 5、6、9. 陶矮领罐 7. 陶深腹罐 8. 陶仓 10. 陶灶 11. 陶盂

于墓坑东南部。墓口长 5.14、宽 3.44～3.58 米，墓底长 4.98、宽 3.36～3.46 米，墓坑深 4.28 米。墓坑四壁较陡直，收分较小，壁面较光滑，四角均为直角。墓坑内填土为灰褐色夹红褐色斑花土，较为板结，经过夯打，但夯层、夯窝难以分辨。距椁盖约 0.38 米处及椁室四周填土的颜色略泛青，应该是受椁木感染所致。墓坑北壁正中距坑口 1.72 米处有一壁龛，龛高 0.38、宽 0.36、内深 0.38 米，其内放置陶圈底罐 1 件。

葬具为一椁重棺。木椁平面呈"冂"形，由盖板、墙板、挡板、底板及底板下的垫木组成。木椁长 4.32、宽 2.58、高 2.1 米（包含垫木）。椁盖板由六块木板平列横铺而成，两端均有不同程度的残朽，单块盖板残长 2.02～2.38、残宽 0.56～0.72、残厚 0.1～0.18 米，北部一块盖板因遭盗扰已落入椁室内，其余铺盖不甚严密，每两块间均有较大间隙。椁室内的分板遭盗扰已无存，现存墙板、挡板及横梁上的搭边榫槽，槽宽 0.04、深 0.04 米。根据榫槽推测，原头箱分板为东西向，边箱分板为南北向，棺室分板为东西向。椁墙板由两块木板垒砌，侧立于底板上，长 3.94、厚 0.2 米，由上至下分别高 0.76、0.78 米。挡板亦由两块木板垒砌，侧立于底板上，长 2.78、厚 0.2 米，由上至下分别高 0.73、0.81 米。

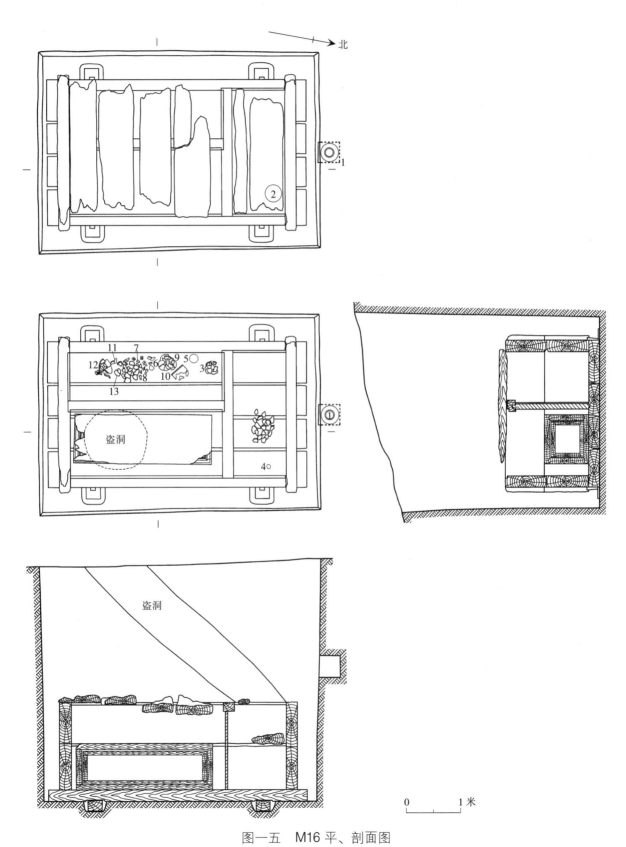

图一五　M16 平、剖面图

1. 陶圜底罐　2. 漆圆奁　3. 陶矮领罐　4. 铜镜　5. 漆樽盖　6、11. 陶瓮　7、8. 陶鼎　9. 陶仓　10. 陶灶　12. 陶钫　13. 陶壶

墙板与挡板由未透顶的浅槽套榫结构连接。椁底板由四块南北向木板拼合而成，长4.7、厚0.2米，由东至西分别宽0.66、0.58、0.58、0.76米，总宽2.58米。底板下横置两根长方形垫木，置于垫木凹槽内，垫木两端与椁底板以木楔栓锁，同时与椁底板下的浅凹槽扣合，两根垫木相距2.7米。垫木长2.98、宽0.26、厚0.2米，木楔长0.24、宽0.08、厚0.05米，椁底板下的浅凹槽宽0.42、深0.02米。

椁室内由横向隔梁和纵向隔梁各一根隔出头箱、边箱和棺室，横隔梁两端有凸榫，分别搭在椁室东西墙板上的凹槽内；纵横梁两端亦均有凸榫，分别搭在横隔梁上及南挡板的凹槽内。横隔梁长2.28、宽0.2、厚0.16米，纵隔梁长2.86、宽0.2、厚0.16米。

头箱内长2.2、宽0.96米，边箱内长2.78、宽0.86米，棺室内长2.78、宽1.18米。椁底板上现存6组14个方形和圆形卯眼，方形卯眼长0.07、宽0.03~0.04米，圆形卯眼直径约0.04米。由此推测棺室原由一幅双扇门与头箱相通，由两幅双扇门与边箱相通，各门两侧均有与门扇等高的隔板，隔板上下两端均有长方形榫头，上端插入隔梁下的卯眼，下端插入椁底板上的卯眼。发掘时门扇与隔板均已坍塌至椁室底板上，经复原，头箱门高0.66、最宽处1.12、厚0.04米，每侧的隔板宽0.36米。头箱门上原另置有小横梁及窗，因其朽烂严重导致结构不明。边箱两幅门大小相同，高1.3米，每幅门最宽处0.84、厚0.04米，隔板分别宽0.32、0.56、0.32米。

棺室位于椁室内东部，内置一具南北向的平底重棺。内、外棺均呈长方形盒状，木棺内、外通体髹黑漆，盖板局部残存朱砂彩绘。内、外棺均由盖板、墙板、挡板、底板榫卯扣合而成。盖板与四周壁板的连接采用子母榫扣合加栓榫，墙板与挡板的连接为凹凸边榫嵌接和子母透榫结构，墙板与底板的连接为凹凸榫结构。连接墙板与盖板、底板的栓榫共12根，每边墙板的两侧各3根。栓榫呈长方形，每根长0.2、宽0.04、厚0.02米。挡板两端各有子榫2个，共4个，子榫的长度与墙板的厚度基本相等。外棺长2.5、宽0.88、高0.82米，棺盖板厚0.1、墙板厚0.1、挡板厚0.1、底板厚0.09米。内棺长2.28、宽0.64、高0.6米，棺盖板厚0.08、墙板厚0.08、挡板厚0.08、底板厚0.06米。人骨已腐朽无存，葬式不明。

随葬器物共13件，以陶器为主，另有少量漆木器、铜器，放置于头箱、边箱和壁龛内。陶器共10件，包括鼎2件、瓮2件、钫1件、壶1件、圜底罐1件、矮领罐1件、仓1件、灶1件，均残破严重，保存较差。铜器仅见镜1件，保存较好。漆木器共2件，包括圆奁、樽盖各1件，均保存较差。

一○ M17

该墓为长方形竖穴土坑墓，方向176°（彩版一二：1；图一六）。墓坑北部被现代沟破坏，墓口残长2.88、宽2.22米，墓底长2.84、宽2.14米，墓坑残深0.44米。墓坑四壁陡直，壁面不甚光滑，四角均为直角。墓坑内填土为灰黄夹褐的花土，较为板结，经过夯打，但夯层、夯窝难以分辨。

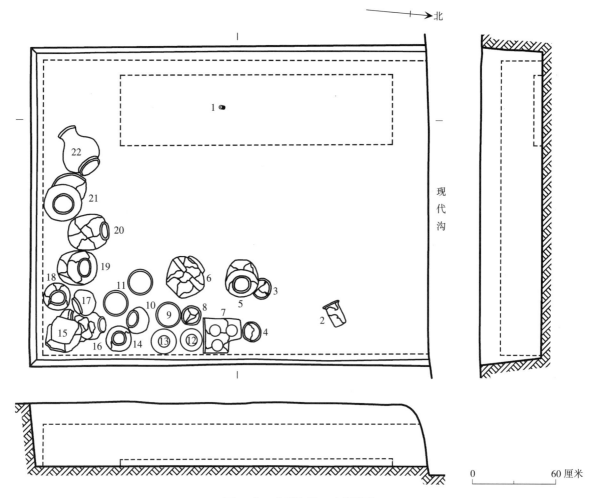

图一六　M17 平、剖面图

1. 铜钱　2. 陶井　3、4、8. 陶盂　5、6. 陶敛口罐　7. 陶灶　9. 陶鼎　10. 陶矮领罐　11. 陶盒　12～14、16、17. 硬陶罐　15、18～21. 陶仓　22. 陶壶

葬具为一椁一棺，均腐朽严重，仅存痕迹。根据痕迹判断，原椁室分为头箱、边箱和棺室。椁痕残长 2.6、宽 2.02、残高 0.3 米。棺痕位于椁痕内西部，长 1.96、宽 0.5、残高 0.06 米。人骨已腐朽无存，葬式不明。

随葬器物共 22 件，以陶器为主，另有少量铜器，放置于头箱、边箱及棺室内。陶器共 21 件，包括鼎 1 件、盒 1 件、壶 1 件、矮领罐 1 件、敛口罐 2 件、硬陶罐 5 件、盂 3 件、仓 5 件、灶 1 件、井 1 件，大多保存较差，只有少数保存较好（彩版一二：2）。铜器仅见铜钱 1 件，锈蚀、残损严重。

一一　M18

该墓为长方形竖穴土坑墓，方向 3°（图一七）。墓口长 4.88、宽 3.24 米，墓底长 4.02、宽 1.82～2.04 米，墓坑深 3.04 米。四壁倾斜，壁面不甚光滑，四角均为直角。墓坑内填土为灰黄夹褐花土，较为板结，经过夯打，但夯层、夯窝难以分辨。

葬具为一椁一棺，均腐朽严重，仅存痕迹。根据痕迹判断，原椁室分为头箱、棺室。

椁痕长 3.42、宽 1.24 ~ 1.31、残高 0.28 米。棺痕位于椁痕内南部，长 2.01、宽 0.72、残高 0.2 米。人骨已腐朽无存，葬式不明。

随葬器物共 16 件，以陶器和铜器为主，另有少量石器，均放置于头箱内。陶器共 11 件，包括高领罐 3 件、矮领罐 3 件、平底罐 1 件、盂 3 件、盘 1 件，均保存较差。铜器共 4 件，包括鼎 1 件、壶 1 件、匜 1 件、勺 1 件，大多锈蚀、残损严重。石器仅见研磨石 1 件，保存较好。

第二节　东汉墓

一　M5

该墓为长方形竖穴土坑砖室墓，方向 188°（彩版一三：1；图一八）。北部被现代沟破

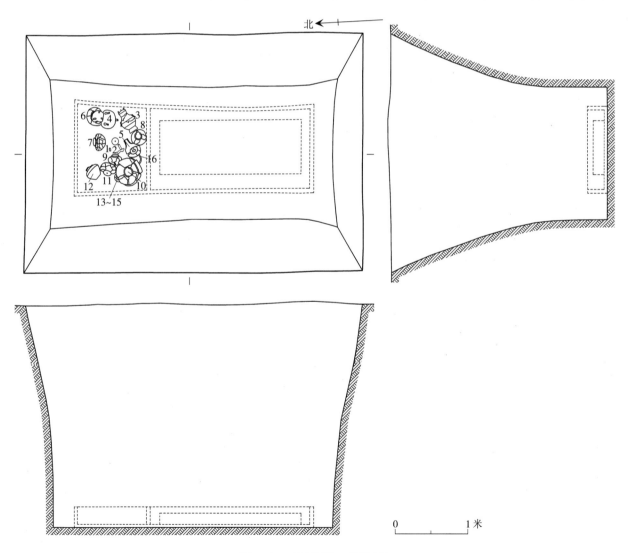

图一七　M18 平、剖面图

1. 研磨石　2. 铜勺　3. 铜壶　4. 铜鼎　5. 铜匜　6、11、12. 陶高领罐　7 ~ 9. 陶矮领罐　10. 陶平底罐　13 ~ 15. 陶盂　16. 陶盘

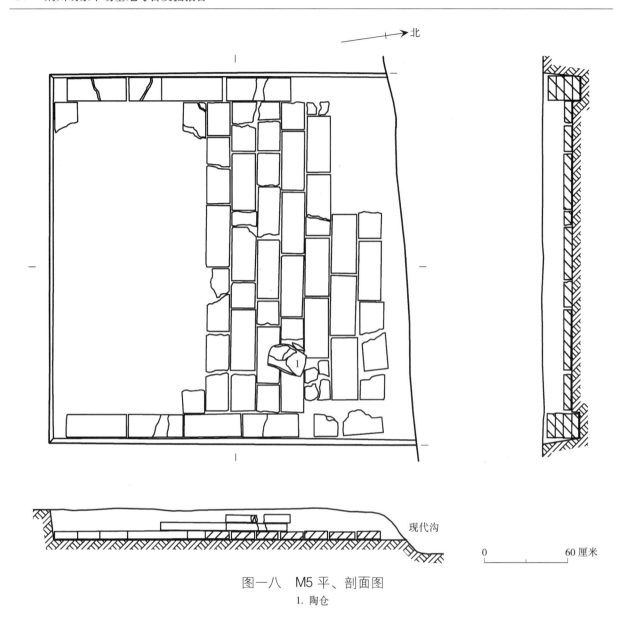

图一八　M5 平、剖面图
1. 陶仓

坏，墓口残长 2.2～2.3、宽 2.17 米，墓底长 2.12～2.2、宽 2.13 米，墓坑残深 0.18 米。墓坑四壁倾斜，壁面不甚光滑。墓坑内填土为灰黄夹褐花土，土质较疏松，包含较多碎青砖块。

砖室被破坏严重，只残存少量砖墙及砖铺地面。砖墙由单青砖错缝顺砌而成，最高处残存 3 层。地面用单青砖东西向错缝平铺。青砖侧面多饰卷云纹、菱形纹、网格纹、半圆"十"字纹等，背面均饰粗绳纹。青砖长 37～38、宽 14～15、厚 4～5 厘米。葬具、人骨均已腐朽无存，葬式不明。

随葬器物仅见陶仓 1 件，放置于砖室内东北部的地砖上。

二　M6

该墓为长方形竖穴土坑砖室墓，方向 191°（图一九）。墓口残长 3.22、宽 1.84～1.92

米，墓底长 3.14、宽 1.78~1.88 米，墓坑残深 0.18 米。墓坑四壁斜直，壁面不甚光滑。墓坑内填土为灰黄夹褐花土，较为疏松，包含较多碎青砖块。

砖室被破坏严重，仅残存少量墙砖，地砖已无存。葬具、人骨均已腐朽无存，葬式不明。墓内未见随葬器物。

三 M11

该墓为长方形竖穴土坑砖室墓，方向 184°（图二〇）。墓口残长 3.36、宽 2.12 米，墓底长 3.24、宽 1.92 米，墓坑残深 0.84 米。墓坑四壁斜直，壁面不甚光滑。墓坑内填土为灰黄夹褐花土，土质较为疏松，包含较多碎青砖块。

砖室被破坏严重，墙砖及地砖均已无存。葬具、人骨均已腐朽无存，葬式不明。墓内未见随葬器物。

第三节 宋代墓

一 M1

该墓为长方形竖穴土坑砖室墓，方向 97°（彩版一三：2；图二一）。墓口长 3.31、

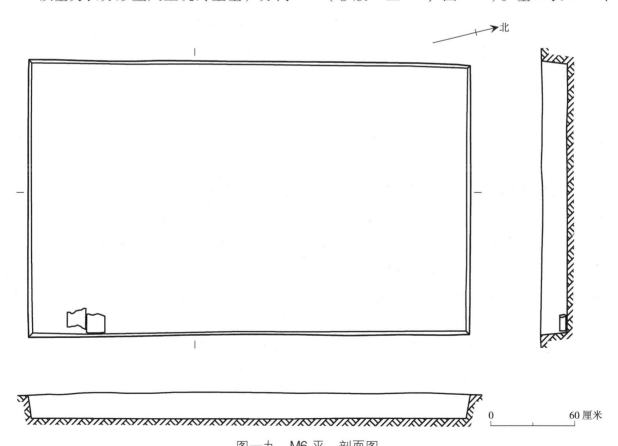

图一九 M6 平、剖面图

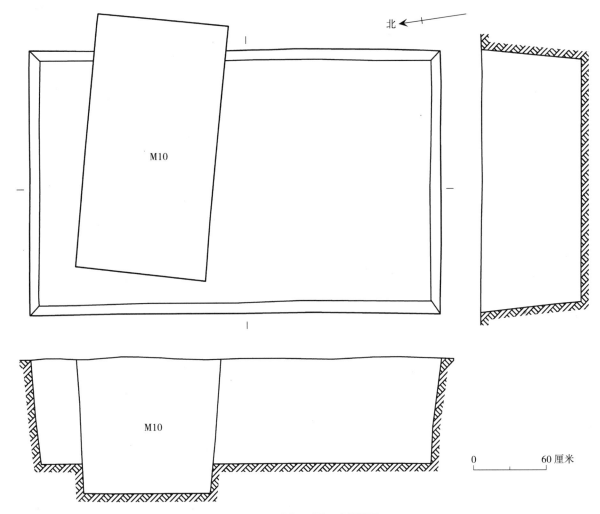

图二〇　M11 平、剖面图

宽 3.06 米，墓底长 3.26、宽 2.96 米，墓坑残深 0.34 米。墓坑四壁斜直，壁面不甚光滑，四角均为直角。墓坑内填土为灰黄色花土，包含较多碎青砖块，近底部夹杂少量生石灰。

砖室遭破坏严重，根据残存墓砖砌筑现状推测，砖室内正中原设一道夹墙将墓室分为南、北双室。南室位于墓坑南部，内长 2.42、宽 0.98、残高 0.23 米。残存砖墙宽 0.38 米，系用单青砖平、侧交替砌筑成的空心斗墙，地砖系单青砖丁顺交替平铺而成。墓门位于砖室东端，由双青砖错缝顺砌封堵，残存 2 层。北室位于墓坑北部，墙砖及地砖基本已无存，砌法与南室一致。青砖侧面均为素面，背面饰粗绳纹。长 32～33、宽 15～16、厚 4～5 厘米。葬具、人骨均已腐朽无存，葬式不明。

随葬器物仅见铜钱 1 件，放置于砖室北室内的西部地砖上。

二　M2

该墓为长方形竖穴土坑砖室墓，方向 45°（图二二）。墓口长 3.12、宽 1.43～1.48 米，墓底长 3.04、宽 1.38～1.43 米，墓坑残深 0.26 米。墓坑四壁斜直，壁面不甚光滑，

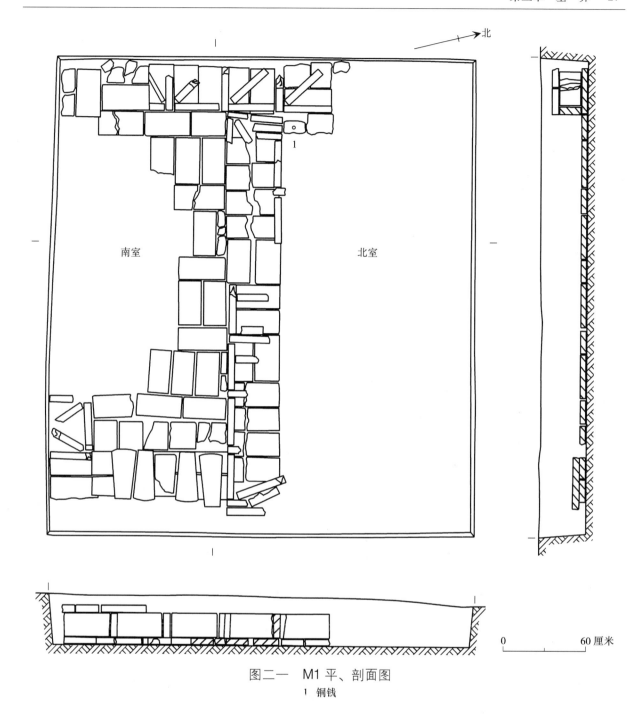

图二一 M1 平、剖面图
1 铜钱

四角均为直角。墓坑内填土为灰黄色花土，包含较多碎青砖块。

砖室被严重破坏，仅残存东半部分，砖墙由单青砖错缝顺砌而成，最高处残存 2 层。地面用单青砖呈"人"字形平铺。青砖侧面均为素面，背面饰粗绳纹。长 30～32、宽 14～15、厚 3.5～4 厘米。葬具、人骨均已腐朽无存，葬式不明。墓内未见随葬器物。

三 M7

该墓为长方形竖穴土坑墓，方向 286°（图二三）。墓口长 2.42、宽 0.76～0.84 米，墓底长 2.32、宽 0.66～0.76 米，墓坑深 0.44 米。墓坑四壁较陡直，壁面较光滑，四角均

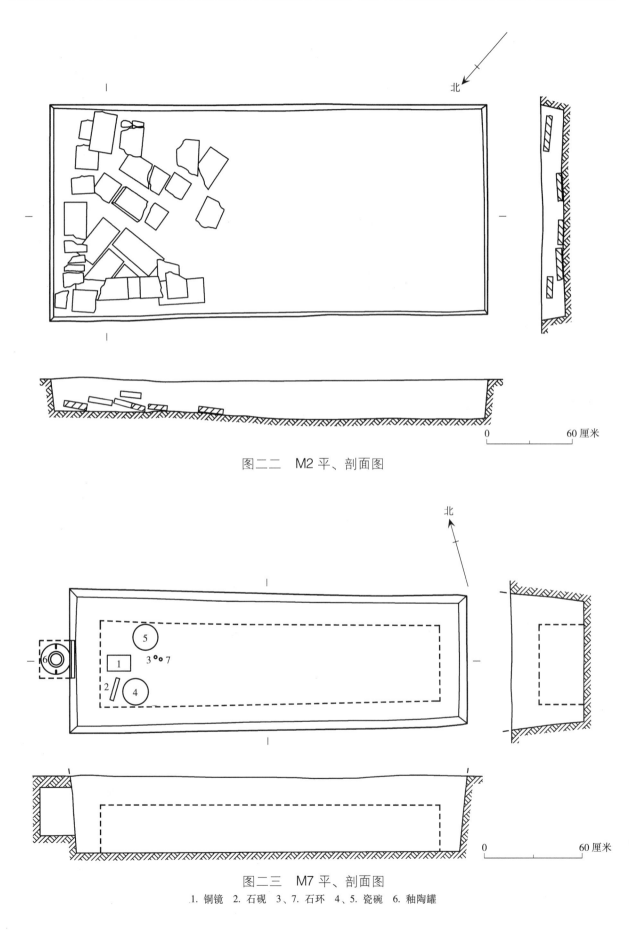

图二二   M2 平、剖面图

图二三   M7 平、剖面图
1. 铜镜   2. 石砚   3、7. 石环   4、5. 瓷碗   6. 釉陶罐

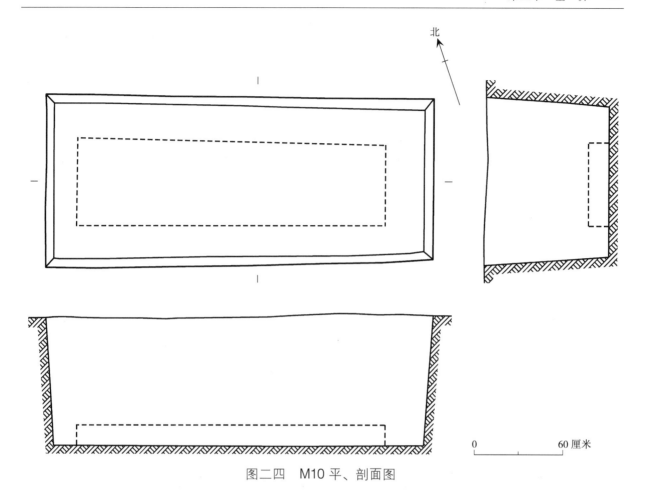

图二四　M10 平、剖面图

为直角。墓坑内填土为黄褐夹灰花土，土质较为疏松。墓坑西壁距坑口 0.06 米处置一壁
龛，龛高 0.28、宽 0.22、内深 0.2 米。

葬具为单棺，腐朽严重，仅存痕迹。棺痕长 2.08、宽 0.44～0.5 米，残高 0.28 米。
人骨已腐朽无存，葬式不明。

随葬器物共 7 件，包括瓷器、釉陶器、铜器和石器，放置于棺内的西部和壁龛中
（彩版一四：1）。瓷器共 2 件，均为碗，保存较好。釉陶器仅见罐 1 件，保存较好。铜
器仅见镜 1 件，保存较好。石器共 3 件，包括砚 1 件、环 2 件，保存较好。

第四节　明代墓（M10）

该墓为长方形竖穴土坑墓，方向 285°（彩版一四：2；图二四）。墓口长 2.64、宽
1.06～1.12 米，墓底长 2.54、宽 0.92～1 米，墓坑深 0.84 米。墓坑四壁斜直，壁面较光
滑，四角均为直角。墓坑内填土为黄褐夹灰花土，土质较疏松。

葬具为一具单棺，腐朽严重，仅存痕迹。棺痕长 2.12、宽 0.54～0.58、残高 0.14 米。
人骨已腐朽无存，葬式不明。墓内未见随葬器物。

第四章　随葬器物

第一节　西汉墓葬随葬器物

胡家草场墓地 11 座西汉墓均出土有随葬器物，共 306 件（套），其中陶器 137 件、铜器 25 件（套）、漆木器 133 件（套）、竹器 7 件、铁器 1 件、石器 2 件（套）、葫芦瓢 1 件。

一　陶　器

陶器共 137 件。随葬陶器最多的墓葬是 M4，共 24 件，最少的墓葬是 M9，共 7 件。陶质以泥质灰陶为主，多为轮制。器表纹饰多为弦纹、绳纹及刻划的网格纹、波折纹，硬陶罐上均拍印有方格纹。此外，髹漆彩绘鼎、盒、瓿等器物上绘有柿蒂纹、卷云纹、变形凤鸟纹、波折纹、菱形纹等。除部分陶器由于破损严重而无法修复外，大多数陶器可辨器形，经修复完整的有 92 件，器类有鼎、盒、壶、小口瓿、瓿、盘、盂、甑、盆、罐、尊、仓、灶、井等，部分器物髹漆。按其功用，可分为礼器、日用器和模型明器。

（一）礼器

鼎　5 件。分别出土于 3 座墓葬，其中 M4、M16 各出土 2 件，M17 出土 1 件。出土时大多残破严重，经修复复原 4 件。根据器身和口沿不同，可分 2 型。

A 型　3 件。M4 出土 2 件，M16 出土 1 件。均为泥质灰陶。盖、鼎身为轮制，耳、足为模制。子口承盖，盖为弧形顶。鼎身为内折敛口，折沿，方唇，扁圆浅腹，上腹微束，中腹微折，下腹弧收，圜底，三矮粗蹄形足，足中部横截面呈半圆形。鼎身附对称方立耳，外侈。标本 M4∶19，盖顶无纽。器外壁通体髹深赭色漆，饰朱红、黄色彩绘纹饰，盖内未髹漆。盖顶饰朱红色条带纹三周，顶部正中饰黄色三瓣柿蒂纹，边缘朱绘窄带纹，四周用金黄、朱红彩勾画变形凤鸟纹、卷云纹，并点缀长椭圆点状纹。其余部分纹饰基本脱落，仅存少量朱红波折纹。鼎身纹饰脱落较甚，仅存上腹部朱红色条带纹三周及黄色波折纹一周。鼎耳及鼎足上亦朱绘曲线、卷云纹。口径 17.2、腹径 19.8、通高 18.1 厘米

（彩版一五：1、2；图二五：1）。标本 M16：7，盖顶饰三个对称桥形凸纽。器外壁通体髹黑漆，饰朱红、黄色粉彩彩绘纹饰，器内壁髹赭红色漆。盖顶部纹饰均已脱落无存，仅桥形纽上残存少量黄色粉彩，盖边缘朱绘窄带纹两周，四周用黄色勾画卷云纹、菱形纹，并点缀少量长椭圆点状纹。鼎身朱绘窄带纹四周将纹饰区域分为上、下两部分，上半部用朱红、黄色粉彩彩绘菱形纹，脱落较甚；下半部用朱红、黄色粉彩彩绘勾连云纹等，亦脱落较甚。鼎耳及鼎足上部均饰黄色粉彩纹饰，鼎足下半部饰朱红色粉彩。口径 23.4、腹径 26.4、通高 22.4 厘米（彩版一五：3、4；图二五：3）。

B 型　1 件（M17：9）。泥质灰陶。无盖。内折敛口，折沿，尖圆唇，浅圆腹，下腹弧收，圜底，三矮蹄形足外撇，足中部横截面呈半圆形。鼎身附对称方立耳外侈（均有残损），中腹部饰凸棱一周。口径 15.2、腹径 16.5、通高 14.8 厘米（彩版一六：1、2；图二五：2）。

盒　3 件。分别出土于 2 座墓葬，其中 M4 出土 2 件，M17 出土 1 件。出土时大多残破严重，经修复均已复原。根据器身和口沿不同，可分 2 型。

A 型　2 件。形制基本相同。泥质灰陶。整器呈扁圆形，由盖、身作子母口扣合而成。盖为直口弧壁，盖顶饰圈足状环形抓手。盒身作子口内敛，上腹部较直，下腹部弧收，平

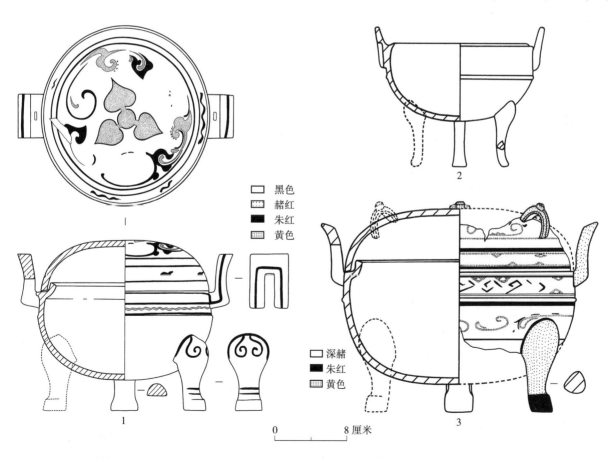

黑色　赭红　朱红　黄色

深赭　朱红　黄色

0　8 厘米

图二五　西汉墓出土陶鼎
1、3. A 型（M4：19、M16：7）　2. B 型（M17：9）

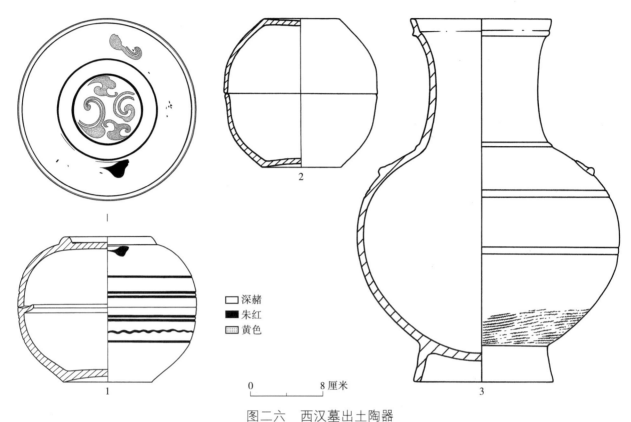

图二六　西汉墓出土陶器

1. A 型盒（M4:6）　　2. B 型盒（M17:11）　　3. 壶（M17:22）

底内凹。器外壁髹深赭色漆，饰朱红和黄色彩绘纹饰，多已脱落。盖与器身外壁上各饰凹弦纹三周，内填朱红色。盖顶抓手内、外各朱绘窄带纹一周，将盖顶分为内、外两个纹饰区。内圈饰黄色对称的凤鸟卷云纹，局部已脱落；外圈饰对称的 S 形卷云纹，并点缀长椭圆点状纹，多已脱落。器身纹饰脱落严重，仅存朱红色波折纹一周。标本 M4:6，口径19.3、底径 9.5、通高 15.4 厘米（彩版一六:3、4；图二六:1）。

B 型　1 件（M17:11）。泥质灰陶。整器呈扁圆形，由盖、身扣合而成。器身和盖形制基本相同，大小一致。敛口，弧腹，最大径在腹中部，平底内凹，如同两个碗对扣而成。口径 16.8、底径 8.2、通高 15.8 厘米（彩版一六:5、6；图二六:2）。

壶　2 件。分别出土于 2 座墓葬，其中 M16 和 M17 各出土 1 件。出土时均残破严重，经修复复原 1 件。标本 M17:22，泥质灰陶。盘口，平沿，长束颈，圆鼓腹，喇叭状圈足。颈、腹部饰凹弦纹三组六周，下腹部饰斜向粗绳纹。腹中部附对称兽面铺首衔纽。口径 15.4、腹径 28.6、底径 15.1、高 38.6 厘米（彩版一七:1；图二六:3）。

（二）日用器

小口瓮　18 件。分别出土于 7 座墓葬，其中 M4、M12 各 4 件，M3、M8、M13、M14、M15 各 2 件。出土时大多残破严重，少数保存较好，经修复，完整器及复原器共计 14 件。根据口沿、颈腹部和底部不同，可分 2 型。

A 型 12 件。形制大致相同，根据口沿、颈腹部和底部的细微变化，可分 3 亚型。

Aa 型 4 件。均出土于 M4。均为泥质灰陶。小侈口，折沿，方唇，沿面略斜，束颈较短，圆溜肩，中腹双折，下腹斜收，平底内凹。肩、腹部饰浅划纹。标本 M4：1，无盖。肩、腹部饰凹弦纹四组六周，下腹部饰竖向短粗绳纹一周及少量竖向细绳纹。口径 11.8、腹径 33.1、底径 15.6、高 28.9 厘米（彩版一七：2）。标本 M4：4，有盖。盖为弧形顶，盖顶中部有一圆形抓手，子口。器身肩、腹部饰凹弦纹四组五周，肩上部饰竖向水波纹一周，肩中部饰横向 S 形卷云纹一周，肩下部饰竖向水波纹一周，腹中部饰浅网格纹一周。口径 11.5、腹径 34、底径 15.3、通高 34 厘米（彩版一七：3；图二七：1）。

Ab 型 5 件。分别出土于 M3 和 M12，其中 M3 出土 1 件，M12 出土 4 件。均为泥质灰陶，少数外施黑衣，大多已脱落。小敞口，折沿，方唇，沿面略斜，束颈略长，圆肩，中腹双折，下腹斜收，平底。标本 M3：2，口径 11.5、腹径 31.9、底径 13.4、高 27.2 厘米（图二七：2）。标本 M12：1，肩、腹部饰暗划纹。肩部饰凹弦纹三周，将肩部纹饰分为上、中、下三部分，上、下部均饰竖向水波纹一周，中部饰横向 S 形卷云纹一周。中腹部饰网格状暗纹一周，下腹部饰竖向细绳纹。口径 12.8、腹径 30.4、底径 14.8、高 28.8 厘米（彩版一七：4）。标本 M12：76，肩、腹部饰暗划纹。肩部饰凹弦纹两周，将肩部纹饰分为上、中、下三部分，上部纹饰为竖向水波纹一周，中部纹饰为横向 S 形卷云纹一周，下部纹饰为横向菱形纹及 "8" 字纹一周。中腹部饰网格状暗纹一周，下腹部竖向细绳纹。口径 12.6、腹径 31.2、底径 13.7、高 27.8 厘米（彩版一八：1；图二七：6）。

Ac 型 3 件。分别出土于 M8 和 M15，其中 M8 出土 1 件，M15 出土 2 件。均为泥质灰陶。小敞口，斜折沿，圆唇，短束颈，圆溜肩，中腹双折，下腹弧收，小平底。下腹部饰竖向或横向细绳纹。标本 M8：4，口径 12.5、腹径 30.4、底径 13.9、高 26.3 厘米（图二七：3）。标本 M15：3，有盖。盖为弧形顶，盖顶中部有一圆形纽，子口。器身肩部饰凹弦纹一周。口径 13.2、腹径 29.2、底径 11.3、通高 30.5 厘米（彩版一八：3、4；图二七：5）。

B 型 2 件。均出土于 M13。均为泥质灰陶。小侈口，方唇，折沿，沿面略斜，长束颈，圆溜肩，中腹微折，下腹弧收，大平底。标本 M13：1，口径 11、腹径 28、底径 17.9、高 26.4 厘米（彩版一八：2；图二七：4）。

钫 2 件。分别出土于 2 座墓葬，其中 M4、M16 各出土 1 件。通体髹漆。出土时均残破严重，均无法复原。

瓮 2 件。均出土于 M16。通体髹漆。出土时均残破严重，经修复复原 1 件。标本 M16：6，泥质灰陶。小口微敞，平沿，短束颈，圆溜肩，鼓腹，平底微凹。器外壁髹黑漆，内壁髹赭红色漆。器身饰朱红、白色等彩绘纹饰，多已脱落。肩、腹部残存少量卷云状变形凤鸟纹及几何形卷云纹。口径 13.2、腹径 39.1、底径 27.1、残高 30.2 厘米（彩版一九：1、2；图二八）。

6.   0   8厘米   余 0   10厘米

图二七　西汉墓出土陶小口瓮

1. Aa 型（M4：4）　　2、6. Ab 型（M3：2、M12：76）　　3、5. Ac 型（M8：4、M15：3）　　4. B 型（M13：1）

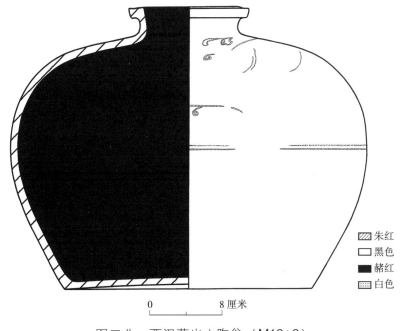

图二八　西汉墓出土陶瓮（M16：6）

尊　2件。均出土于 M4。通体髹漆。出土时均残破严重，1件复原大部分器形。标本 M4：28，泥质灰陶。虎首圆鼻上挺，两眼圆睁，直视前方，双耳上扬，四足呈匍匐向前状，腹腔中空，后背残损。整体躯体肥硕，形象逼真。器外壁髹深赭色漆，其上用朱红漆勾勒眉、眼、嘴、足等部分的轮廓。残长 35.8、残宽 16.2、高 22.8 厘米（彩版一九：3、4；图二九）。

圜底罐　3件。分别出土于 3 座墓葬，其中 M8、M9、M16 各出土 1 件。出土时均残破严重，经修复均已复原。根据颈、腹部不同，可分 2 型。

A 型　1件（M16：1）。泥质灰陶。斜折沿，束颈，圆鼓腹，圜底内凹。上腹部饰 11 段宽窄不一的竖向短绳纹，下腹部饰斜向细绳纹。口径 12.6、腹径 26.4、高 29.2 厘米

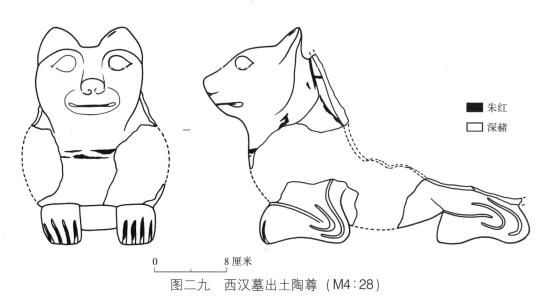

图二九　西汉墓出土陶尊（M4：28）

（彩版二○：1；图三○：1）。

B 型   2 件。M8 和 M9 各出土 1 件。泥质灰陶。敛口，斜折沿，方唇，束颈，圆溜肩，肩颈相接处折转，鼓腹弧收，圈底内凹。下腹部饰斜向细绳纹。标本 M9：6，口径 12、腹径 20、高 22.8 厘米（彩版二○：2；图三○：2）。标本 M8：1，斜折沿，上腹部饰 8 段宽窄不一的竖向短绳纹。口径 12.1、腹径 23.6、高 25 厘米（彩版二○：3；图三○：3）。

平底罐   1 件（M18：10）。出土时残破严重，经修复已复原。泥质灰陶。侈口，尖圆唇，折沿，沿面略斜，短束颈，圆溜肩，下腹弧收，平底微凹。腹部饰 11 段宽窄不一的竖向短绳纹。口径 16.1、腹径 29.6、底径 17.4、高 28.7 厘米（彩版二○：4；图三○：4）。

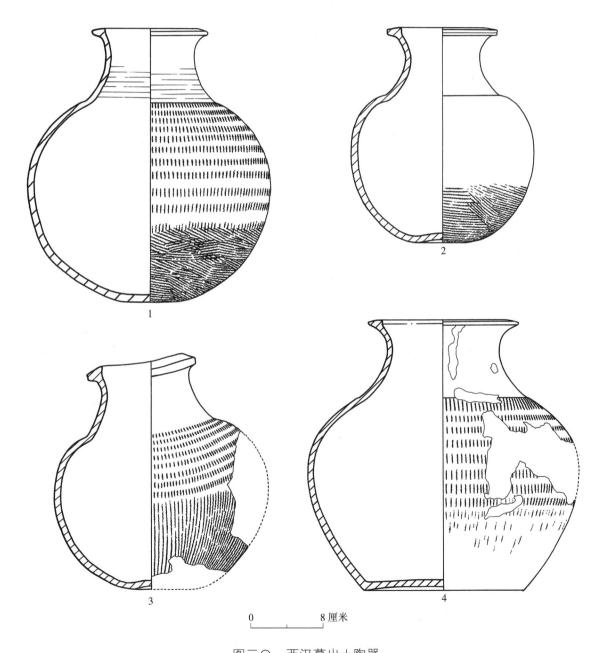

0   8 厘米

图三○   西汉墓出土陶器
1. A 型圈底罐（M16：1）   2、3. B 型圈底罐（M9：6、M8：1）   4. 平底罐（M18：10）

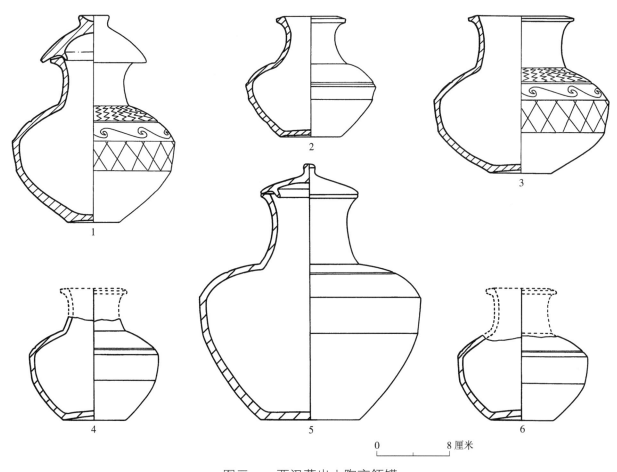

图三一 西汉墓出土陶高领罐

1、3. A 型（M4:22、23） 2. D 型（M8:12） 4、6. C 型（M9:2、7） 5. B 型（M18:12）

高领罐 11 件。分别出土于 5 座墓葬，其中 M4、M8 各出土 2 件，M9、M18 各出土 3 件，M13 出土 1 件。出土时大多残破严重，经修复复原 6 件。根据颈、腹部不同，可分 4 型。

A 型 2 件。均出土于 M4。形制基本相同，大小略有区别。泥质灰陶。敞口，斜折沿，圆唇，束颈，溜肩，中腹双折，下腹弧收，平底内凹。标本 M4:22，有盖。盖为弧形顶，顶中部有一圆形抓手，子口。器身肩部纹饰分为上、下两部分，上部饰竖向水波状浅划纹一周，下部饰横向 S 形卷云状浅划纹一周，中部饰凹弦纹一周，腹中部饰网格状浅划纹一周。口径 9.4、腹径 17.9、底径 5.8、通高 22.1 厘米（彩版二〇:5；图三一:1）。标本 M4:23，无盖。纹饰与标本 M4:22 相同。口径 11.4、腹径 19.1、底径 6.4、高 16.8 厘米（彩版二〇:6；图三一:3）。

B 型 1 件（M18:12）。有盖。泥质灰陶。盖为弧形顶，顶中部有一圆形抓手，子口。器身敞口，斜折沿，圆唇，束颈，广肩，上腹双折，下腹弧收，平底。口径 10.5、腹径 24.2、底径 10.9、通高 27.1 厘米（彩版二一:1；图三一:5）。

C 型 2 件。均出土于 M9。泥质灰陶。敞口，斜折沿，圆唇，束颈，圆溜肩，中腹双折，下腹弧收，平底内凹。肩部饰凹弦纹一周。标本 M9:2，口径 7.4、腹径 14.2、底径

6.8、高14厘米（彩版二一：2；图三一：4）。标本M9：7，口径7.2、腹径14.1、底径
6.9、高14厘米（图三一：6）。

D型　1件（M8：12）。泥质灰陶。敞口，斜折沿，圆唇，束颈，圆溜肩，肩、腹相
接处转折分明，下腹弧收略有转折，平底微凹。肩部饰凹弦纹一周。口径7.5、腹径
14.1、底径6.4、高12.8厘米（彩版二一：3；图三一：2）。

矮领罐　24件。分别出土于10座墓葬，其中M8出土4件，M4、M12、M14、M15、
M18各出土3件，M3出土2件，M9、M16、M17各出土1件。出土时大多残破严重，少数
保存完好，经修复，完整器及复原器共计10件。根据口沿及肩、腹部形态不同，可分3型。

A型　8件。根据口沿及肩、腹部的细微变化，可分3亚型。

Aa型　3件。均出土于M4。均为泥质灰陶。器外壁施黑衣，大多已脱落。敞口，
矮领，圆广肩，中腹双折，下腹斜收，平底内凹。标本M4：14，有盖。盖为弧形顶，
顶中部有一圆形抓手，子口。器身肩、腹部饰凹弦纹一周，凹弦纹上部饰竖向水波状浅
划纹一周，凹弦纹下部饰横向S形卷云状浅划纹一周，腹中部饰网格状浅划纹一周。口
径11.5、腹径19.9、底径6.3、通高16.7厘米（彩版二一：5、6；图三二：1）。标本
M4：17，形制、纹饰与标本M4：14相同。口径11.6、腹径20.6、底径6.5、通高16.9
厘米（图三二：2）。

Ab型　3件。均出土于M12。均为泥质灰陶。器外壁施黑衣，大多已脱落。敞口，矮
领，斜广肩，中腹双折微内凹，棱角分明，下腹斜收，平底内凹。标本M12：6，有盖。

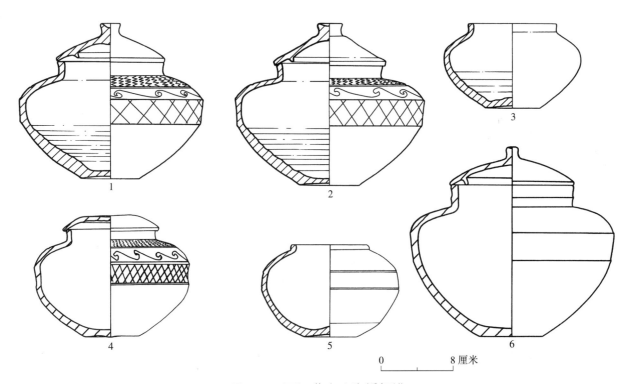

0　　　　　　　8厘米

图三二　西汉墓出土陶矮领罐
1、2. Aa型（M4：14、17）　3. B型（M14：8）　4. Ab型（M12：6）　5. C型（M17：10）　6. Ac型（M18：7）

盖呈弧形，平顶，微内凹。器身肩、腹相接处饰凹弦纹一周，肩部饰竖向水波状暗划纹一周，上腹部饰横向 S 形卷云状暗划纹一周，中腹部饰网格状暗划纹一周。口径 10、腹径 17.4、底径 6.2、通高 13.2 厘米（彩版二一：4；图三二：4）。

Ac 型 2 件。均出土于 M18。均为泥质灰陶。直口，矮领，圆广肩，中腹双折，器腹较深，下腹斜收，平底。标本 M18：7，有盖。盖为弧形顶，顶中部有一柱状抓手，子口。盖矮领上饰凸弦纹一周。口径 13.2、腹径 22.4、底径 6.8、通高 20 厘米（彩版二二：1、2；图三二：6）。

B 型 1 件（M14：8）。泥质灰陶。敞口，矮领，圆溜肩，圆鼓腹弧收，平底内凹。口径 9.8、腹径 15.1、底径 5.8、高 8.9 厘米（彩版二二：3；图三二：3）。

C 型 1 件（M17：10）。泥质灰陶。敛口，矮领，圆溜肩，中腹双折，下腹折收，平底内凹。中腹部饰凹弦纹两周。口径 8.8、腹径 15.2、底径 5.7、高 9.7 厘米（彩版二二：4；图三二：5）。

深腹罐 12 件。分别出土于 4 座墓葬，其中 M3 出土 5 件，M4 出土 4 件，M12 出土 2 件，M15 出土 1 件。出土时大多保存完好，少数残破严重，经修复，完整器及复原器共计 11 件。多为矮领，圆肩，圆鼓腹，口径大于底径。根据口沿及肩、腹部形态不同，可分 2 型。

A 型 4 件。均出土于 M4。均为泥质灰陶。卷沿，矮领，圆溜肩，圆腹弧收，平底或平底内凹。标本 M4：12，有盖。盖为弧形顶，顶中部有一圆形抓手，子口。器身肩、腹部饰凹弦纹三组五周。口径 7.4、腹径 15.3、底径 6.1、通高 15.6 厘米（彩版二二：5、6；图三三：1）。标本 M4：24，无盖。肩、腹部饰凹弦纹三周。口径 8.6、腹径 14.5、底径 6.1、高 11.5 厘米（彩版二三：1；图三三：2）。

B 型 7 件。分别出土于 3 座墓葬，其中 M3 出土 4 件，M12 出土 2 件，M15 出土 1 件。均为泥质灰陶。卷沿，矮领，广肩，圆鼓腹，中腹双折，下腹弧收，平底或平底微内凹。标本 M3：8，口径 12.5、腹径 23.4、底径 10.9、高 16.6 厘米（图三三：3）。标本 M12：4，器外壁施黑衣，局部已脱落。上腹部饰凹弦纹两组四周。口径 10.7、腹径 18、底径 5.7、高 15.9 厘米（图三三：4）。标本 M12：7，器外壁施黑衣，局部已脱落。上腹部饰凹弦纹两组四周。口径 11.8、腹径 22.4、底径 7.4、高 18.4 厘米（彩版二三：2；图三三：5）。M12 遣册简 4603 "泽罂☐"，当指此器。标本 M15：7，有盖。盖为弧形顶，顶中部有一圆柱状抓手，子口。口径 11.7、腹径 20、底径 8.5、通高 17.3 厘米（彩版二三：3；图三三：6）。

敛口罐 4 件。分别出土于 3 座墓葬，其中 M17 出土 2 件，M13、M14 各出土 1 件。出土时均残破严重，经修复均已复原。根据口沿、肩部形态不同，可分 2 型。

A 型 3 件。分别出土于 2 座墓葬，其中 M13 出土 1 件、M17 出土 2 件。均为泥质灰陶。敛口，平沿，矮领，圆溜肩，肩、腹转折分明，下腹弧收，平底。标本 M17：5，上腹部饰凹弦纹一周。口径 8.4、腹径 21、底径 13.8、高 18.4 厘米（图三四：1）。标本 M17：6，有

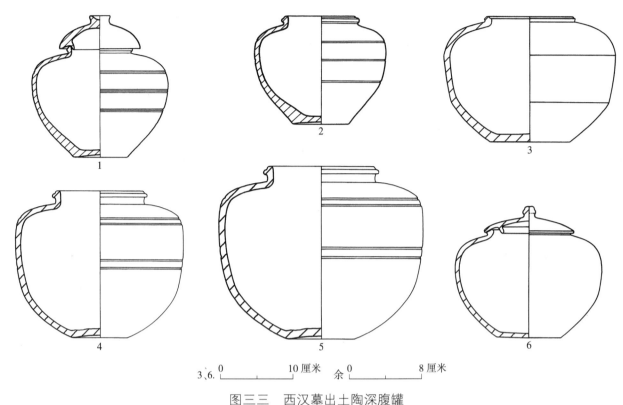

图三三   西汉墓出土陶深腹罐

1、2. A 型（M4：12、24）   3～6. B 型（M3：8、M12：4、M12：7、M15：7）

盖。盖为弧形顶。器身上腹部饰凹弦纹一周。口径9.5、腹径21.6、底径13.4、通高19.6厘米（彩版二三：5、6；图三四：3）。标本 M13：6，肩部饰凹弦纹一周。口径10.2、腹径25、底径15.2、高21厘米（图三四：4）。

B 型   1件（M14：5）。泥质灰陶。敛口微敞，卷沿，矮领，广肩，肩、腹转折分明，最大径在肩、腹相交处，下腹弧收，平底。口径10.5、腹径22、底径11.2、高17.2厘米（彩版二三：4；图三四：2）。

硬陶罐   5件。均出土于 M17。出土时大多保存较好，少数有残损，经修复，完整器及复原器共计5件。根据有无附耳，可分2型。

A 型   3件。均为夹细砂泥质灰褐陶，火候高，陶质硬。敞口，折沿，沿面略斜，矮领，圆肩，弧鼓腹，平底内凹。肩部附对称桥形双耳。肩、腹部均饰方格纹。标本 M17：13，肩部饰凹弦纹一周。口径9.8、腹径15.8、底径9.3、高14.8厘米（彩版二四：1；图三五：1）。标本 M17：16，肩部饰凹弦纹两周。口径10.2、腹径16.1、底径8.2、高15.4厘米（图三五：3）。

B 型   2件。均为夹细砂泥质灰褐陶，火候高，陶质硬。口微敞，矮领，圆溜肩，弧腹，平底内凹。肩、腹部均饰方格纹。标本 M17：14，肩部饰凹弦纹一周。口径9.8、腹径15.8、底径8.3、高15.6厘米（彩版二四：2；图三五：4）。标本 M17：17，口径9.4、腹径15、底径8.7、高14.2厘米（图三五：2）。

盘   2件。分别出土于2座墓葬，M4、M18 各出土1件。出土时均残损严重，经修复

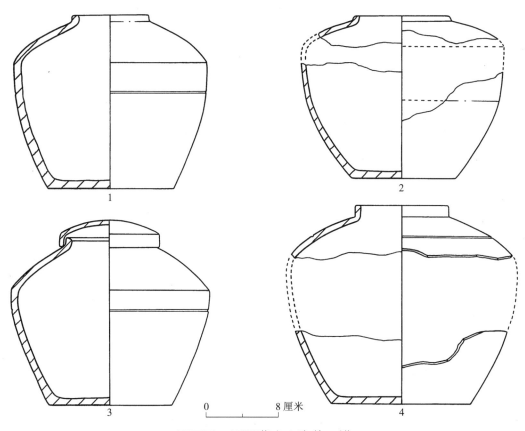

图三四　西汉墓出土陶敛口罐

1、3、4. A 型（M17∶5、M17∶6、M13∶6）　2. B 型（M14∶5）

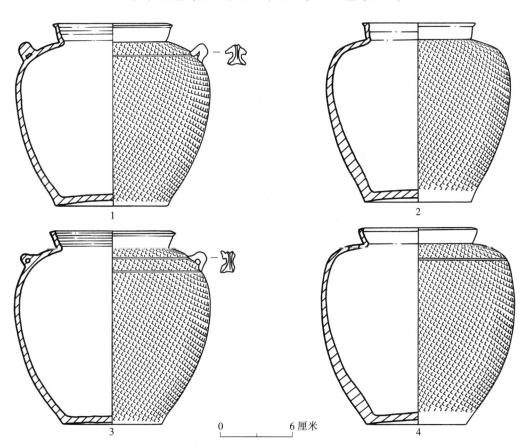

图三五　西汉墓出土硬陶罐

1、3. A 型（M17∶13、16）　2、4. B 型（M17∶17、14）

均已复原。根据口沿和腹部不同，可分 2 型。

A 型　1 件（M4：20）。泥质灰陶。敞口，平折沿，沿面略斜，中腹微折，下腹斜收，平底。口径 22.5、底径 5.9、高 7 厘米（彩版二四：3；图三六：1）。

B 型　1 件（M18：16）。泥质灰陶。敞口，平沿，沿面略宽，上腹微束，中腹转折，下腹弧收，大平底微内凹。口径 31.6、底径 21.2、高 5.6 厘米（彩版二四：4；图三六：7）。

盂　13 件。分别出土于 8 座墓葬，其中 M17、M18 各出土 3 件，M13 出土 2 件，M3、M4、M8、M12、M15 各出土 1 件。出土时大多残损严重，少数保存较好，经修复，完整器及复原器共计 6 件。根据口沿和腹部不同，可分 2 型。

A 型　3 件。分别出土于 3 座墓葬，其中 M13、M15、M18 各出土 1 件。均为泥质灰陶。敞口，圆唇，折腹，下腹弧收，平底。标本 M13：3，折沿，沿面略窄，上腹斜直。口径 16.9、底径 5.6、高 6.4 厘米（图三六：3）。标本 M15：11，斜折沿，沿面略窄，上腹斜直，饰凸棱一周。口径 17.3、底径 4.4、高 5.8 厘米。

B 型　3 件。分别出土于 3 座墓葬，其中 M4、M12、M17 各出土 1 件。均为泥质灰陶。通体施黑衣，大多已脱落。敞口，平沿，沿面略宽，圆唇，腹较深，上腹部较直，下腹弧收，平底。上腹部饰凸棱两周，中腹部饰绳索纹一周。标本 M12：36，口径 25.6、底径 7.6、高 12.4 厘米（彩版二四：5；图三六：6）。标本 M4：26，口径 18.7、底径 5.6、高

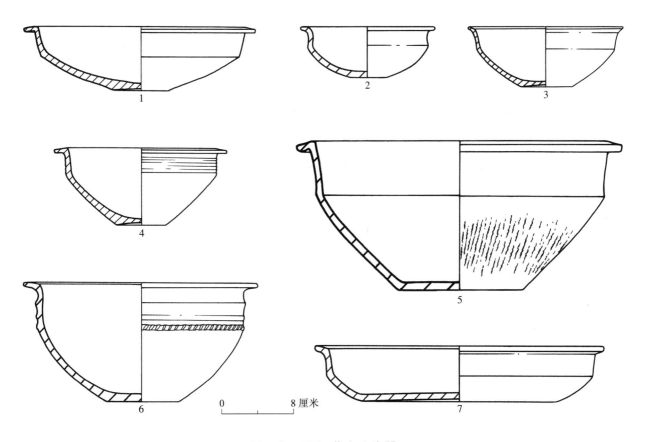

图三六　西汉墓出土陶器

1. A 型盘（M4：20）　2、4、6. B 型盂（M17：4、M4：26、M12：36）　3. A 型盂（M13：3）　5. 盆（M12：47）　7. B 型盘（M18：16）

8.1 厘米（彩版二四：6；图三六：4）。标本 M17：4，口径 14.5、底径 3.9、高 5.4 厘米（彩版二五：1；图三六：2）。

盆　1 件（M12：47）。泥质灰陶。通体施黑衣，大多已脱落。大敞口，斜折沿，圆唇，深折腹，下腹弧收，平底。下腹部饰竖向细绳纹。口径 36.2、底径 14.2、高 16 厘米（彩版二五：6；图三六：5）。M12 遣册简 3624 "盆【一】"，当指此器。

甑　3 件。分别出土于 2 座墓葬，其中 M4 出土 1 件、M12 出土 2 件。出土时大多残损严重，经修复均已复原。根据口沿和腹部不同，可分 2 型。

A 型　2 件。根据口沿和腹部的细微变化，分 2 亚型。

Aa 型　1 件（M4：25）。泥质灰陶。通体施黑衣，大多已脱落。敞口，斜折沿，圆唇，上腹微束，下腹弧收，平底。上腹部饰凸棱四周，底部有 5 个椭圆形算孔。口径 18.9、底径 5.2、高 8.4 厘米（彩版二五：3、4；图三七：1）。

Ab 型　1 件（M12：111）。泥质灰陶。通体施黑衣，大多已脱落。敞口，宽平沿，圆唇，上腹较直，下腹弧收，平底。上腹部饰凸棱三周，底部有 5 个圆形小孔。口径 25.6、底径 6.8、高 12.4 厘米（彩版二五：2；图三七：2）。

B 型　1 件（M12：48）。泥质灰陶。通体施黑衣，大多已脱落。大敞口，斜折沿，圆唇，上腹较直，中腹折转，折转处偏上，下腹斜收，平底。底部有 6 个圆形小孔。口径 42、底径 14.5、高 21.5 厘米（彩版二五：5；图三七：3）。M12 遣册简 3606 "甗一"，当指此器。

（三）模型明器

仓　13 件。分别出土于 9 座墓葬，其中 M17 出土 5 件，M3、M8、M9、M12、M13、M14、M15、M16 各出土 1 件。出土时大多残损严重，少数保存较好，经修复，完整器及复原器共计 10 件。根据形态不同，可分 3 型。

A 型　1 件（M14：6）。方形仓。泥质灰陶。盖平面呈长方形，四方顶，顶面隆起呈屋脊状，正面饰 4 组 36 道瓦楞，长短不一。仓身呈方形，口微敛，平沿，上腹较直，下腹弧收，平底（残损较甚）。上腹中部开有长方形仓门一个。盖长 34.6、盖宽 27.1、口长 26.2、口宽 25.9、通高 32.2 厘米（彩版二六：1；图三八：1）。

B 型　6 件。深腹罐形仓。根据底部形态不同，可分 2 亚型。

Ba 型　5 件。平底仓。分别出土于 5 座墓葬，其中 M8、M9、M12、M13、M15 各出土 1 件。均为泥质灰陶。仓身呈圆筒罐形，敛口，平沿，折肩，弧壁，深腹，平底。标本 M8：11，盖呈圆形伞状，弧壁隆起，顶端有一乳突。正面饰瓦楞纹，内圈饰 8 道瓦楞，外圈饰 4 组 28 道瓦楞，长短不一，呈放射状。仓身上腹中部开两个长方形仓门，仓门四周刻划网格纹，上腹部饰凸棱一周。盖径 30.5、口径 15.9、底径 15.3、通高 28.2 厘米（彩版二六：3；图三八：2）。标本 M15：8，盖呈圆形伞状，弧壁隆起，顶端有一乳突。正面饰瓦楞纹，内圈饰 8 道瓦楞，外圈饰 4 组 28 道瓦楞，长短不一，呈放射性。

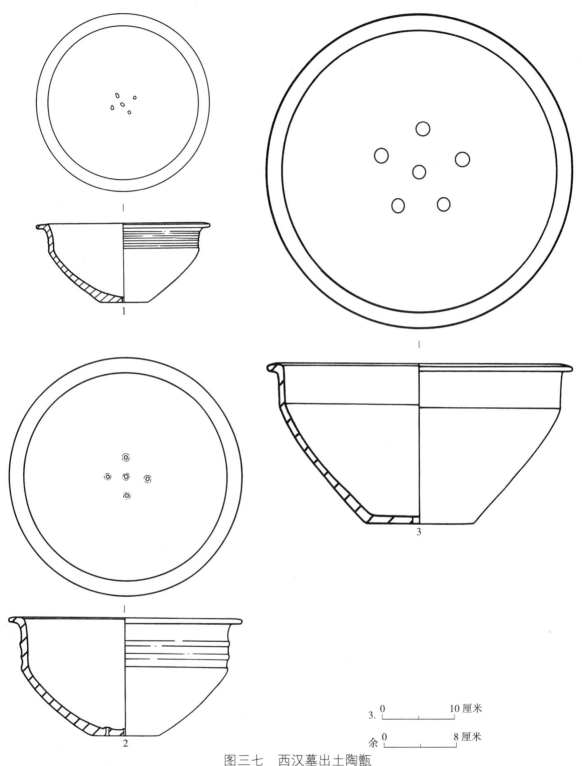

3. 0 _____ 10 厘米

余 0 _____ 8 厘米

图三七　西汉墓出土陶瓵
1. Aa 型（M4：25）　2. Ab 型（M12：111）　3. B 型（M12：48）

仓身上腹中部开有长方形仓门一个，中部饰凸棱一周。盖径 26.6、口径 18.2、底径 13.3、
通高 28.2 厘米（彩版二六：2）。标本 M12：53，外壁施黑衣，大多已脱落。盖呈圆形伞
状，弧壁隆起，顶端有一乳突。正面饰瓦楞纹，内圈饰 8 道瓦楞，外圈饰 4 组 24 道瓦楞，
长短不一，呈放射状。器身平底内凹，上腹中部开一长方形仓门，上腹部饰凸棱两周，中腹

图三八　西汉墓出土陶器

1. A 型仓（M14:6）　2、3、5. Ba 型仓（M8:11、M12:53、M13:7）　4. Bb 型仓（M17:15）　6. 井（M17:2）　7. C 型仓（M17:20）

部饰谷粒状绳索纹，仓门四周刻划方格纹。盖径27.8、口径23.1、底径14、通高27.9厘米（彩版二七：1；图三八：3）。标本M13：7，盖呈圆形伞状，弧壁隆起，顶端有一乳突。正面饰瓦楞纹，内圈饰4道瓦楞，外圈饰4组20道瓦楞，长短不一，呈放射状。器身上腹中部开有长方形仓门一个，仓门四周刻划网格纹，上腹及中腹部各饰凸棱一周。盖径28.2、口径20.8、底径14.5、通高28.6厘米（图三八：5）。

Bb型　1件（M17：15）。附足仓。泥质灰陶。盖呈圆形，弧壁隆起，顶端正中置一圆孔，四周刻划"十"字形网格纹。器身呈圆筒罐形，敛口微敞，平沿，弧壁，上腹微束，中腹转折，下腹斜收，平底，底附四矮扁平足。中腹部饰凸棱一周。盖径22.1、口径17.1、底径18.2、通高31.2厘米（彩版二七：2；图三八：4）。

C型　3件。小口筒形仓。均出土于M17。泥质灰陶。小敛口，卷沿，圆肩，上腹略弧，下腹近直，平底。标本M17：20，口径10.7、腹径21.6、底径17.6、高25.4厘米（彩版二八：1；图三八：7）。

井　1件（M17：2）。出土时残损严重，经修复已复原。泥质灰陶。敞口，平沿，颈微束，直腹，平底内凹。口径11.2、底径9.2、高13.9厘米（彩版二八：2；图三八：6）。出土时井内放置陶汲水罐1件。

灶　10件。分别出土于10座墓葬，其中M3、M4、M8、M9、M12、M13、M14、M15、M16、M17各出土1件。出土时大多残损严重，少数保存较好，经修复，完整器及复原器共计5件。出土时火眼上多放置陶釜等器。根据灶门、挡板等不同，可分2型。

A型　4件。分别出土于4座墓葬，其中M4、M8、M12、M15各出土1件。均为泥质灰陶，少数器外壁施黑衣。曲尺形盒状，直边直角，无底。一个灶门，两个火眼，灶门均不落地。标本M4：21，灶挡板略向前倾，灶前部有一个近半圆形灶门，灶面上有两个圆形火眼。火眼上置陶釜一件。陶釜为泥质灰陶，直口，圆唇，溜肩，弧腹，平底。挡板内侧附有条状假烟道，其上刻划圆圈纹。长42.2、宽31.7、高26.6厘米（彩版二八：3；图三九：1）。标本M8：6，灶挡板略直，前部有一个圆形灶门。挡板内侧刻划网格纹。长26.7、宽24.8、高16.8厘米（彩版二八：4；图三九：4）。标本M12：12，挡板略向后仰，灶前部有一个近半圆形灶门，灶面上有两个圆形火眼。火眼上置陶釜两件。陶釜均为泥质灰陶，敞口，圆唇，溜肩，圜底。灶门一周刻划网格纹。长35.8、宽30.2、高19.8厘米。M12遣册简3605"籊（鬻）二"，当指该陶灶上放置的两件陶釜。标本M15：10，挡板较直，灶前部有一个近方形灶门，灶面上有两个圆形火眼。挡板内侧附有条状假烟道。长27.5、宽21.8、高17.8厘米（彩版二八：5；图三九：3）。

B型　1件（M17：7）。泥质灰陶。曲尺形盒状，灶边不甚规则，无底。灶挡板略向外仰，灶前部有两个近半圆形不落地灶门，灶后部有一个长椭圆形烟孔，灶面上有三个圆形火眼。火眼上置陶釜三件。陶釜均为泥质灰陶，敛口，圆唇，溜肩，弧腹，平底。灶面上刻划三组网格纹。长27.3、宽25.5、高19.8厘米（彩版二八：6；图三九：2）。

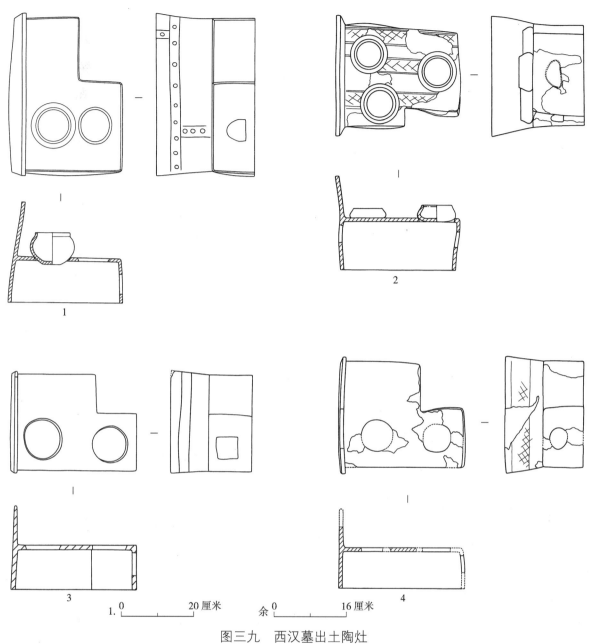

图三九　西汉墓出土陶灶

1、3、4. A 型（M4：21、M15：10、M8：6）　2. B 型（M17：7）

二　铜　器

铜器共 25 件（套），分别出土于 9 座墓葬。器类有鼎、壶、勺、匜、剑、镜、带钩、铺首、削刀柄、钿器、器座、饰件、铜钱等。按其功用则可分为礼器、兵器、日用器、货币和其他铜器。大部分器物保存一般，部分已严重锈蚀。器表以素面为主，仅铜镜背面饰有星云纹、波折纹、变形凤鸟纹及卷云纹等纹饰。

（一）礼器

鼎　1 件（M18：4）。子母口承盖，盖为弧形顶，顶部饰三个对称环纽。器身深弧腹，圜底，三素矮蹄形足，足中部横截面呈半圆形。口沿下附对称立耳，略外撇，腹中部饰凸棱一周。口径 15.9、腹径 17.2、通高 14.9 厘米（彩版二九；图四〇：1）。

壶　1 件（M18：3）。子母口承盖，盖为弧形顶，顶部饰三个对称的 S 形纽。器身敛口，平沿，束颈，圆溜肩，鼓腹，平底，喇叭状高圈足。肩部附对称铺首衔环，肩、腹部饰凹弦纹三组六周。口径 11.1、腹径 21.2、足径 13.2、通高 34.8 厘米（图四〇：2）。

勺　1 件（M18：2）。残。浅斗，半圆形短銎以纳木柄。残长 6.3、残宽 5.4、銎长 4.2 厘米（图四〇：3）。

匜　1 件（M18：5）。残损严重，仅存尾端饰衔环铺首。

（二）兵器

铜剑　1 套（M12：8）。玉具剑，由铜剑、漆剑鞘、玉剑璏、玉剑珌组成。标本 M12：8-1，铜剑，较修长，中脊起棱，无从，广格，实茎，空心圆首，双箍。素面。标本 M12：8-3，漆剑鞘，由两块薄木板组成，器表髹黑漆。鞘口端较宽，横截面呈菱形，尾端横截面呈略窄的扁圆形。标本 M12：8-2，玉剑璏，嵌于漆剑鞘背面中央，黄绿色，平面呈长方形。正面饰勾连云纹，底面有一个方孔，便于系在革带上。标本 M12：8-4，玉剑珌，安装于漆剑鞘尾端，淡绿色，平面呈不规整的梯形，横截面呈扁圆形。素面。剑身宽 4、通长 56.7 厘米（彩版三〇、三一；图四一）。

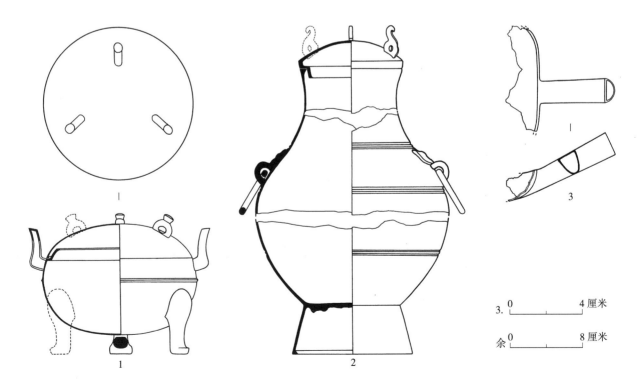

3　0　　　　　　　4 厘米

余　0　　　　　　　8 厘米

图四〇　西汉墓出土铜器
1. 鼎（M18：4）　2. 壶（M18：3）　3. 勺（M18：2）

（三）日用器

镜　3 件。分别出土于 3 座墓葬，其中 M14、M15、M16 各出土 1 件。均为圆形镜。标本 M14：1，三弦纽，圆纽座。座外三周凹弦纹及四乳丁将整个纹饰区分为两个区域，内圈纹饰为四组星云纹，每组由曲线连接四枚小乳丁；外圈纹饰为双重波折纹。素卷缘。直径 10.9、缘厚 0.5 厘米（彩版三二：1、2；图四二、四三）。标本 M15：1，三弦纽，方纽座，外围凹面带方格。纹饰由地纹和主纹组合而成。地纹为羽状纹，主纹为在地纹之上于凹面方格的四角向外伸出四组连贯式的花瓣，每组两瓣，将镜背分为四个区域，每个区域内有一倾斜的"山"字，"山"字底边与方格边平行。素卷缘。直径 11.7、缘厚 0.3 厘米（彩版三二：3、4；图四四、四五）。标本 M16：4，略残损。三弦纽，圆纽座。座外饰三周凹弦纹及对称四乳丁。纹饰由地纹和主纹组合而成，地纹为云雷纹，主纹为相互缠绕的变形蟠螭纹及云凤纹。素卷缘。直径 8.2、缘厚 0.3 厘米（彩版三二：5、6；图四六、四七）。

带钩　3 件。分别出土于 3 座墓葬，其中 M3、M14、M15 各出土 1 件。标本 M3：1，腹部较宽厚，腹面呈覆瓦状，腹、颈分界明显，下有铆钉状纽，钩作反向鸭首状。长 4.3、腹宽 1.1、腹厚 0.6 厘米（图四八：1）。标本 M14：2，器形如琵琶，腹部较宽扁，下有铆钉状纽，钩作反向鸭首状。腹面饰卷云纹，磨损较甚。长 4.5、腹宽 2.3、腹厚 0.7 厘米（彩版三三：1；图四八：2）。标本 M15：2，钩体短宽，牛首形，额上扬成纽，颈下垂成钩，两侧双耳外张。长 3.1、腹宽 2.4、腹厚 0.6 厘米（彩版三三：2；图四八：3）。

（四）货币

铜钱　2 组。分别出土于 2 座墓葬，其中 M8 出

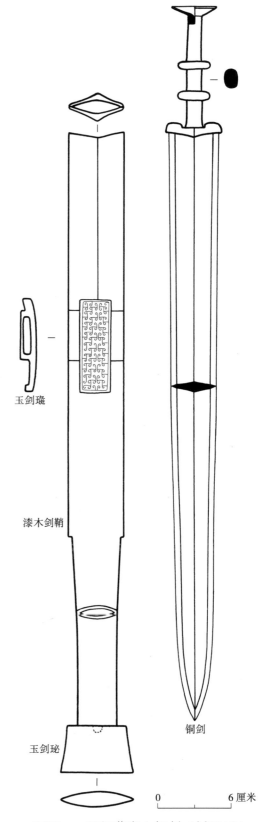

玉剑璏
漆木剑鞘
玉剑珌
铜剑

图四一　西汉墓出土铜剑（M12：8）

图四二　西汉墓出土铜镜（M14:1）

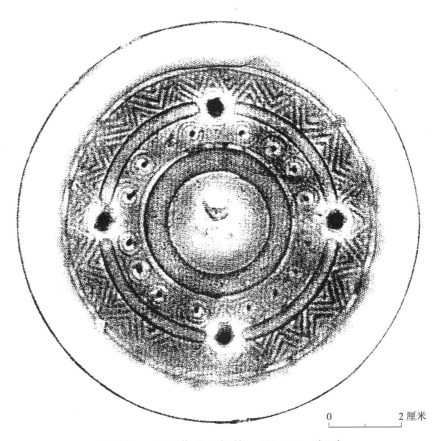

图四三　西汉墓出土铜镜（M14:1）拓片

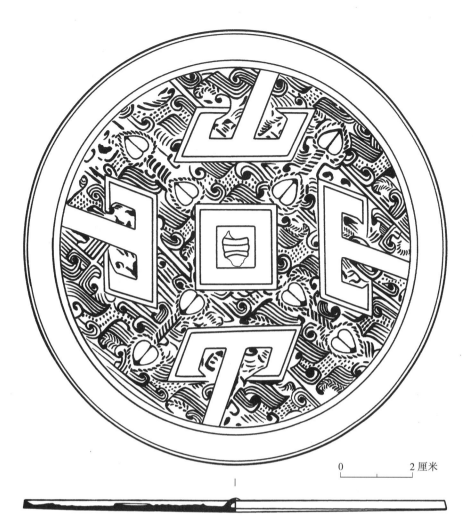

图四四　西汉墓出土铜镜（M15∶1）

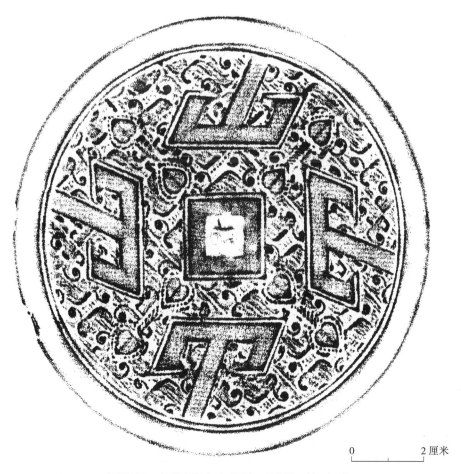

图四五　西汉墓出土铜镜（M15∶1）拓片

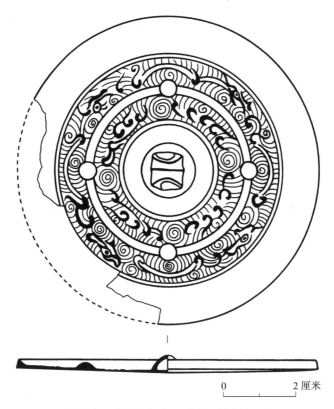

图四六　西汉墓出土铜镜（M16:4）

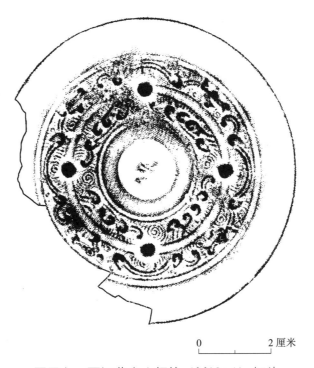

图四七　西汉墓出土铜镜（M16:4）拓片

土1组38枚，M17出土1组26枚。均为方穿圆钱，大多锈蚀严重或残破，根据钱文与钱币大小、厚薄不同，可分3型。

A型　半两钱。标本M8:13-1，钱体较轻薄，周边较圆滑，钱文字体方正，笔画较

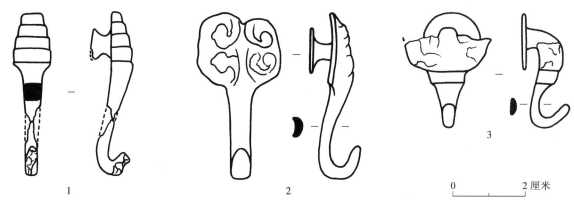

图四八 西汉墓出土铜带钩
1. M3:1 2. M14:2 3. M15:2

细，"半"字下平画、"两"字上平画与整个字等宽；"两"字中间竖划较长，"人"字笔画较轻，钱背素面。直径 2.5、穿宽 0.8、厚 0.1 厘米（图四九：1）。

B 型 半两钱。标本 M8：13－2，钱体轻薄，周边较粗糙，钱文字体较瘦长，笔画较粗，所有横画基本等齐，"两"字下半部的"人"以一横画代替，钱背素面。直径 2.4、穿宽 0.8、厚 0.1 厘米（图四九：2）。

C 型 五铢钱。标本 M17：1－1，钱体较厚，轮廓较深，钱文中"五"字形似两个对置的马蹄，"朱"字头圆折，"金"字头呈圆角三角形，钱背素面。直径 2.7、穿宽 1、厚 0.1 厘米（图四九：3）。

（五）其他

铺首 1 件（M4：10）。上部作兽形，双目圆瞪，双眉上扬，髭须均上卷，鼻呈长条形凸出，下衔一圆环。背面平整，中间有一圆锥形插榫（已残损）。应为漆扁壶附件。长 5.9、环径 3.5 厘米（彩版三三：3；图五〇：1）。

钿器 2 件。形制基本相同。环状，应为漆杯的口沿钿器。标本 M12：41，直径 9.8、高 1.1 厘米（彩版三三：4；图五〇：5）。

器座 2 件。形制基本相同。上部呈喇叭状，平底内凹，应为漆杯底座。标本 M12：42，

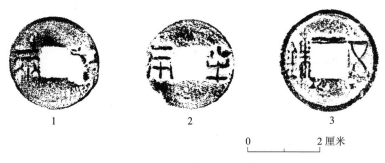

图四九 西汉墓出土铜钱拓片
1. A 型（M18：13－1） 2. B 型（M18：13－2） 3. C 型（M17：1－1）

底径6.6、高3厘米（彩版三三：5；图五〇：4）。

饰件　6件。标本 M12：110、标本 M12：112、标本 M12：113、标本 M4：11 形制基本相同，应为漆樽或漆卮的鋬。标本 M12：110，长4.3、环径2.1 厘米（彩版三三：6；图五〇：7）。标本 M8：2，整体呈 S 形，应为漆樽盖顶上的铜纽。长3.1、厚0.1 厘米（图五〇：2）。标本 M9：1，整体呈泡钉状，应为漆樽底部的附足。高1.8厘米（图五〇：6）。

削刀柄　1件（M12：116）。放置于竹笥（M12：90）内。柄首呈椭圆形。残长3.9、柄宽0.9、首径2.1～3.2 厘米（图五〇：3）。

三　漆木器

漆木器共133件（套），出土于3座墓葬，其中 M4 出土3件、M12 出土128件、M16 出土2件。多数漆木器出土于头箱、边箱和足箱，极少数因为漂浮的原因，出土于棺室。多数器物保存较差，多残破或朽烂，少数保存较好。

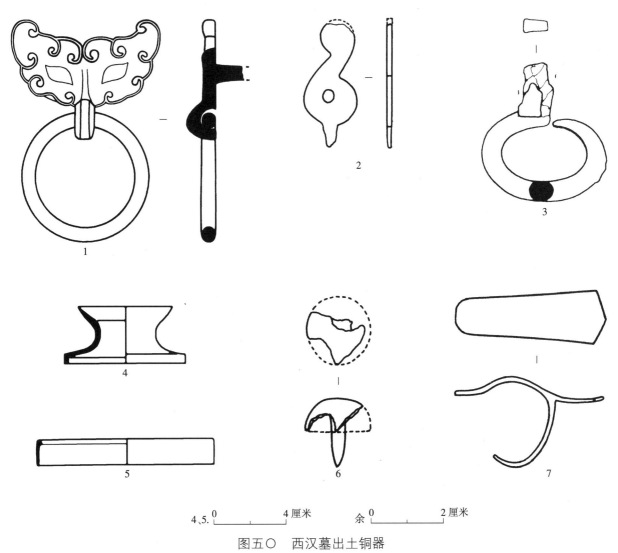

4、5. ┣━━━━┫ 4厘米　　余 ┣━━━━┫ 2厘米

图五〇　西汉墓出土铜器

1. 铺首（M4：10）　2、6、7. 饰件（M8：2、M9：1、M12：110）　3. 削刀柄（M12：116）　4. 器座（M12：42）　5. 钮器（M12：41）

（一）胎质与制法

该批漆器有彩绘漆和黑色素面漆两种，胎质均为木胎，其中厚木胎较多，薄木胎较少。少数漆木器上有铜配件，如樽的铜足、纽，樽、卮的鋬，杯的口沿钏器和底座、扁壶的铺首等。制作方法主要为斫削、挖凿、旋制、卷制、雕刻等。器形不同，采用的制作方法也不尽相同。斫削、挖凿主要用于耳杯、扁壶、几、木船等器的制作，旋制主要用于盘、圆盒等器的外形制作，雕刻则多用于俑、马、牛、狗等的细部制作，卷制法主要用于圆奁、樽、卮等圆筒形器的腹壁制作。一件器物的制作多综合两种以上的方法才能完成。器物及其构件间的安装结合方法主要为嵌接、黏接等。

（二）纹饰

漆器中的盛器、容器器表多外髹黑漆，内髹红漆；部分器物内、外均髹黑漆；非盛器、容器，如几、T 形器等，多外髹黑漆。大部分漆器上有彩绘纹饰，绘制方法为在黑漆上漆绘。彩绘颜色有朱红、金黄、蓝色等，主要施于耳杯、卮、樽、圆盘、方平盘、酒具盒、奁等器物上。少数器物上如樽等用油彩和漆绘相结合绘制纹饰，出土时油彩纹饰大部分已脱落。纹饰主要有变形凤鸟纹、云凤纹、云龙纹、卷云纹、圆涡纹、圆点纹、斜线纹、水波纹、波折纹、B 形纹、"非"字形纹、斑豹纹、鹿纹等。漆器上的文字仅有针刻一种，见于 M12 出土耳杯底部，共 6 件，分别为标本 M12：28、M12：29、M12：31、M12：65、M12：66、M12：130，内容为"吕""吕土"，文字清晰可辨。

（三）器类

133 件（套）漆木器按用途可分为生活用器、妆奁器具、模型明器、娱乐器具和杂器五类。生活用器有耳杯、酒具盒、圆盒、椭圆奁、圆盘、方平盘、壶、樽、卮、扁壶、匕、几等；妆奁器具有圆奁、梳、篦等；模型明器有俑、马、牛、狗、车构件、船等；娱乐器具为六博盘；杂器有 T 形器、柄形器、饼形器。

1. 生活用器

耳杯　29 件。均为厚木胎，系用一整块木头挖凿而成。M12 遣册简 3559 "酱杯廿"、简 3607 "画杯廿"、简 3598 "羹杯卅"，当指这批耳杯。因盗扰原因，现存数量与遣册记载数量已不相符。根据耳杯整体造型不同，可分 2 型。

A 型　28 件。杯口两端圆弧，呈椭圆形。敞口，深腹，弧壁，平底，假圈足，月牙形圆耳，耳面上翘。根据耳杯尺寸及纹饰不同，可分 4 亚型。

Aa 型　2 件。形体较大，杯耳和杯口彩绘纹饰。标本 M12：29，木胎厚实。外髹黑漆，内髹朱红漆。外壁上部、耳面、耳侧朱绘圆点夹变形波折纹，圈足处朱绘窄带纹一周。外底中部针刻"吕土"二字。口长径 23.2、口短径 13.7、连耳宽 17.7、高 7.3 厘米

（彩版三四：1~3；图五一：1）。标本 M12：32，木胎厚实，耳部略残。外髹黑漆，内髹朱红漆。外壁上部、耳面、耳侧朱绘圆点夹变形波折纹，圈足处朱绘窄带纹一周。口长径 22.4、口短径 13.8、连耳宽 18.4、高 6.8 厘米（图五一：2）。

Ab 型 10 件。形体中等，杯耳和杯口彩绘纹饰。标本 M12：27，木胎较厚实。外髹黑漆，内壁近口沿处髹黑漆，余髹朱红漆。内壁近口沿处朱绘由 6 个 B 形凤鸟纹样、圆点纹组成的纹饰带，每两个 B 形凤鸟纹样中间夹三组圆点纹。外壁上部、耳面、耳侧朱绘圆点夹水波纹。圈足处朱绘窄带纹一周。口长径 17、口短径 9.9、连耳宽 12.5、高 5 厘米（彩版三四：4~6；图五一：3）。标本 M12：78，木胎较厚，耳部略残。外髹黑漆，内髹朱红漆。外壁上部、耳面、耳侧用朱红、蓝色彩绘圆点纹、圆涡纹夹变形波折纹。口长径 17.2、口短径 9.9、连耳宽 12.4、高 4.2 厘米（图五一：4）。标本 M12：127，略残。木胎较厚。外髹黑漆，内壁近口沿处髹黑漆，余髹朱红漆。内壁近口沿处、耳面朱绘竖向水波纹和椭圆点纹组成的纹饰带。外壁上部、耳侧朱绘竖向水波纹、椭圆点纹、圆涡纹组成的纹饰带。口长径 16.9、口短径 9.9、连耳宽 12.6、高 4.6 厘米（图五一：5）。M12 遣册简 3607"画杯廿"，当指 Ab 型漆耳杯，但出土器物仅见 10 件。

Ac 型 4 件。形体中等，素面无纹。标本 M12：37，木胎较厚。通体髹黑漆。口长径 19.4、口短径 11、连耳宽 14、高 5.2 厘米（图五二：1）。

Ad 型 12 件。形体较小，素面无纹。标本 M12：28，木胎较厚。外髹黑漆，内髹朱红漆。外底中部针刻"吕"字。口长径 12.4、口短径 7.5、连耳宽 10.2、高 3.4 厘米（图五二：3）。标本 M12：63，木胎较厚。外髹黑漆，内髹朱红漆。口长径 16.3、口短径 9.3、连耳宽 11.9、高 5.2 厘米（图五二：2）。M12 遣册简 3559"酱杯廿"，当指 Ad 型漆耳杯，但出土器物仅见 12 件。

B 型 1 件（M12：83）。形体中等，杯口两端圆弧，呈椭圆形。敞口，深腹，弧壁，平底，假圈足，月牙形圆耳，耳面下斜。外髹黑漆，内壁近口沿处髹黑漆，余髹朱红漆。内壁近口沿处、耳面朱绘竖向水波纹、圆点纹组成的纹饰带，每两组竖向水波纹中间夹两组圆点纹。外壁上部朱绘竖向水波纹、圆点纹、圆涡纹组成的纹饰带。耳侧朱绘"非"字形纹、菱形纹组成的纹饰带。口长径 14.8、口短径 8.9、连耳宽 10.7、高 3.7 厘米（图五二：4）。

酒具盒 1 件（M12：77）。木胎。由盒盖和盒身扣合而成。盖、身分别用整木剜凿而成，形制、大小基本相同。整体呈椭圆形，子母口，两端各有一短柄，扣合后短柄呈圆形。盖顶、身底均有椭圆形矮凸棱一周（身底的凸棱可视为矮圈足）。外髹黑漆，内髹朱红漆，器表在黑漆地上用朱红、蓝色彩绘纹饰。盒盖顶部内圈正中朱绘一只变形凤鸟，四周彩绘两组交错穿插的 S 形云龙纹（少数已脱落），缀以朱红色变形凤鸟纹、旋涡状卷云纹、逗点形纹及圆点纹。盖肩部彩绘云龙纹，云龙两条交错为一组，共四组八条。龙身细长弯曲，其四周缀以朱红色变形凤鸟纹、旋涡状卷云纹、逗点形纹及圆点纹。盖顶外圈和盖外壁近口沿处彩绘由"非"字形纹样、旋涡状卷云纹、圆点纹组成的纹饰带。盒身除底

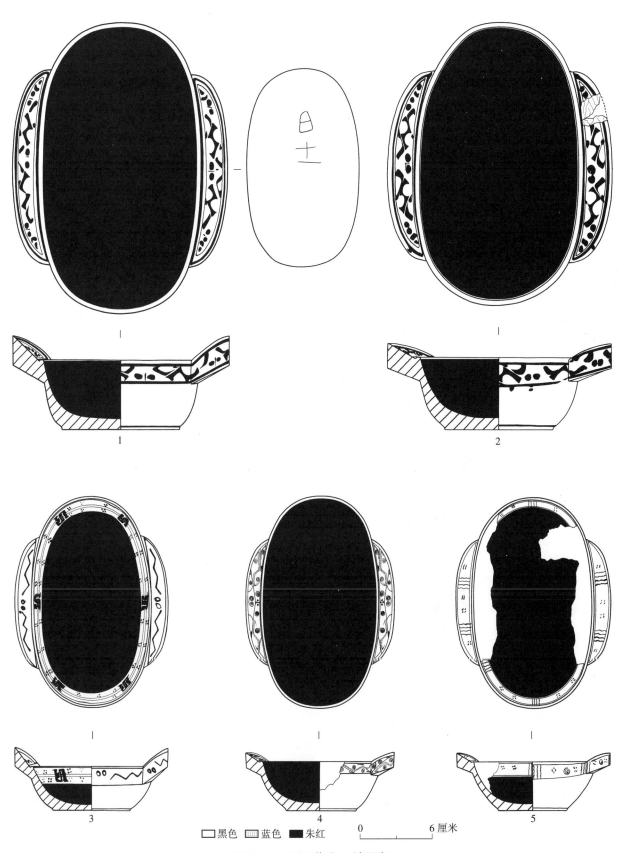

图五一　西汉墓出土漆耳杯

1、2. Aa 型（M12：29、32）　3～5. Ab 型（M12：27、78、127）

□黑色　▦蓝色　■朱红　0　6厘米

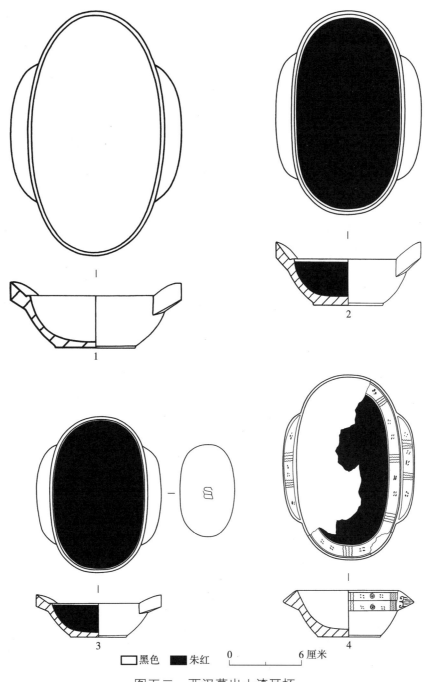

图五二　西汉墓出土漆耳杯

1. Ac 型（M12∶37）　2、3. Ad 型（M12∶63、28）　4. B 型（M12∶83）

部无纹饰外，其余部位均彩绘与盒盖相同的纹饰。盒两端的短柄外侧彩绘两组对称的
云龙纹，缀以旋涡状卷云纹、逗点形纹及圆点纹。长21.3、宽17.2、通高13.8 厘米
（彩版三五；图五三）。

　　圆盒　2件。均为木胎。整器作扁圆状，由盖、身作子母口扣合而成，盖、身均用厚
木板剜凿而成。盖顶置有圈足状环形抓手，身高于盖，身作子口内敛，上腹部较直，圜
底，矮圈足。外髹黑漆，内髹朱红漆。标本 M12∶102，残。盖与身外壁各饰较宽的凹弦
纹三周，凹弦纹内髹朱红漆。盖顶正中朱绘一只变形凤鸟，四周用朱红、蓝色彩绘四组 S

形云龙纹，缀以卷云纹、圆点纹及逗点形纹。盖肩部用朱红、蓝色彩绘云龙纹（局部已脱落），缀以卷云纹、圆点纹及逗点形纹。盒身下腹部朱绘横向菱形纹和竖向短线条纹。圈足朱绘弦纹一周。口径16.6、腹径20、通高17.3厘米（图五四：1）。标本M12：103，盖略残损。盖与身外壁各饰较宽的凹弦纹三周，凹弦纹内髹朱红漆。盖顶正中朱绘一只变形凤鸟，四周用朱红、蓝色彩绘四组S形云龙纹，缀以卷云纹、圆点纹及逗点形纹。盖肩部用朱红、蓝色彩绘云龙纹（局部已脱落），缀以卷云纹、圆点纹及逗点形纹。盖口沿和盒身上腹部朱绘波折纹夹圆点纹。盒身下腹部朱绘间断短横线纹。圈足朱绘宽带纹一周。口径16.5、腹径19.9、通高17.2厘米（图五四：2）。

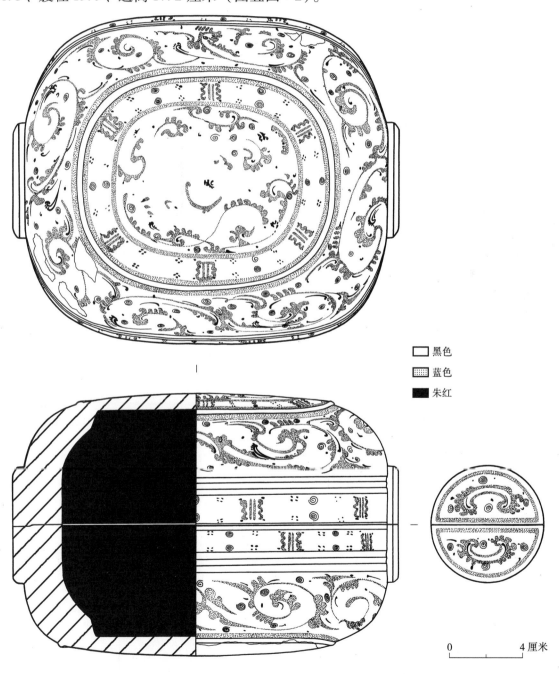

黑色
蓝色
朱红

0　　　　4厘米

图五三　西汉墓出土漆酒具盒（M12：77）

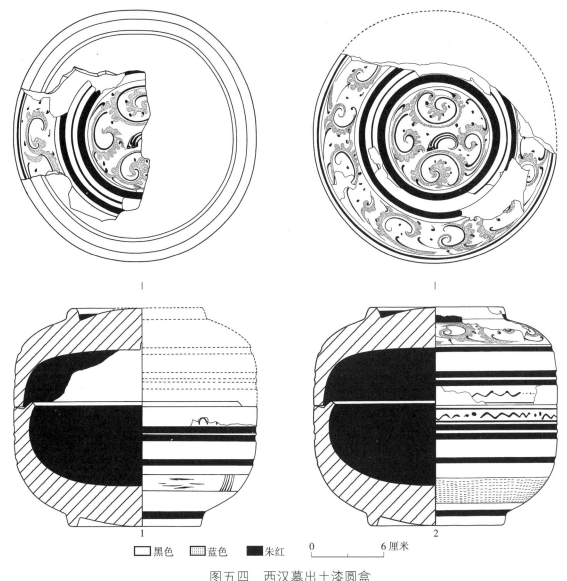

图五四 西汉墓出土漆圆盒
1. M12：102 2. M12：103

圆盘 8 件。均为厚木胎。由一整块木板剜凿而成。敞口，厚方唇，斜弧腹。根据腹部深浅及口沿不同，可分 3 型。

A 型 1 件（M12：52）。残。敞口，卷沿，方唇，浅弧腹，假圈足内凹。内、外壁均髹黑漆。内底纹饰用朱红宽带纹分为三圈，内圈和外圈为主纹饰区。内圈用朱红、蓝色彩绘纹饰，正中朱绘首尾相连的两只变形凤鸟，四周彩绘四组 S 形云龙纹（大多已脱落）及变形凤鸟纹，缀以卷云纹；中圈朱绘 B 形纹及卷云纹（少数已脱落）；外圈朱绘 13 只变形凤鸟，缀以卷云纹及点状纹。内壁近口沿处朱绘两周间断弦纹夹 B 形纹及点状纹。沿面朱绘间断波折纹夹点状纹。外腹壁上部亦朱绘一周弦纹夹 B 形纹及点状纹。圈足朱绘弦纹一周。口径 47.8、底径 40.6、高 3.8 厘米（图五五）。

B 型 5 件。敞口，平折沿，深弧腹。标本 M12：43，中腹微折，假圈足内凹。内、外壁均髹黑漆。内底纹饰用朱红窄带纹分为三圈。内圈正中用朱红、金黄两色彩绘一只变形凤鸟，凤鸟上、下各饰两组云龙纹及一组凤鸟纹；中圈朱绘由短线条纹及横向菱形纹组成的纹饰带；外圈纹饰由两组对称的朱红、金黄色彩绘的凤鸟纹、伞状云纹、卷云纹及点状纹组成。内壁近口沿处朱绘两周间断弦纹牵连的 B 形纹及卷云纹。沿面朱绘一周波折纹及两周弦纹。唇面朱绘三角纹夹椭圆点纹。外腹壁上部亦朱绘两周间断弦纹牵连的 B 形纹及卷云纹，其上、下各朱绘窄带纹一周。圈足上端朱绘窄带纹一周。口径 27.8、底径

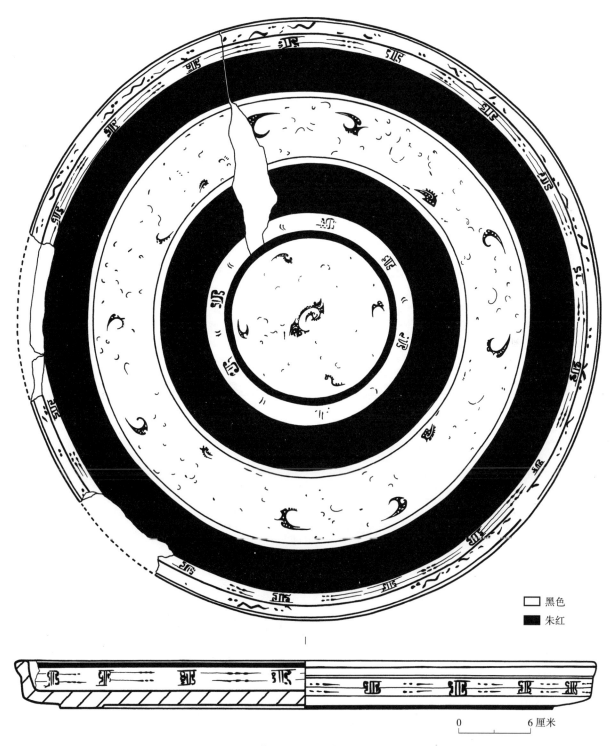

黑色

朱红

0　　　6 厘米

图五五　西汉墓出土 A 型漆圆盘（M12∶52）

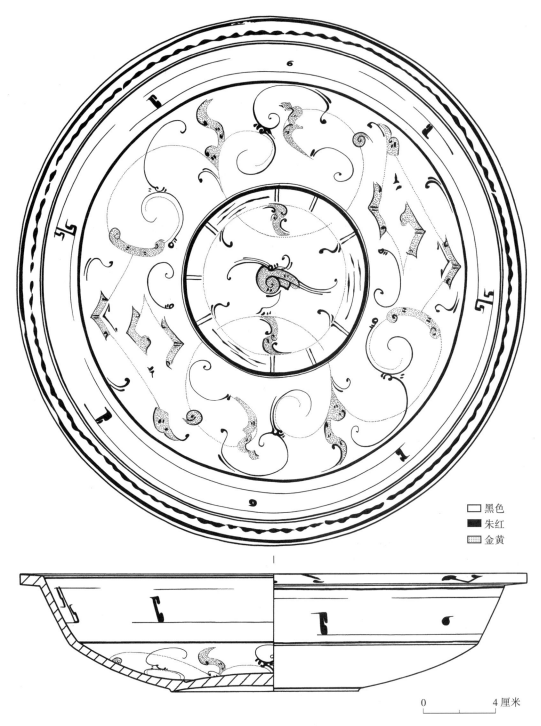

黑色
朱红
金黄

图五六　西汉墓出土 B 型漆圆盘（M12：43）

10.3、高 6.2 厘米（彩版三六；图五六）。标本 M12：140，残。圜底近平。内、外壁近口
沿处和内底中部髹黑漆，其余部分髹朱红漆。内底纹饰用一周朱红窄带纹分为内、外两
圈。内圈用朱红、蓝色彩绘纹饰（大多已脱落），残存部分为云龙纹缀以旋涡状卷云纹、
逗点形纹及圆点纹；外圈朱绘由"非"字形纹样和横向菱形纹组成的纹饰带。内壁近口沿
处朱绘窄带纹一周。沿面朱绘波折纹夹圆点纹。唇面朱绘竖向短线条纹及圆点纹。外腹壁
上部亦朱绘 B 形纹。口径 27.7、高 5.2 厘米（图五七）。M12 遣册简 3577 "食（？）卑

（椑）虡（椸）五隻（雙—双）"，当指 B 型漆盘，但出土物仅见 5 件。

C 型　2 件。平沿，浅弧腹，圜底近平。标本 M12：93，残。内、外壁近口沿处和内底中部髹黑漆，其余部分髹朱红漆。内底纹饰用两周朱红窄带纹分成内、外圈。内圈用朱红、蓝色彩绘纹饰，内圈正中朱绘一只变形凤鸟，四周彩绘四组云龙纹（大多已脱落），缀以朱红色卷云纹及圆点纹；外圈朱绘由竖向短线条纹和圆点纹组成的纹饰带。内壁近口

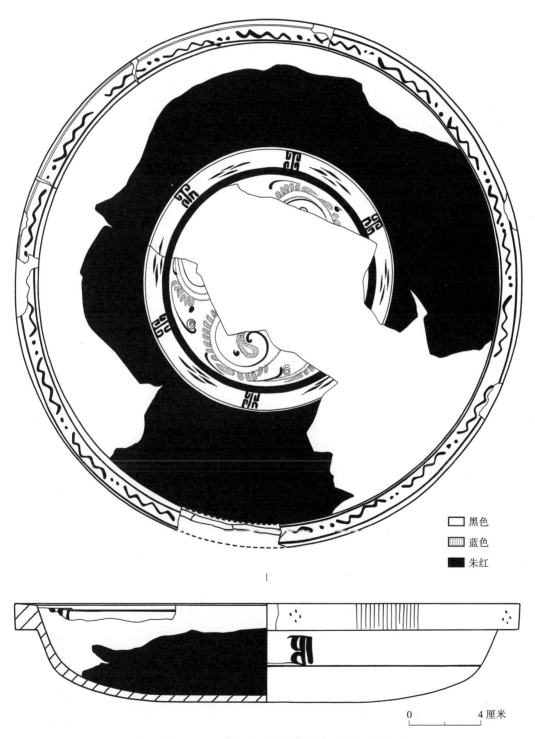

	黑色
	蓝色
	朱红

0　　　　4 厘米

图五七　西汉墓出土 B 型漆圆盘（M12：140）

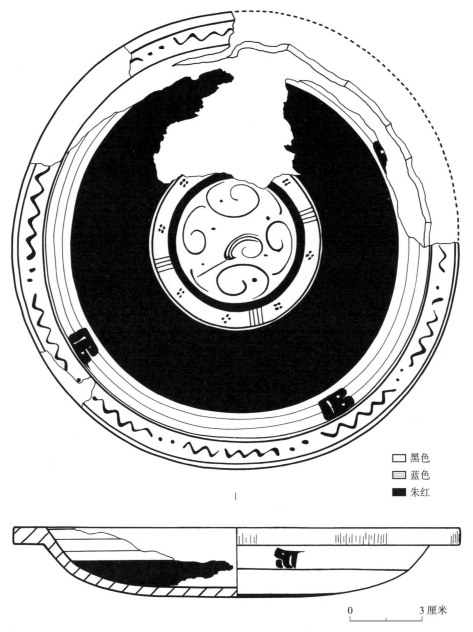

□ 黑色
▦ 蓝色
■ 朱红

0　　　　3厘米

图五八　西汉墓出土 C 型漆圆盘（M12：93）

沿处朱绘由三周弦纹牵连的 B 形纹。沿面朱绘波折纹夹圆点纹。唇面朱绘竖向短线条纹。口径 18.3、高 2.8 厘米（图五八）。标本 M12：109，内、外壁近口沿处和内底中部髹黑漆，其余部分髹朱红漆。内底纹饰用两周朱红窄带纹分成内、外圈。内圈用朱红、蓝色彩绘纹饰，内圈正中朱绘一只变形凤鸟，四周彩绘四组云龙纹缀以朱红色卷云纹、圆点纹及短斜线纹；外圈朱绘由"非"字形纹样和横向菱形纹组成的纹饰带。内壁近口沿处朱绘由三周弦纹牵连的 B 形纹。沿面朱绘波折纹夹圆点纹。外腹壁上部亦朱绘一周弦纹牵连的 B 形纹，圈足朱绘窄带纹一周。口径 18.2、高 2.9 厘米（彩版三七：1、2；图五九）。

　　椭圆奁　3 件。均为木胎。盖、底均用厚木板刳凿而成，奁壁用薄木板卷接成形，然后将底与壁黏合成一器。平面呈椭圆形。盖为弧形顶，器身直口，直壁，底外弧。外髹黑漆，内髹朱红漆。标本 M12：64，盖长径 33.2、盖短径 17.5、身长径 32、身短径 16.2、通高 16.5 厘米（彩版三七：3、4；图六〇：1）。标本 M12：95，盖长径 23.8、盖短径 11.8、身长径 22.6、身短径 10.6、通高 11.8 厘米（图六〇：2）。M12 遣册简 3528 "脯检（奁）一合盛肉"，"脯检（奁）" 当指此器。标本 M12：94，残存奁盖部分。盖顶纹饰用三周朱红窄带纹分成三圈。内圈正中及左、右两侧各朱绘一只变形凤鸟，四周用朱红、蓝色彩绘两组交错穿插的 S 形云龙纹（局部已脱落），龙首盘卷、口吐长舌，龙尾亦卷曲，龙体四周缀以卷云纹、逗点形纹及圆点纹，组成翻腾的云气图案；中圈朱绘由 "非" 字形纹样及横向菱形纹组成的纹饰带；外圈用朱红、蓝色彩绘云气图案，缀以逗点形纹及圆点纹。盖外壁近口沿处朱绘两周窄带纹，缀以逗点形纹（局部已脱落）。盖长径 16.1、盖短径 7.6、残高 2.5 厘米（图六一）。

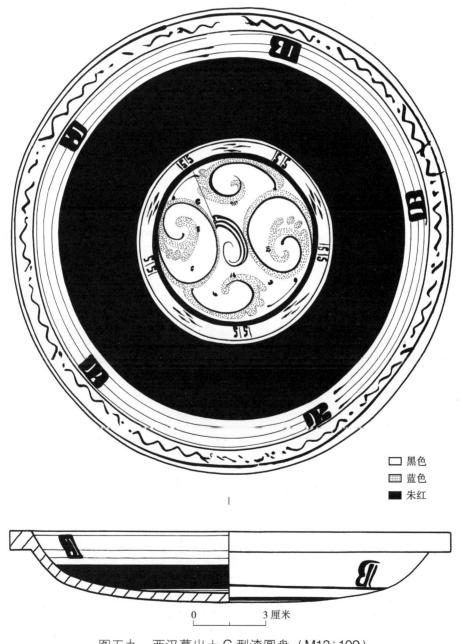

□ 黑色
▦ 蓝色
■ 朱红

0　　　　3 厘米

图五九　西汉墓出土 C 型漆圆盘（M12：109）

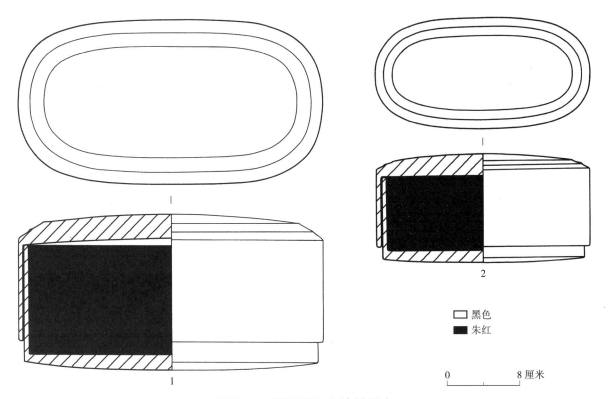

黑色
朱红

0   8厘米

图六〇　西汉墓出土漆椭圆奁
1. M12：64　2. M12：95

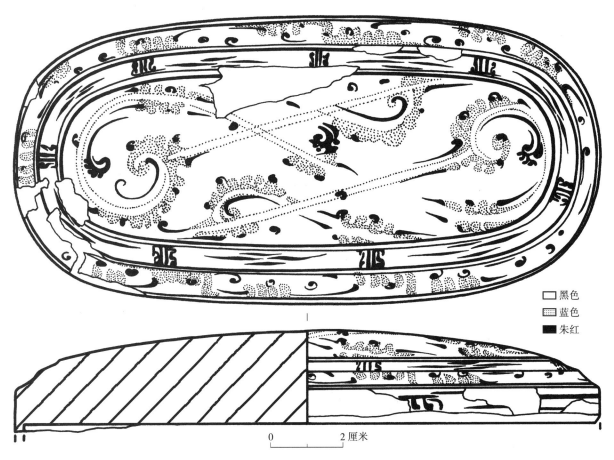

黑色
蓝色
朱红

0   2厘米

图六一　西汉墓出土漆椭圆奁（M12：94）

方平盘 1件（M12：51）。残。厚木胎。盘面由一整块木板斫凿而成，再与分制的四足相黏合。敞口，方唇，浅腹，斜弧壁，平底，底部四角有四个规矩形条形足。器表髹黑漆。盘内纹饰区髹黑漆，另在黑漆地上彩绘纹饰，其余部分髹朱红漆。内底纹饰用朱红宽带纹和窄带纹分为三圈。内圈和外圈为主体纹饰，其纹饰相同，均用黄色彩绘交错穿插的S形云龙纹（大多已脱落），龙体四周缀以朱绘变形凤鸟纹、旋涡状卷云纹、逗点形纹及云纹；中圈朱绘由"非"字形纹样、横向菱形纹、楔形纹组成的纹饰带。内腹壁用朱红、黄色彩绘三角勾连云纹及圆点纹。外腹壁朱绘由变形凤鸟图案、旋涡状卷云纹、弦纹组成的纹饰带。足部朱绘宽带纹一周。长72.4、宽44.6、高5.8厘米（图六二）。

壶 1件（M12：17）。木胎。颈部以上残损。溜肩，圆鼓腹，平底高圈足。器外髹黑漆，内髹红漆。颈部朱绘宽带纹一周。肩部用蓝色彩绘S形云龙纹，缀以朱红色卷云纹及逗点形纹；中腹部朱绘窄带纹两周；下腹部朱绘由两周弦纹及三角形凤鸟图案组成的纹饰带并朱绘窄带纹一周。腹径14.5、足径8.2、圈足高3.3、残高15.2厘米（图六三：1）。

樽 5件。均为木胎。盖、底均用厚木板剜凿而成，樽壁用薄木板卷接成形，然后将底与壁黏合成一器。盖为弧形顶，身为直壁圆筒形。标本M4：7，残存樽身下半部。樽底较平，下附三个铜蹄形足。外髹黑漆，内髹朱红漆（局部已脱落）。残存樽身外腹壁上部用蓝色彩绘S形云龙纹（大多已脱落），朱绘旋涡状卷云纹及逗点形纹。下部朱绘云气纹及宽带纹一周。底径13.6、残高6.1厘米（图六三：2）。标本M4：8，残存盖顶及底。盖残破成两半，其顶部三铜纽已无存。樽底较平，下附三个铜蹄形足。外髹黑漆，内髹朱红漆（局部已脱落）。盖顶纹饰用朱红窄带纹分为内、外两圈。内圈正中朱绘一只变形凤鸟，四周蓝色彩绘两组交错穿插的S形云龙纹，缀以朱红色变形凤鸟图案及旋涡状卷云纹；外圈蓝色彩绘云气纹缀以朱红色变形凤鸟图案及旋涡状卷云纹。盖径12.4、底径12.5厘米（图六三：3）。标本M12：55，残存盖顶及底。盖顶部三铜纽已无存，樽底为外凸的弧形。外髹黑漆，内髹朱红漆（局部已脱落）。盖顶纹饰用朱红宽带纹分为内、外两圈。内圈用朱红、黄色彩绘两组对称的卷云纹，外圈用朱红、黄色彩绘5个间断的楔形纹饰（局部已脱落）。盖径13.8、底径13厘米（图六三：4）。标本M12：100，残存盖顶及底。盖顶部置三个对称S形铜纽，底为外凸的弧形，下附三个铜蹄形足。外髹黑漆，内髹朱红漆（局部已脱落）。盖顶纹饰用凹弦纹三周分为四圈，为叙述方便，将其由内至外编为第①、②、③、④圈。第①圈为主纹饰区，正中针刻斑豹一只，扬首竖耳，四足腾空，作奔跑腾跃状，斑豹四周针刻两组相互穿插的S形云龙纹及短斜线纹，缀以朱红色逗点形纹。第②圈和第④圈纹饰相同，均为针刻短斜线纹和朱红色圆点纹组成的"人"字形图案。第③圈纹饰为针刻八组S形云龙纹及短斜线纹，缀以朱红色逗点形纹。樽底上端针刻短斜线纹和朱红色圆点纹组成的"人"字形图案及竖向水波折纹。盖径13.9、底径13.3厘米（彩版三八；图六四：1）。标本M12：101，残存盖顶及底。盖顶部置三个对称S形铜纽，底为外凸的弧形，下附三个铜蹄形足。外髹黑漆，内髹朱红漆（局部已脱落）。盖顶纹饰用凹弦

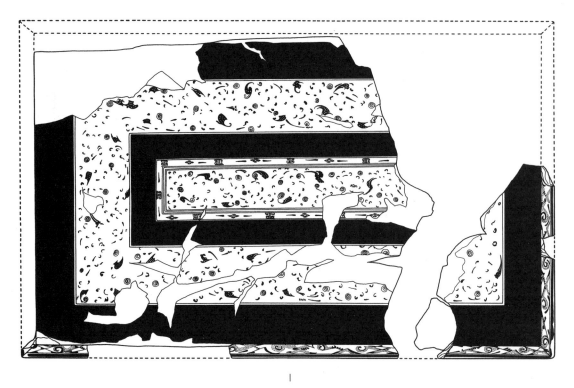

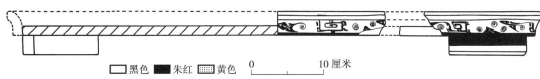

□黑色　■朱红　▦黄色　0 ——————— 10厘米

图六二　西汉墓出土漆方平盘（M12:51）

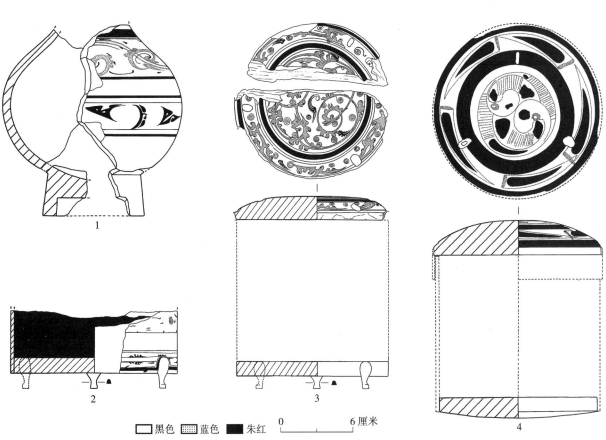

1

2

3

4

□黑色　▦蓝色　■朱红　0 ——————— 6厘米

图六三　西汉墓出土漆器

1. 壶（M12:17）　2~4. 樽（M4:7、M4:8、M12:55）

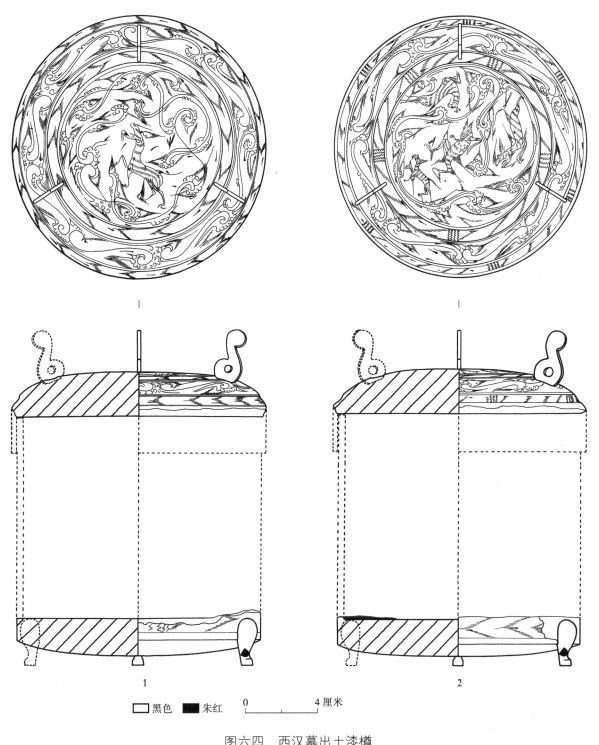

图六四　西汉墓出土漆樽

1. M12∶100　2. M12∶101

□黑色　■朱红

0　　　　　4厘米

纹三周分为四圈，为叙述方便，将其由内至外编为第①、②、③、④圈。第①圈为主纹饰区，正中针刻神兽一只，扭头竖耳，双眼斜视，作观望状，神兽四周另针刻豹、鹿、狼各一只，其外针刻两组首尾相连的S形云龙纹及短斜线纹，缀以朱红色逗点形纹。第②圈和第④圈纹饰相同，均针刻由短斜线纹、竖向水波折纹组成的纹饰带，缀以朱红色逗点形纹。第③圈纹饰为针刻的八组S形云龙纹及短斜线纹，缀以朱红色逗点形纹。樽底上端针刻短斜线纹和朱红色圆点纹组成的"人"字形图案。盖径13.8、底径13.3厘米（彩版三九；图六四：2）。

樽盖　3件。均为木胎。由一整块木板剜凿而成。盖均为弧形顶，其上三铜纽已无存。标本M4：9，外髹黑漆，内髹朱红漆。盖顶纹饰用朱红色宽带纹分为内、外两圈。内圈正中朱绘一只变形凤鸟，四周蓝色彩绘两组交错穿插的S形云龙纹，缀以三只朱红色变形凤鸟纹、旋涡状卷云纹及逗点形纹；外圈蓝色彩绘云气纹缀以朱红色变形凤鸟图案、旋涡状卷云纹及逗点形纹。盖径13.4、厚1.2厘米（图六五：1）。标本M12：99，外髹黑漆，内髹朱红漆（局部已脱落）。盖顶纹饰用朱红宽带纹分为内、外两圈。内圈用朱红、黄色彩绘两组对称的卷云纹，外圈用朱红、黄色彩绘3个间断的楔形纹饰（局部已脱落）。盖径13.6、厚2.5厘米（图六五：2）。标本M16：5，外髹黑漆，盖内除纹饰区外均髹朱红漆（局部已脱落）。盖顶及盖内中部均在黑漆地上针刻纹饰图案。盖顶纹饰分为三圈，内圈为针刻交错穿插的S形云龙纹，缀以斜线纹、旋涡状云纹、朱红色逗点形纹及圆点纹；中圈为针刻的短斜线纹和朱红色圆点纹组成的"人"字形图案；外圈为针刻短斜线纹和朱红色圆点纹组成的"人"字形图案，间以竖向水波纹。盖内中部针刻曲线状云气图案，缀以草丛状短斜线纹及朱红色逗点形纹、圆点纹。盖径12.9、厚2.5厘米（图六五：3）。

卮　1件（M12：87）。木胎。盖为弧形顶，与器身相扣合。器身整体呈圆筒形，深腹，厚平底微凸，腹上部一侧有一环形把，穿透腹壁，并于内壁附加一块薄木片用以加固。外髹黑漆，内髹朱红漆。盖顶纹饰用朱红宽带纹两周分为内、外两圈。内圈正中朱绘一只变形凤鸟，周围蓝色彩绘两组对称的S形云龙纹，缀以朱红色逗点形纹及圆点纹。外圈蓝色彩绘四组S形云龙纹，缀以朱红色变形凤鸟纹、逗点形纹及圆点纹。盖壁及卮腹壁的上、下两部分均朱绘水波纹夹竖向短线条纹。腹壁中部蓝色彩绘四组S形云龙纹，缀以朱红色逗点形纹及圆点纹。盖口径9.3、器身口径8.4、通高10.4厘米（彩版四〇；图六六：1）。M12遣册简4611"酱卮（卮）一"，当指此器。

扁壶　1件（M12：80）。木胎。壶体由厚木板砍削、剜凿，再由两瓣黏合而成。盖子口，顶面较平，上饰鸳鸯一只，鸳鸯头颈后望，尾部微翘，神态逼真。器身整体呈扁平状，小圆口，短束颈，广肩，腹面弧凸，长方形圈足外撇。内、外壁均髹黑漆。口径约1.8、胎壁厚0.7、通高10.4厘米（彩版四一：1、2；图六六：2）。

匕　1件（M12：84）。木胎。由整木砍削、剜凿而成。匕柄已残断为数节。匕身平面呈椭圆形，正面微凹，弧底。通体髹黑漆，匕身正面用朱红和黄色彩绘变形凤鸟纹和卷云纹，缀以连续的朱红色点状纹。身宽4.4、把长17.1、通长27.2厘米（彩版四一：3；图六六：3）。M12遣册简3621"枇（匕）三"，当指此器，但出土物仅见1件。

木扇柄　1件（M12：11）。略残。木胎。上端尖细，下端扁平，尾端呈圆弧状。残长58.1、宽0.4~2.3厘米（彩版四一：4）。M12遣册简4610"扇一"，当指此器，但扇面已朽。

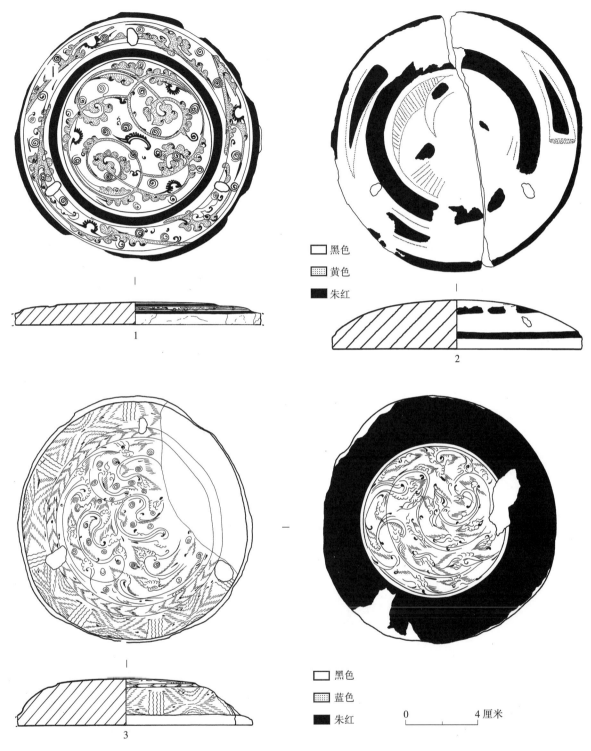

图六五　西汉墓出土漆樽盖
1. M4∶9　2. M12∶99　3. M16∶5

　　几　1件（M12∶82）。木胎。几面平面呈长方形，中间略薄，两端略厚。几面上凿长方形穿榫8个（两端各4个），榫眼长2、宽0.6厘米。足部虽残断，但可复原，足部由腿和足座组成。两端各有四条弧形腿，上下作子榫与几面和足座相连。足座近M形，上下均有弧形装饰。通体髹黑漆。几面长67、宽14、厚1.8～2.2厘米，通高约28厘米（彩版

四二；图六七）。M12 遣册简 3604 "髹（漆）木冯（凭）机（几）一，有锦绸（茵）"，
当指此器，但丝织物已朽。

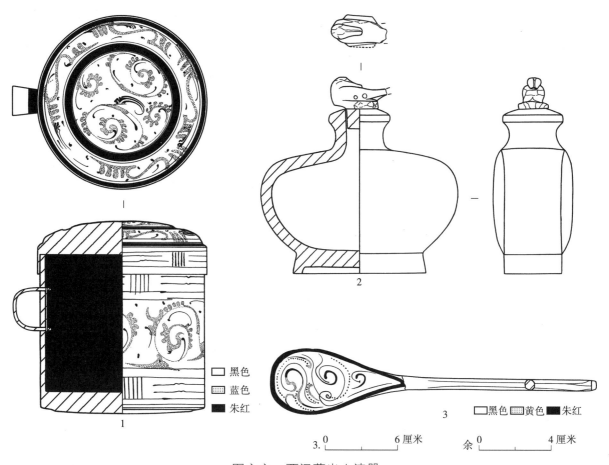

黑色
蓝色
朱红

黑色 黄色 朱红

3. 0 ⊢——————⊣ 6厘米　　余 0 ⊢——————⊣ 4厘米

图六六　西汉墓出土漆器
1. 卮（M12：87）　2. 扁壶（M12：80）　3. 匕（M12：84）

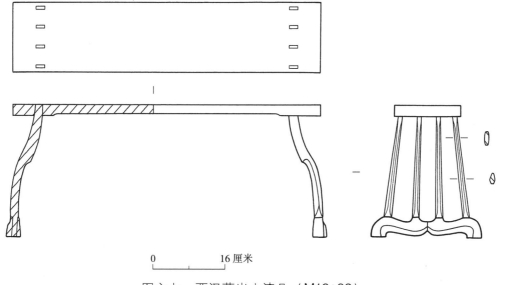

0 ⊢——————⊣ 16厘米

图六七　西汉墓出土漆几（M12：82）

2. 妆奁器具

圆奁 3 件。均为木胎。盖、底均用厚木板剜凿而成，奁壁用薄木板卷接成形，然后将底与壁黏合成一器。整器呈扁圆筒形，由盖、身套合组成。盖为弧形顶，奁身直壁直口，奁底为外凸弧形。标本 M12：79 - 1，器外髹黑漆，器内除纹饰区外均髹朱红漆。盖顶纹饰用凹弦纹三周将纹饰分为四圈，为叙述方便，将其由内至外编为第①、②、③、④圈。第①圈为主纹饰区，正中针刻神兽一只，神兽昂首曲身，前肢上扬，后肢微蹲，作奔腾飞扑状，神兽四周围绕三只凤鸟图案，其外又针刻一周共九只凤鸟图案，凤鸟身体纤细，昂首尖喙，生动逼真，神态各异，凤鸟周围针刻三组交错穿插的 S 形云龙纹及变形凤鸟纹，龙首盘卷、口吐长舌，龙尾亦卷曲，龙体四周针刻短斜线纹及朱红色圆点纹，组成翻腾的云气状图案。两组凤鸟图案之间针刻短斜线纹和朱红色圆点纹组成的"人"字形图案一周。第②圈和第④圈纹饰相同，均为针刻的云气纹，缀以朱红色圆点纹。第③圈纹饰为针刻的短斜线纹和朱红色圆点纹组成的"人"字形图案。整幅画面层次分明，气势雄伟。奁盖外壁纹饰分为三部分，上、下部纹饰基本相同，均为针刻的斜线纹和朱红色圆点纹组成的"人"字形图案。中部纹饰为针刻的云气纹、短斜线纹，缀以朱红色圆点纹。奁身腹壁下部用朱红、蓝色彩绘多个变形凤鸟图案（局部已脱落），缀以朱红色圆点纹。奁盖内顶和奁身内底的纹饰基本相同，其正中均朱绘三只首尾相连的变形凤鸟图案，周围用蓝色彩绘两组对称的 S 形云龙纹，缀以朱红色变形凤鸟纹、旋涡状卷云纹、逗点形纹及圆点纹。奁身内壁近口沿处用蓝色和朱红彩绘三周弦纹夹竖向短线条纹及菱形纹。出土时奁内置木梳、篦各一件。腹径30.1、通高15.8 厘米（彩版四三：1、四四；图六八～七〇）。M12 遣册简 4617"镜检（奁）一合"，当指此器。标本 M12：30，奁盖略残损。外髹黑漆，内髹朱红漆。腹径24.7、通高18.8 厘米（图七一）。标本 M16：2，仅残存奁盖。盖外髹黑漆，盖内除纹饰区外均髹朱红漆。盖顶纹饰用朱红窄带纹两周分为内、外两圈。内圈纹饰为黄色彩绘的四组交错穿插的 S 形云龙纹，缀以针刻的草丛状短斜线纹及朱红色逗点形纹、圆点纹；外圈纹饰为黄色彩绘的四组对称的 S 形云龙纹，缀以针刻的草丛状短斜线纹及朱红色逗点形纹、圆点纹。盖内中部纹饰为黄色彩绘的 S 形云龙纹，缀以朱红色变形凤鸟纹、旋涡状卷云纹、逗点形纹及圆点纹。盖径24.1、厚3.8 厘米（图七二、七三）。

木篦 2 件。整器呈马蹄形，弧背，背部厚，齿端略薄，齿长略大于背长，梳齿较细密。标本 M12：15，共 70 齿，均已残断。残长 6.3、宽 5.6、厚 0.6～1.3 厘米（图七四：1）。标本 M12：79 - 2，共 73 齿。长 8.6、宽 5.8、厚 0.2～1.1 厘米（彩版四三：2；图七四：2）。

木梳 2 件。整器呈马蹄形，弧背，背部厚，齿端略薄，齿长略大于背长，梳齿较稀疏。标本 M12：62，共 21 齿，少数已残断。长 8.4、宽 5.7、厚 0.2～1.2 厘米（图七四：4）。标本 M12：79 - 3，共 20 齿。长 8.6、宽 5.2、厚 0.2～1.1 厘米（彩版四三：3；图七四：3）。

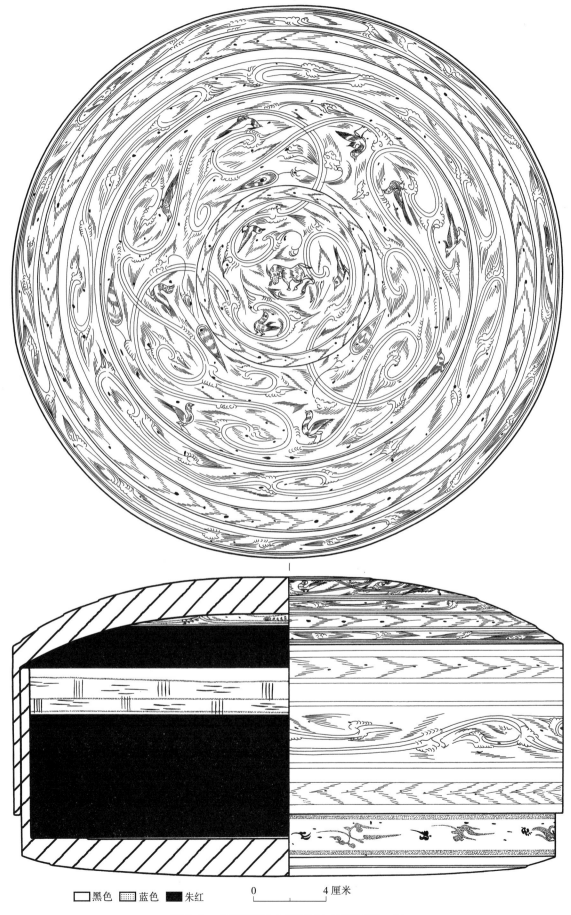

黑色 蓝色 朱红   0   4厘米

图六八 西汉墓出土漆圆奁（M12：79-1）

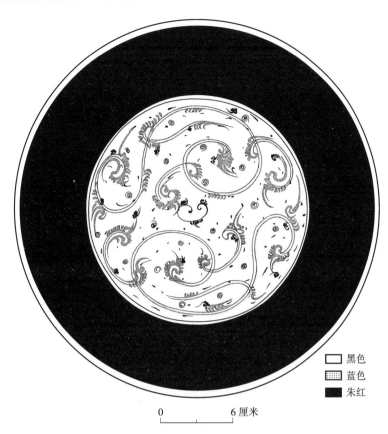

黑色
蓝色
朱红

0   6厘米

图六九 西汉墓出土漆圆奁 （M12:79-1） 盖内纹饰

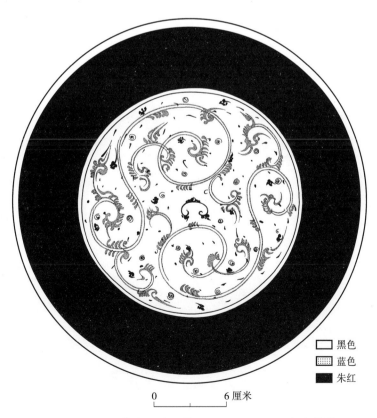

黑色
蓝色
朱红

0   6厘米

图七〇 西汉墓出土漆圆奁 （M12:79-1） 内底纹饰

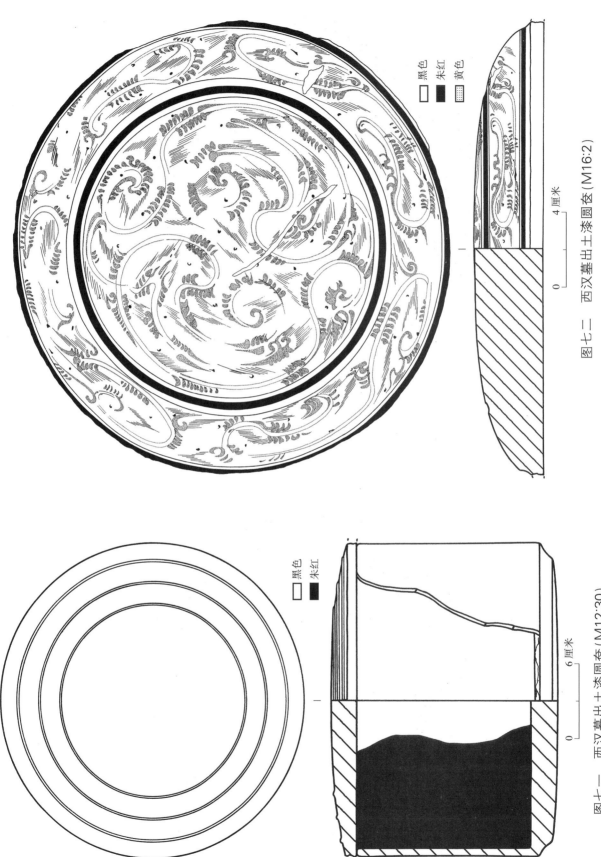

图七二　西汉墓出土漆圆奁（M16:2）

图七一　西汉墓出土漆圆奁（M12:30）

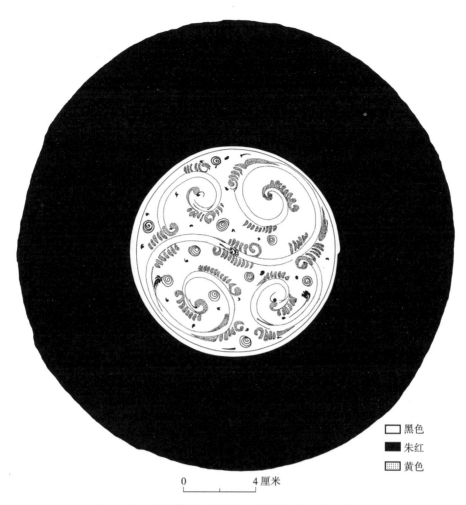

黑色
朱红
黄色

0　　　　　　4厘米

图七三　西汉墓出土漆圆奁（M16∶2）盖内纹饰

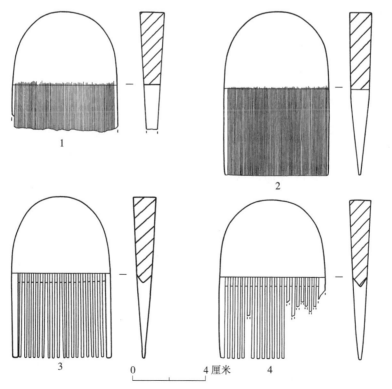

1

2

3

0　　　　　　4厘米

4

图七四　西汉墓出土木器
1、2. 篦（M12∶15、79 - 2）　3、4. 梳（M12∶79 - 3、62）

3. 模型明器

（1）俑

出土时大多残损，经拼对较为完整的木俑共35件，另有少量木俑残块无法拼对。M12遣册简3538"谒【者】二人"、简3554"女子六人，其二人承疏（梳）比（篦）及巾"、简3596"牛者一人"、简3613"田童（僮）八人，其一人操舌（锸），二人□，三人租（锄），二人□□"，当指该批木俑。因盗扰，出土木俑身份已经无法核实。均为木胎，根据俑的姿势、服饰、面部神态判断，俑均应为奴婢俑，可分为9类。

袖手女侍俑　9件。均为立俑，由整木砍削、雕刻而成。标本M12：70，衣袖下摆处已残损。长椭圆脸，大耳，尖鼻，小嘴，细眉眼，耳、鼻、眼、嘴均为内雕。前发中分，后发绾束于头后，阴刻束发的发罩，发髻墨染，大多已脱落。上着交领宽袖长袍，袖口处阴刻数道褶皱，下着喇叭形长裙。双手拢于袖内放置于下腹部，双膝微曲。俑身残存少量朱红色彩绘。高53.2厘米（彩版四五：1、2；图七五）。标本M12：115，下半部已残损。椭圆脸，长方鼻，小嘴，细眉眼，大耳。耳、鼻、眼、嘴均为内雕。前发中分，后长发梳向头后，至肩颈处绾髻，发髻墨染，大多已脱落。上着交领宽袖长袍，袖口处阴刻数道褶皱。双手拢于袖内放置于下腹部。俑身残存少量朱、黑色彩绘。残高39厘米（彩版四五：3、4；图七六）。

持物女侍俑　1件（M12：154）。由整木砍削、雕刻而成。长椭圆脸，大耳，脸部已残损。前发中分，后发绾束于头后，阴刻束发的发罩。上着交领宽袖长袍，下着喇叭形长裙。双手上抬作持物状，双膝微曲。俑上身残存少量朱红色彩绘，下身用黄、红、黑三色彩绘长裙。高44.8厘米（图七七）。

持物男侍俑　8件。由整木砍削、雕刻而成。标本M12：34，长椭圆脸，小耳，尖挺鼻，小嘴，墨绘眉、眼，大多已脱落，耳、鼻、嘴均为内雕。前发中分，后长发垂于肩部，末端绾成圆髻，发髻墨染，大多已脱落。溜肩细腰，下着喇叭形长裙。右臂上抬作单手持物状，手掌外有一竖浅槽，但持物已失，左臂下垂，双膝微曲。俑身残存少量朱、黑色彩绘。高35厘米（彩版四六：1、2；图七八：1）。标本M12：74，长椭圆脸，小耳，长尖鼻，小嘴，嘴内施朱红彩，墨绘眉、眼，均已脱落，耳、鼻、嘴均为内雕。短发垂于头后，末端绾成椭圆髻。溜肩细腰，下着喇叭形长裙。左臂上抬作单手持物状，右臂下垂，双膝微曲。俑身残存少量朱、黄色彩绘。高40.2厘米（图七八：3）。M12遣册简3613"田童（僮）八人，其一人操舌（锸），二人□，三人租（锄），二人□□"，当指此8件木持物男侍俑。

男侍俑　3件。标本M12：72，仅存上半身，下半部已残损。椭圆脸，大耳，长鼻，小嘴，嘴内施朱红彩，细长眉眼。前发中分，后发残损。双臂下垂，手部残损。残高26厘米（图七八：2）。标本M12：119，残存下半身。细腰，下着分裆长裤，足部亦残损。残高18.5厘米（图七八：4）。标本M12：153，下半身残损。椭圆长脸，无耳，长方鼻，

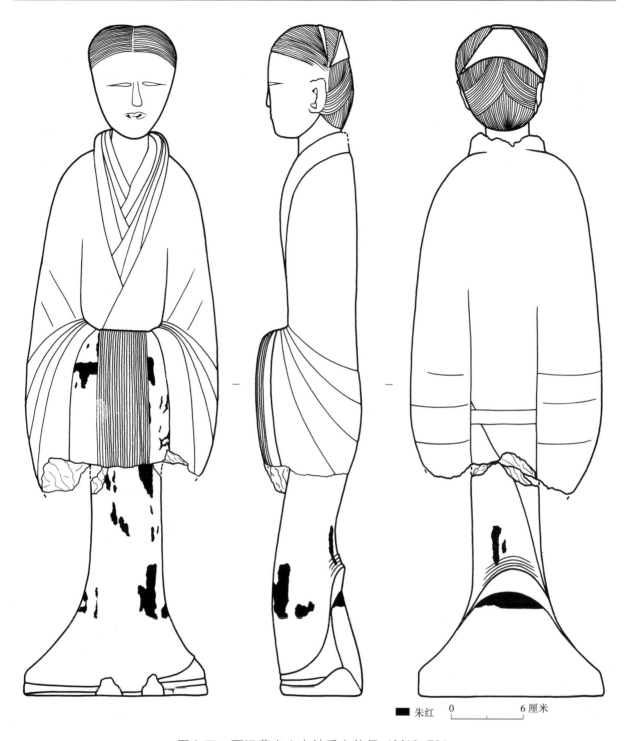

■ 朱红   0   6 厘米

图七五 西汉墓出土木袖手女侍俑（M12：70）

小嘴，墨绘眉、眼，均已脱落。短发圆髻。身着宽袖短衣，双手相交作持物状。残高 20.8 厘米（图七八：5）。

    骑马俑 3 件。均有残损，形态基本相同。标本 M12：67，由整木斫削、雕刻而成。长方脸，三角形鼻，嘴内雕。头戴方冠，身着交领宽袖短衣，分裆。腿部已残。俑身残存少量朱红色彩绘。残高 22.9 厘米（彩版四六：3、4；图七九：1）。

　　驾车俑　2件。均为跪俑。标本 M12：57，由整木斫削、雕刻而成。椭圆形长脸，长鼻，小嘴，嘴内施朱红彩，墨绘眉、眼，均已脱落。短发，末端绾成圆髻。头戴圆顶冠帽，身着宽袖上衣，下着筒裙。双手抬至胸前作驾车状，双膝跪地。俑身残存少量朱红色彩绘。高25.3厘米（彩版四七：1、2；图七九：4）。

　　持物跪俑　7件。标本 M12：23，由整木斫削、雕刻而成。长椭圆形脸，小方耳，长鼻，小嘴，墨绘眉、眼，均已脱落，耳、鼻、嘴均为内雕。短发，末端绾成圆髻。身着交领宽袖上衣，下着筒裙。双手抬至胸前作持物状，双膝跪地。高20.4厘米（彩版四七：3、4；图七九：2）。标本 M12：114，由整木斫削、雕刻而成。椭圆形长脸，小耳，方鼻，小嘴，嘴内施朱红彩，墨绘眉、眼，均已脱落，耳、鼻、嘴均为内雕。长发垂于肩部，末端绾成椭圆髻，发髻墨染，大多已脱落。身着宽袖上衣，近袖口处阴刻数道褶皱，下着筒裙。双手抬至胸前作持物状，双膝跪地。高16.4厘米（彩版四八：1、2；图七九：7）。标本 M12：133，由整木斫削、雕刻而成。椭圆形长脸，无耳，长方鼻，

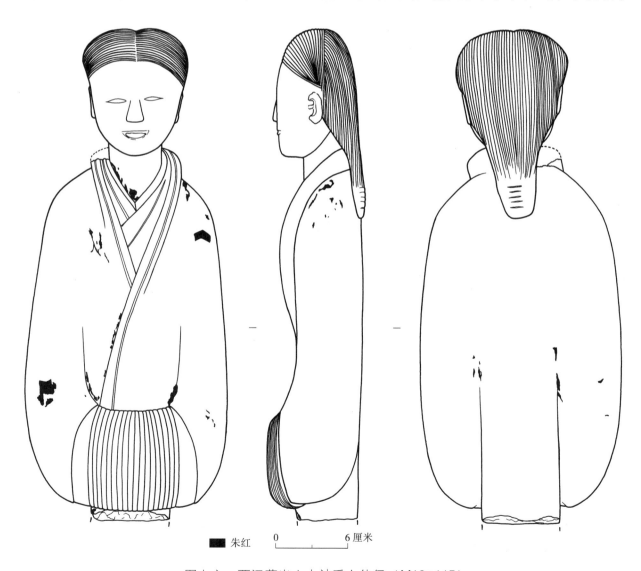

■ 朱红　　0　　　　6厘米

图七六　西汉墓出土木袖手女侍俑（M12：115）

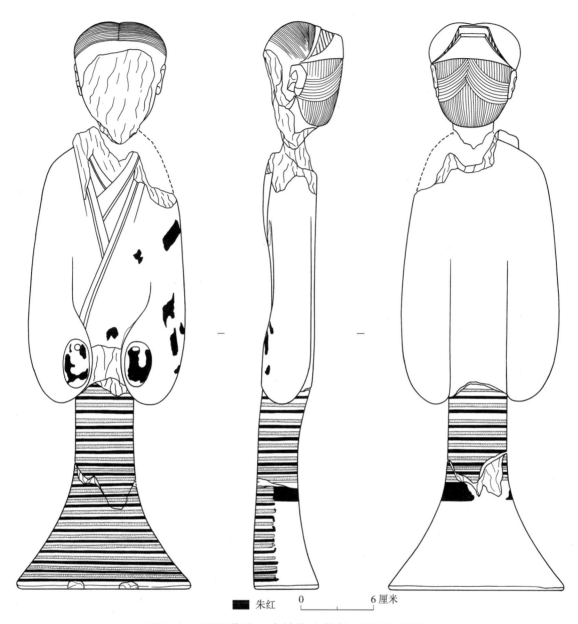

■ 朱红　0 ———— 6厘米

图七七　西汉墓出土木持物女侍俑（M12：154）

小嘴，墨绘眉、眼，均已脱落。短发，末端绾成圆髻。头戴圆顶冠帽，身着宽袖短衣，近袖口处阴刻数道褶皱。右手抬至胸前作持物状，左手下垂。下端残损。残高18.9厘米（图七九：3）。

袖手跪俑　1件（M12：46）。由整木斫削、雕刻而成。方脸，大耳，长方鼻，小嘴，墨绘眉、眼，均已脱落，耳、鼻、嘴均为内雕。短发圆髻。身着博袖宽衣，下着宽裙。双手拢于袖内，双膝跪地，膝、脚、臀均被宽裙笼罩。高16厘米（彩版四八：3、4；图七九：5）。

片俑　1件（M12：107）。由一扁平木片削制而成。平顶，无耳，方肩，直身。墨绘嘴、眼，大多已脱落。厚0.3、高12.5厘米（彩版四八：5、6；图七九：6）。

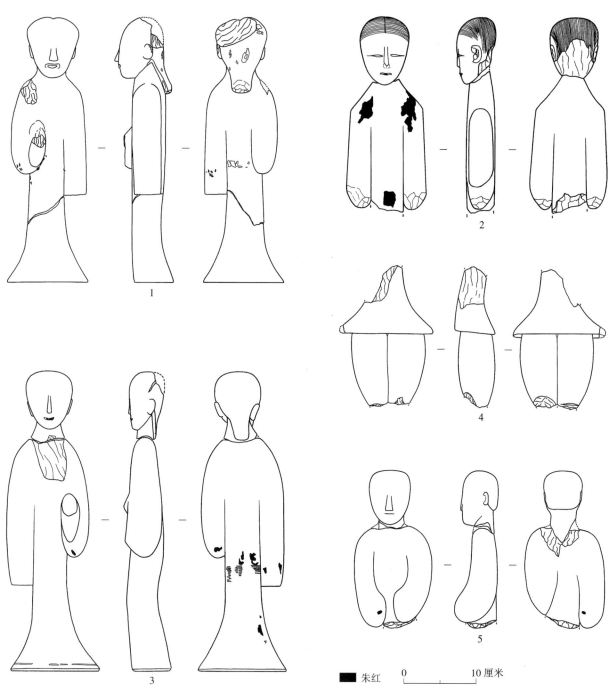

图七八　西汉墓出土木俑

1、3. 持物男侍俑（M12：34、74）　　2、4、5. 男侍俑（M12：72、119、153）

（2）动物

马　10 件。出土时均残损严重，通过整理、清点，发现头 9 个、脖 6 个、身 10 个、腿 29 个、蹄 19 个，经拼对，应为马 10 件，其中骑马 4 件、驾车马 6 件。马均呈仰首翘尾站立状，头、身、四肢和尾分别制作再黏合成一体，并用墨色和朱红色粉彩彩绘马饰和辔绳。马嘴微张，四肢粗壮，造型逼真，栩栩如生。标本 M12：19，骑马。马背雕有坐鞍，以朱红色线条勾画鞍边，坐垫由红、黑两色彩绘纹饰，大多已脱落。长 50.2、高

45.6厘米（图八〇：1）。标本M12：58，长49.6、高45.2厘米（彩版四九：1）。M12
遣册简3525"☐四匹"，简首残损，根据出土器物推测应为"骑马"，当指此4件骑马。标
本M12：59，驾车马。马背涂黑色。长48、高43.6厘米（彩版四九：2；图八〇：2）。
M12遣册简3635"车马六匹"，当指此6件驾车马。

　　牛　1件（M12：60）。头、身由一块整木雕刻而成，再与分制的四条腿黏合，四腿均

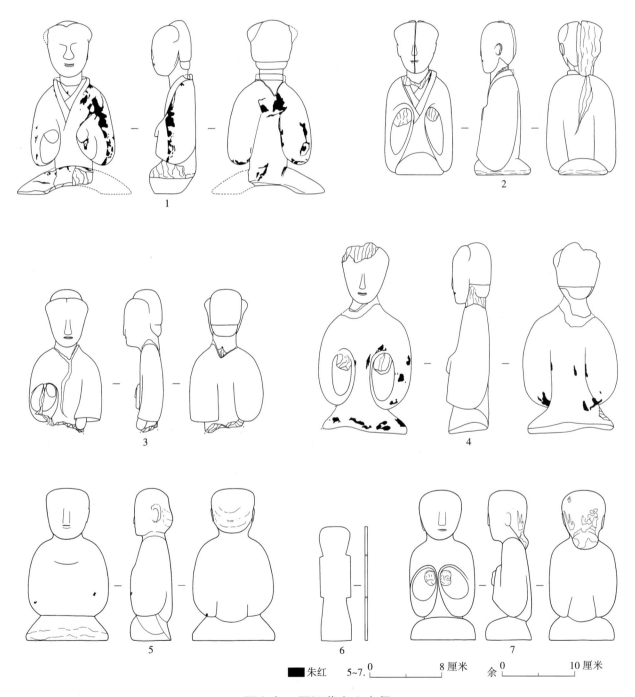

图七九　西汉墓出土木俑

1. 骑马俑（M12：67）　2、3、7. 持物跪俑（M12：23、133、114）　4. 驾车俑（M12：57）　5. 袖手跪俑（M12：46）　6. 片俑
（M12：107）

图八〇　西汉墓出土木马
1. M12:19　2. M12:59

已无存。站姿。无耳，眼、鼻内雕，短角后扬，粗长颈，身体肥硕，短垂尾，尾部略残。
长41.3、残高13.2厘米（彩版四九：3；图八一：1）。M12遗册简3623"牛一"，当指
此器。

　　狗　1件（M12：73）。头、身由一块整木雕刻而成，再与分制的四条腿黏合，仅存
前、后腿各一条。通体瘦长，无耳，嘴内雕，尖长脸，嘴内及颈部涂朱红彩，大多已脱

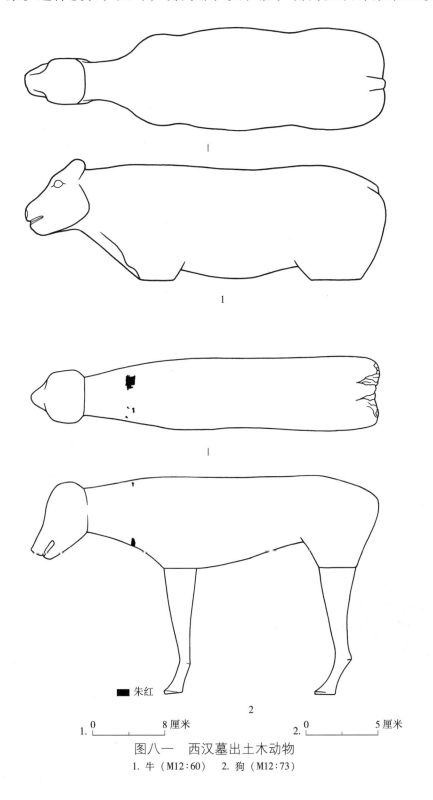

■ 朱红

1. 0 ⊢————⊣ 8厘米　　　2. 0 ⊢———⊣ 5厘米

图八一　西汉墓出土木动物
1. 牛（M12：60）　　2. 狗（M12：73）

落。长 23.9、高 14.3 厘米（彩版四九：4；图八一：2）。

（3）车

出土于 M12 边箱内，出土时已散乱，车构件较杂乱。经初步拼对，应分属于三乘车，与 M12 遣册简 3590 "乘车一乘，车被具具"、简 3595 "轺车一乘，车被具具"、简 3615 "☐【车】一乘" 所记相符，但均无法复原。现可辨车构件器类仅有车厢、衡、轮毂、伞盖斗等，均为木质，另有较多构件无法辨识。

车厢　1 件（M12：16）。由底板、前挡板及左、右厢板拼接而成。外髹朱红漆，大多已脱落。长 35、宽 19.8、高 19 厘米（彩版五〇；图八二：1）。

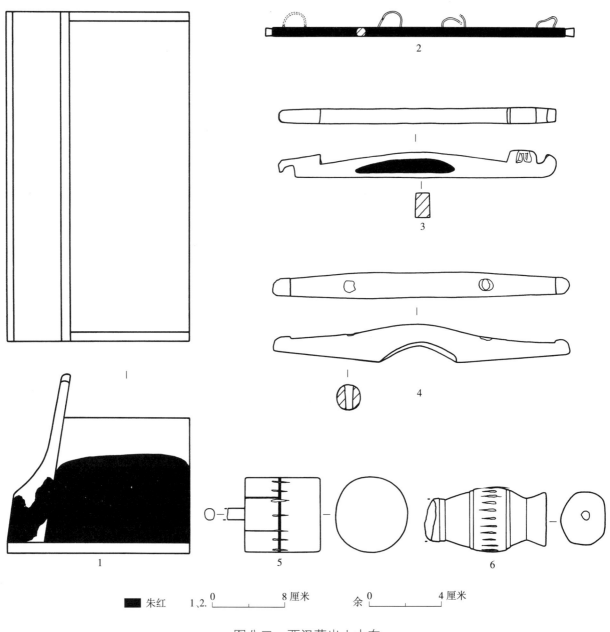

图八二　西汉墓出土木车
1. 车厢（M12：16）　2~4. 车衡（M12：122、35、106）　5、6. 轮毂（M12：125、160）

车衡　3件。分属三乘车。标本 M12∶35，中部微隆起，截面呈方形，近末端左右各置一方形轵，衡末呈龙首状，略上扬。通体髹朱红漆，大多已脱落。长 15.4、高 1.5 厘米（彩版五一∶1；图八二∶3）。标本 M12∶106，平面近 W 形，两端近衡末处各置一圆形穿孔。长 16.4、高 2 厘米（彩版五一∶2；图八二∶4）。标本 M12∶122，中间略粗，两端渐细，横截面呈圆形，上置四个半圆形铜轵，一端铜轵已脱落。通体髹朱红漆，大多已脱落。长 34、直径 0.8～1 厘米（彩版五一∶3；图八二∶2）。

轮毂　3件（套）。分属三乘车。标本 M12∶125，圆筒状，两端平齐，正中雕凿 16 个条状卯眼以纳辐条，一端正中置一圆形车轴，车轴已残断。轮毂上墨绘窄带纹。轴直径 0.6、毂长 4.2、毂直径 3.9 厘米（彩版五一∶4；图八二∶5）。标本 M12∶160，毂首端较平，毂身正中雕凿 20 个条状卯眼以纳辐条，毂身饰凹弦纹五周。首端直径 2.7、残长 6.7 厘米（图八二∶6）。标本 M12∶159 与 M12∶160 形制相同，首端直径 2.3、残长 5.9 厘米。

伞盖斗　2件。残存盖斗和少量盖弓，伞柄已无存。盖斗整体呈喇叭形，弧顶外凸，周边雕凿 24 个等距近圆形卯眼以纳盖弓。卯眼外大内小，下端呈圆柱状，已残损。盖弓由竹片削制而成，截面呈椭圆形，直径 0.4～0.6 厘米。标本 M12∶71，残存五根盖弓。盖斗顶径 6、残高 4.4、盖弓残长 12.6～34.8 厘米（图八三）。标本 M12∶124，残存两根盖弓。盖斗顶径 5.9、残高 4、盖弓残长 8.4～19.8 厘米。M12 遣册简 3574"乘车盖一"，当指此器，但出土器物多 1 件。

车构件　7件（套）。标本 M12∶61，通体扁平，平面呈三角形，底附两个小柄。正面朱绘圆圈图案。高 17.9 厘米（彩版五一∶5；图八四∶1）。标本 M12∶126，器形细小，首端略上扬，截面近方形。残长 8.2 厘米（图八四∶2）。标本 M12∶104－1，通体呈长条形，上下端各有一圆形穿孔。长 25、宽 2.5 厘米（图八四∶4）。标本 M12∶104－2，通体呈长条形，下端有一 U 形槽。长 21.1、宽 3.6 厘米（图八四∶3）。标本 M12∶105－1，通体呈梭形，一端为圆形执把，另一端扁平，分为两足。长 15.6 厘米（图八四∶7）。标本 M12∶105－2，通体呈 L 形，顶面置有 U 形浅槽。局部朱绘，大多已脱落。长 5.1、宽 3 厘米（图八四∶5）。标本 M12∶105－3，由整木雕凿而成，正面呈兽首状，中间有一小圆孔。长 2.4 厘米（图八四∶6）。标本 M12∶105－4，通体呈 U 形，截面呈圆形。长 8.1 厘米（图八四∶8）。标本 M12∶105－5，通体呈刀形，较扁平，首端雕有兽面。长 7.2 厘米（彩版五一∶6；图八四∶10）。标本 M12∶105－6，通体呈扁平方形，正面雕有两条平行凹槽。长 3.2 厘米（图八四∶9）。标本 M12∶105－7，通体呈扁平长方形。长 6.4 厘米（图八四∶11）。

（4）船

1件（M12∶14）。木质。船身由整木雕凿而成，中部宽，两端窄。底部两端呈流线形上翘，船面首尾两端呈平面，中部掏空留出弧形边板构成底舱。船上置桨 6 支、舵 1 支。

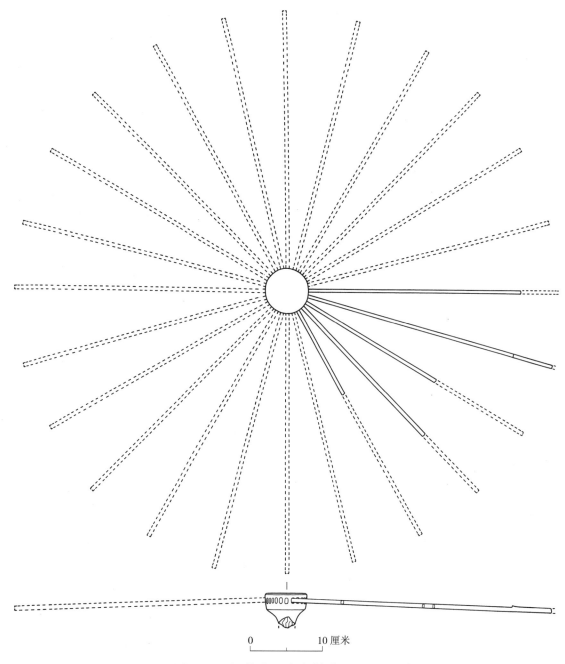

图八三　西汉墓出土木伞盖斗（M12：71）

出土时船身残断为数节，变形朽烂严重。经复原，船长119、两端宽4.2～5.4、中部最宽处为12、高10.2厘米（图八五）。

4. 其他

六博盘　1件（M12：9）。盘面用一整块厚木板砍凿而成，再与分制的四足相黏合。盘面近方形，平底直边，底部置L形四足，有弧形装饰。器表髹黑漆，盘面阴刻双线格道，正中为近方形框，框四边分别刻T形格道，盘四边附近刻八道L形格道。盘心方框四角外分别阴刻凤鸟一只。长42.6、宽41.6、高7.6厘米（彩版五二：1；图八六）。M12遣册简3620"髹（漆）木博局一"，当指此器。

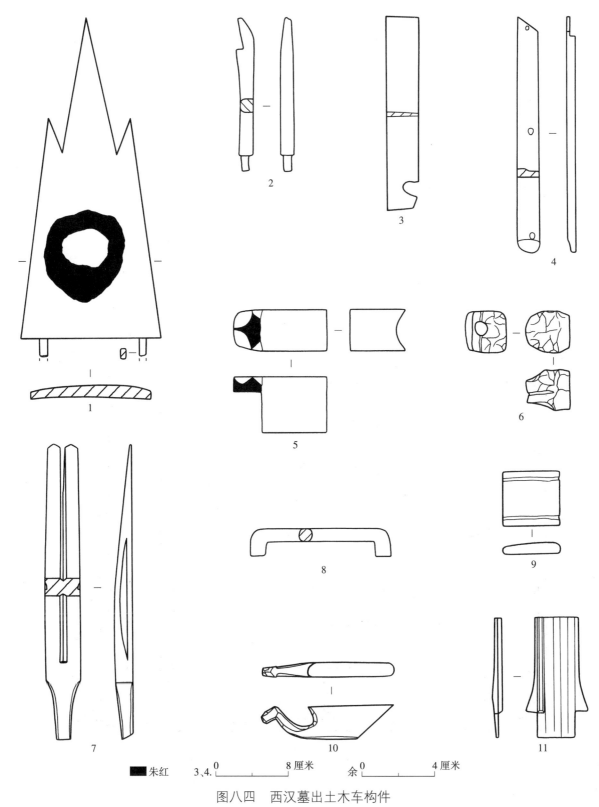

图八四　西汉墓出土木车构件

1. M12：61　2. M12：126　3. M12：104－2　4. M12：104－1　5. M12：105－2　6. M12：105－3　7. M12：105－1　8. M12：105－4
9. M12：105－6　10. M12：105－5　11. M12：105－7

　　T 形器　1 件（M12：91）。由横把和竖把明榫相接而成，整体呈 T 形。横把及竖把的
横截面均为圆形，末端均呈椭圆鼓槌状。器表鬃黑漆。用途不明。把径 4.2、高 49.2 厘米

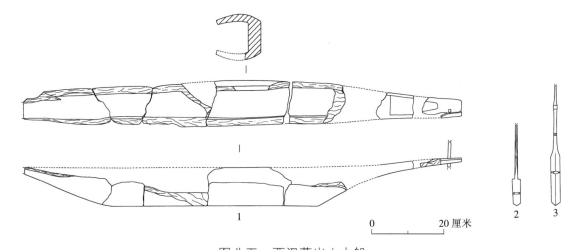

图八五　西汉墓出土木船
1. 船身（M12:14-1）　　2、3. 船桨（M12:14-2、14-3）

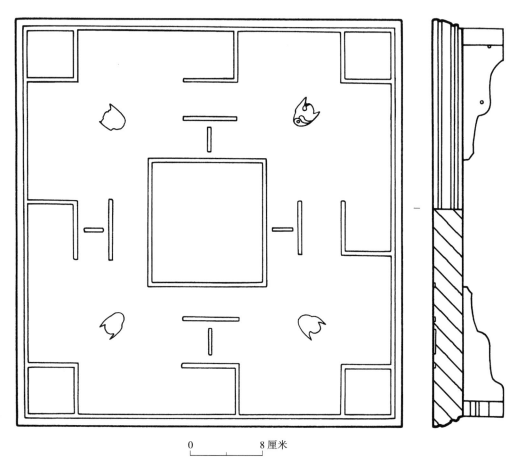

图八六　西汉墓出土漆六博盘（M12:9）

（彩版五二:2；图八七:1）。

　　柄形器　1套（M12:108）。由整木斫削而成。标本 M12:108-1，一端呈半圆弧形，截面呈扁平状，另一端为长方形执柄，尾端略细。器表髹黑漆，局部髹朱红漆。用途不明。长11.8、把径0.9厘米（图八七:3）。

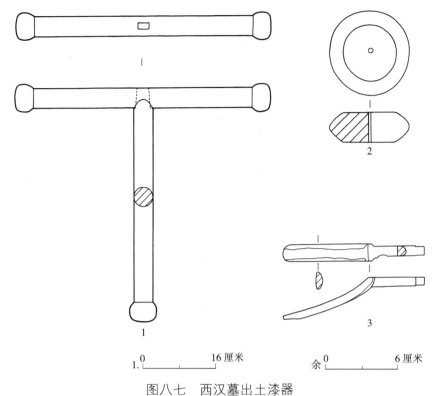

图八七 西汉墓出土漆器

1. T形器（M12∶91）　2. 饼形器（M12∶150）　3. 柄形器（M12∶108-1）

饼形器　1件（M12∶150）。由整木斫削而成。边缘呈菱形，饼面正中置一圆形小穿孔。饼面髹朱红漆，边缘髹黑漆，多已脱落。直径6.7、厚2.4厘米（彩版五二∶3；图八七∶2）。

四　竹　器

竹器共7件，器类有筒、筒、筷筒。

筒　2件。一件保存稍好，另一件较差。出土时均装有随葬器物。标本M12∶10，长方盒形，由盖和身套合而成，壁面用宽0.3~0.5厘米的篾片呈"人"字形编织而成，周边用宽2.6厘米的竹片包夹后以篾片缠缚固定。长约48、宽约28、残高6厘米（图八八∶1）。出土时其内装满竹简、木简、木牍。标本M12∶90，长方盒形，由盖和身套合而成，壁面用宽0.2~0.5厘米的篾片呈"人"字纹编织而成，周边用宽2.4~2.8厘米的竹片包夹后以篾片缠缚固定。长58、宽44.8、残高7.8厘米（图八八∶2）。出土时其内盛放竹简、石砚、研磨石、墨块、铜削刀柄及各类植物果核等。M12遣册简3535"梅（梅）一箸（箸）"、简4606"杏一☒"、简4607"枣一箸（箸）一☒"，与出土情况相符。

筒　4件。形制基本相同，大多已残损。以竹节处为底和口，口部上方留有半边竹筒，近两端各钻一个小孔以系绳提携。标本M12∶88，正面用黑色、朱红色漆绘菱形和三角形等几何形图案。长44.2、直径4.6厘米（图八八∶3）。

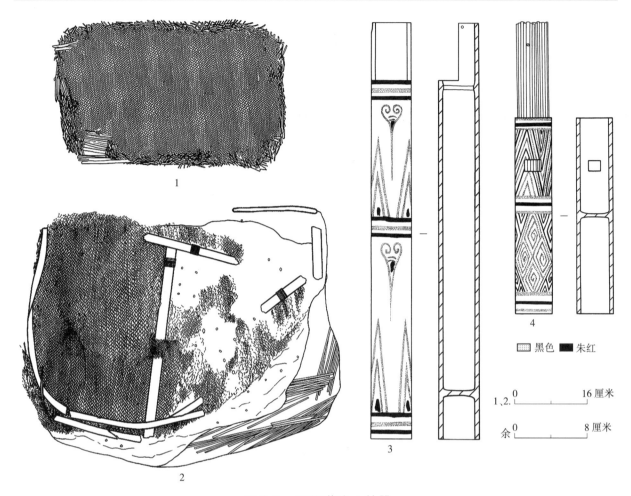

图八八　西汉墓出土竹器
1、2. 笥（M12：10、90）　3. 筒（M12：88）　4. 筷筒（M12：86）

筷筒　1套（M12：86）。形制与筒相似，以竹节处为底，中空，上半部中端置对穿的长方形孔两个，内置竹筷16支。正面用黑色、朱红色漆绘菱形等几何形图案。筒长20.8、直径4.8厘米，筷长20.4、直径0.3~0.4厘米（彩版五三；图八八：4）。

五　石器与杂类

石器与杂器共4件（套），器类有石砚、研磨石、葫芦瓢、铁釜。

石砚　1套（M12：118）。出土于竹笥M12：90内，由砚盘和研磨石组成。砚盘由细砂河卵石加工而成，灰黄色。平面近扁圆形，砚面略凹。直径9.8~10.6、厚1.9~2.1厘米。研磨石由石英岩河卵石加工而成，灰白色。近三角锥形，磨面平滑。直径4.2~6.2、高3.9厘米（彩版五四：1、2；图八九：1）。出土时砚面及研石磨面均残存少量墨痕。

研磨石　1件（M18：1）。由石英岩河卵石加工而成，青灰色。近三角锥形，磨面平滑。直径3~4、高1.6厘米（彩版五四：3、4；图八九：2）。

葫芦瓢　1件（M12：49）。由一整个葫芦剖制而成，略有残损。最大径14.8、高

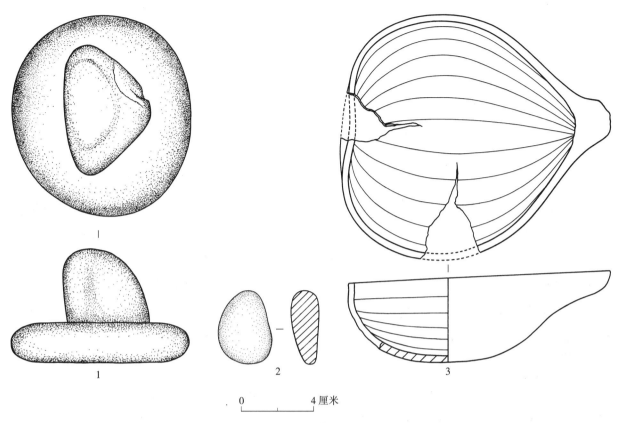

图八九 西汉墓出土器物

1. 石砚（M12∶118） 2. 研磨石（M18∶1） 3. 葫芦瓢（M12∶49）

4.8厘米（图八九∶3）。

铁釜 1件（M12∶50）。锈蚀残损严重，仅残存肩部和底部。弧肩，平底，肩部有两个对称衔环。底径10.4厘米。

六 简 牍

出土于两个竹笥内。竹笥M12∶10出土于头箱西部，其内装满除遣册外的简牍，因竹笥底部破损，部分简牍已散落出来（彩版五五）。竹笥M12∶90出土于头箱东部，其内装有竹简、石砚、铜削刀柄、研磨石、小米、植物果核等。由于椁室内部积满泥浆，现场清理较为困难，竹笥和散落出来的简牍被整体打包，运至荆州文物保护中心进行室内清理保护，采用竹简整理专利技术（证书号：第2297679号）实施清理。先绘制简牍剖面图并编号，再揭取。揭取时根据出土位置关系将简牍分为4组，其中第1～3组出土于竹笥M12∶10内，第4组出土于竹笥M12∶90内。简和牍分别编号，其中竹简和木简编为简1～4636，木牍编为牍1～6，简牍合计4642枚。通过对篇（卷）题和简牍内容的初步梳理，内容大致可以分为岁纪、律令、历日、日书、医杂方、簿籍、遣册等七类，各类简牍或有卷题、篇题、目录，形制及书写风格不尽相同。

（一）竹简

竹简保存状态较好，大致堆放状态尚清晰可见。竹简共计 4576 枚，长、宽因内容而不同，长 23～46、宽 0.5～1 厘米。除遣册外，绝大部分竹简有编绳和契口，简背有刻划线。

1. 岁纪

共 160 枚。散乱严重。竹简皆有三道编绳，契口位于竹简右侧，简背有刻划线。根据竹简形制可分为两组，第一组简长约 27.5、宽约 0.5 厘米，第二组简长约 27.5、宽约 1 厘米。篇题"岁纪"单独书写在第二组的一枚简上，整理工作尚在进行中，为方便起见，姑以"岁纪"统称这两组简。《岁纪》按照年代顺序记录秦昭襄王元年（前 306 年）至汉文帝十六年（前 164 年）间的大事。纪年残缺的简，有的可以结合传世史书记载而大致推断其序次，所以大部分简的排序可以确定。与《岁纪》性质相似的文献，见于云梦睡虎地秦墓 M11 竹简《叶书》（原通称《编年记》）、荆州印台汉墓 M60 和松柏汉墓 M1 出土简牍《叶书》。

第一组简记述秦昭襄王元年至秦始皇三十七年（前 210 年）之事，每年一简，通栏书写。昭王年份大多不记月份，始皇帝以后逐渐流行记月。记事起自秦昭襄王元年，与上述《叶书》类简牍文献相同，这应与秦昭襄王时期周王朝覆灭，秦汉官方着力建构以秦承周、以汉承秦的书写体系有关。这组简对秦昭襄王时的战争有较多记录。简 30 记："卅三年，取长社。"（彩版五六：1）① 睡虎地秦简《编年记》载"卅三年，攻蔡、中阳"②，与本简有别。《史记·秦本纪》记昭襄王三十三年"客卿胡阳攻魏卷、蔡阳、长社，取之"③，所载秦攻魏所取的四城，"蔡""中阳"见于睡虎地秦简，"长社"新见于胡家草场汉简，可以相互验证。开凿于秦王政元年（前 246 年）的郑国渠是一项著名的水利工程，简 79 记作："始皇帝元年，为泾渠，取晋阳。"（彩版五六：2）泾渠无疑即郑国渠，但是传世文献但见"郑国渠"之名。《史记·河渠书》："乃使水工郑国间说秦，令凿泾水自中山西邸瓠口为渠，并北山东注洛三百余里，欲以溉田……因命曰郑国渠。"④ 郑国渠沟通泾、洛二水，简文名"泾渠"应与此有关。在六辅渠、白渠穿凿之前，泾水流域仅有郑国渠一条重要的人工渠道，"泾渠"或因此成为秦至汉初的通用名。后来泾水流域渠道增多，不再适合以"泾渠"这一泛称作为郑国渠水道的专称，郑国渠之名遂逐渐取代"泾渠"之称。

---

① 因版面限制，本书所附简牍图版均为放大版，放大倍率不一。岁纪简、历简、日至简、遣册简、木简为 1.5 倍，法律文献简、医杂方简、日书简为 2 倍，木牍为原大。

② 睡虎地秦墓竹简整理小组：《睡虎地秦墓竹简》，释文注释第 5 页，文物出版社，1990 年。

③ 《史记》卷五《秦本纪》，第 213 页，中华书局，1959 年。

④ 《史记》卷二九《河渠书》，第 1408 页，中华书局，1959 年。

　　第二组简记述秦二世胡亥元年（前 209 年）至汉文帝十六年之事，每年一简，按月分栏书写。《汉书·艺文志》有《汉大年纪》五篇①，《汉书·高帝纪》臣瓒注引有《汉帝年纪》②，本组汉大事记可能与之有关。简 37 记吕后元年（前 187 年）："二月乙卯，赐天下户爵。减老增傅。大（太）后立号称制。"（彩版五六：3）"减老增傅"政策，不见于史籍。结合秦至汉初傅籍免老政策的变化来看，所谓"减老"，应该是说降低免老（止役）及睆老（减半服徭役）的年龄；所谓"增傅"，是说提高始傅籍（始役）的年龄，通过这样的措施，以达到缩短役期的目的。这与"赐天下户爵"一样，都是与"太后立号称制"相适应的善政，也是对汉初所袭秦制的变革。简 1522 记汉文帝二年（前 178 年）之事："正月，姚大（太）守死。三月，戴大（太）守视事。"（彩版五六：4）"姚太守"和"戴太守"大概是指南郡前后相继的两任太守。如果这个推测不误，本简没有像其他简那样选取记录国家大事，而是记录南郡前后相继的两任太守，应该反映了记录者（或即墓主）与南郡府的某种联系。

　　2. 历

　　共 101 枚。竹简皆有三道编绳，契口位于竹简右侧，简背有刻划线。简长约 46、宽约 0.7 厘米。首简简首无标注简序的数字，其余 100 枚简的简首皆有标注简序的数字，从一至百，一年一简。首简正面书写十月至后九月的月份名，简背书写卷题"历"（彩版五七：1、2）。有编号的竹简自上而下分栏书写一年之中每月的朔日干支，大多有分栏刻划线，自上而下分为十二栏，文字写在分栏刻划线下，遇有闰月则在第三道编绳下写闰月的朔日干支。简文记载了从汉文帝后元元年（前 163 年）下推至公元前 64 年百年间每月的朔日干支。

　　卷题"瘔（历）"书于首简简背。周家台秦简《日书》132 号简下部有"戎磨日"，"磨"，整理者疑即"曆"字，读为"历"③。银雀山汉简元光元年历谱有"七年□日"的篇题，"日"前一字残缺，或认为可以释为"历"④。邓文宽先生进一步指出所谓元光元年历谱当改称"七年历日"，"七年"即汉武帝建元七年（前 134 年）⑤。随州孔家坡汉简为汉景帝后元二年（前 142 年）的历谱，原无篇题，整理者称为"历日"⑥。银雀山元光元年历谱和孔家坡"历日"简的共同点是：记录具体某年十二个月的大小与全年的干支，兼

　　①《汉书》卷三〇《艺文志》，第 1714 页，中华书局，1962 年。

　　②《汉书》卷一《高帝纪》，第 57 页，中华书局，1962 年。

　　③ 湖北省荆州市周梁玉桥遗址博物馆：《关沮秦汉墓简牍》，第 120 页，中华书局，2001 年。

　　④ 陈久金、陈美东：《临沂出土汉初古历初探》，《文物》1974 年第 3 期；吴九龙：《银雀山汉简释文》，第 233 页，文物出版社，1985 年。刘乐贤、李零两位先生认为是"视日"，参看刘乐贤：《简帛数术文献探论》（增订版），第 18 页，中国人民大学出版社，2012 年；李零：《视日、日书和叶书——三种简帛文献的区别和定名》，《文物》2008 年第 12 期。

　　⑤ 邓文宽：《出土秦汉简牍"历日"正名》，《文物》2003 年第 4 期。

　　⑥ 湖北省文物考古研究所、随州市考古队：《随州孔家坡汉墓简牍》，第 191、193 页，文物出版社，2006 年。

记部分节气和其他事项（如初伏、腊等）。胡家草场汉简自题"瘄（历）"，所记为100年间的每月朔日干支，这是与银雀山汉简元光元年历谱和孔家坡汉简"历日"的根本区别。仔细辨析，这可能是自题为"瘄（历）"的缘由。

"历"除了首简外，其余100支简对应从公元前163年（汉文帝后元元年）至公元前64年之间的每月朔日干支。《史记·孝武本纪》："（元封七年）夏，汉改历，以正月为岁首……因为太初元年。"①《史记·历书》："至今上即位……其更以七年为太初元年。"②史称"太初改历"。由于改历的缘故，竹简"历"中，对应公元前104年及其后的简，所记朔日也就不再有实用价值。因此，"历"简在西汉实际使用的时长只有59年。尽管如此，"历"简仍为公元前163年至公元前105年各类历法的推算检验提供了参照。

"历"简中从公元前163年至公元前105年的59年朔日干支，连续未间断。以往出土纪年介于公元前163年至公元前105年之间的西汉简牍资料，应该都可与胡家草场"历"简相对应。因此，"历"简还有助于检验以往出土的纪年资料。如江陵凤凰山M10出土的木牍告地书，记录墓主下葬时间为"四年后九月辛亥"，整理者根据《二十史朔闰表》指出，汉景帝四年（前153年）后九月为甲辰朔，初八日为辛亥③。"历"简665对应公元前153年，简文为"十一　庚戌，己卯，己酉，戊寅，戊申，丁丑，丁未，丙子，丙午，乙亥，乙巳，乙亥，甲辰"（彩版五七：3），后九月正是甲辰朔。

3. 日至

共102枚。竹简皆有三道编绳，契口位于竹简右侧，简背有刻划线。简长约46、宽约0.7厘米。前两枚简的简首无标注简序的数字，其余100枚简的简首皆有标注简序的数字，从一至百，一年一简。首简正面简首有圆形墨点，概述"立冬、立春、立夏、立秋"四个节气在一年中所对应的月份，简背书写元年刑德所居方位。有编号的竹简自上而下分栏书写八个节气的干支，大多有分栏划痕，自上而下分为八栏，文字写于分栏刻划线下。简文记载了从汉文帝后元元年（前163年）下推至公元前64年百年间每年冬至等八个节气的干支。

简3923＋2723＋3880为一支简，卷题"日至"书于该简简背的第一道编绳下（彩版五八：1）。正面自上而下书写"冬至、立春、春分、立夏、夏至、立秋、秋分、立冬"（彩版五八：2）八个节气名称，"冬至"书于简的最上端，而"冬至"即"冬日至"的简称，根据古书命名的一般规则"古书多摘首句二字以题篇"④，卷题"日至"可能就是摘"冬日至"中的"日至"二字而来。"冬至""夏至"两个节气名称，还见于孔家

---

① 《史记》卷一二《孝武本纪》，第483页，中华书局，1959年。
② 《史记》卷二六《历书》，第1260页，中华书局，1959年。
③ 长江流域第二期文物考古工作人员训练班：《湖北江陵凤凰山西汉墓发掘简报》，《文物》1974年第6期；湖北省文物考古研究所：《江陵凤凰山西汉简牍》，第137页，中华书局，2012年。
④ 参看余嘉锡：《目录学发微　古书通例》，第211页，中华书局，2009年。

坡汉简"历日"简，而在银雀山汉简元光元年历谱、海曲汉简汉武帝后元二年视日中均作"冬日至""夏日至"①。因此，所谓的冬至、夏至，应分别是"冬日至""夏日至"的省称。

与"历"简一样，由于太初改历的缘故，"日至"简在西汉实际使用的时长也只有 59 年。"日至"简中的八个节气与《三千五百年历日天象》《西周（共和）至西汉历谱》所推算的节气干支②，有的完全吻合，有的存在差异。

简 605"廿二　甲辰，庚寅，乙亥，辛酉，丙午，壬辰，戊寅，癸亥"（彩版五八：3），对应公元前 142 年（汉景帝后元二年）。与孔家坡汉简"历日"简所记冬至、立春、夏至三个节气亦吻合③。

简 593"卅（卅）　丙戌，壬申，丁巳，癸卯，戊子，甲戌，甲申，乙巳"（彩版五九：1），对应公元前 134 年（汉武帝元光元年）。与银雀山汉简元光元年历谱所记冬日至、立春、夏日至、立秋四个节气亦吻合。

简 2752 涉及的四"立"月份时间安排（彩版五九：2、3），是日至简八个节气干支推算的前提和基础，其中"春立十二月下旬正月上旬"所体现的以立春为基准而置闰的历法思想，是了解秦汉颛顼历置闰法的宝贵文献④。

4. 法律文献

共 3000 余枚竹简。简的形制基本相同，皆有三道编绳，简背有刻划线。长约 29.9、宽约 0.6 厘米。

（1）律

原分为三卷。第一卷自题为"狱律"，包含 14 章，分别为告律、盗律、贼律、亡律、捕律、囚律、具律、复律、兴律、关市律、杂律、钱律、厩律、效律（彩版六〇、六一：1）。第二卷自题为"旁律甲"，包含 18 章，已知有朝律、田律、户律、置吏律、赐律、市贩律、置后律、秩律、均输律、仓律、爵律、徭律、行书律、金布律、傅律、尉卒律、奔命律。第三卷自题为"旁律乙"，包含 13 章，分别为腊律、祠律、司空律、治水律、工作课律、传食律、外乐律、葬律、蛮夷复除律、蛮夷士律、蛮夷律、蛮夷杂律、上郡蛮夷间律（彩版六一：2、3、六二：1、2）。三卷皆有目录，目录有小结，分别记作"凡十四律""凡十八律""凡十三律"。各章律皆有单独的律章名简。

胡家草场汉律包含《狱律》《旁律》（分甲、乙），结构与益阳兔子山遗址所出汉律

①　刘绍刚、郑同修：《日照海曲简〈汉武帝后元二年视日〉研究》，《出土文献研究》第九辑，中华书局，2010 年。

②　张培瑜：《三千五百年历日天象》，大象出版社，1997 年；徐锡祺：《西周（共和）至西汉历谱》，北京科学技术出版社，1997 年。

③　湖北省文物考古研究所、随州市考古队：《随州孔家坡汉墓简牍》，第 191、192 页，文物出版社，2006 年。

④　李鸷：《荆州胡家草场涉历西汉简校议——兼论颛顼历的连大月、连小月和置闰法》，《考古》2023 年第 3 期。

律名木牍、云梦睡虎地 M77 出土汉律简基本对应，但内容更为丰富。其《狱律》十四章皆见于张家山 M336 汉简《汉律十六章》，后者多出二章中的《朝律》，见于前者的《旁律甲》。

胡家草场汉律是汉文帝刑制改革之后的文本，是目前所见有关文帝刑制改革最早最直接的文字资料。《具律》有四枚简记（彩版六二：3、六三）：

> 罪人狱已决，髡城旦舂以上盈四岁，为鬼薪白粲；为鬼薪白粲一岁，为隶臣妾；为隶臣妾一岁，免为庶（1606）人。完城旦舂，及四月丁巳以前之刑城旦舂盈三岁，为鬼薪白粲；为鬼薪白粲一岁，为隶臣妾；为隶臣妾一（1554）岁，免为庶人。鬼薪白粲盈三岁，为隶臣妾；为隶臣妾一岁，免为庶人。隶臣妾盈二岁，为司寇；为司寇（1553）一岁，及司寇二岁，皆免为庶人。其日未备亡，及诸有罪命鬼薪白粲以上，不自出（1557）

内容与《汉书·刑法志》记汉文帝改制规定刑期文本相对应，当是据汉文帝十三年（前167 年）改制诏令而制定的律条，也是诏令入律的实例。通过对读研究，有助于厘清《刑法志》文本的某些问题，同时带来新知：中国古代法制史上具有重大意义的文帝刑制改革，以汉文帝十三年四月丁巳日为时间节点而正式开启。《史记·孝文本纪》和《汉书·文帝纪》均将除肉刑法系于十三年五月[①]，简文的记载当更为准确。

史书记载汉高祖时叔孙通制定朝仪，但西汉前期朝仪的具体内容不得而知，《朝律》的出土，使复原西汉前期朝仪成为可能。胡家草场《朝律》有 10 枚简涉及朝见仪式前群臣入场和站位的规定（彩版六四～六六、六七：1）：

> 朝者皆袗〈纯〉玄，先平明入，定立（位）；后平明，门者勿入。中郎无剑、操戟，财（裁）立殿上，负西序、东（3081）序、北辟（壁）。中郎九人执盾、五人操戟，武士九人操虎戟，陛西陛，立陛西，东面；陛东陛者立（2924）陛东，西面，它如西陛。中郎立陛者后，郎中陪立中郎后，皆北 [上]。少卒操虎戟立殿（2902）门内，门东、门西各十人。四〈正〉立殿门东，监立殿门西，皆北面。典客设九宾，随立殿下（2918＋2446）下，北面。丞相立东方，西面。彻庚（侯）为中二千石者以立（位）次＝（次次），中二千石次，诸庚（侯）丞相次，吏二（2903）千石次，诸庚（侯）大（太）傅次，中郎将、大（太）中大夫次，故吏二千石次，千石至六百石、傅〈博〉士次，皆（2905）北上。都官吏五百石至三百石陪立千石以下后，北上。太尉立西方，东面。将军次，北（2908）上。军吏二千石次，故军吏二千石次。诸庚（侯）王立殿门外西方，东面，北上。彻庚（侯）

---

① 《史记》卷一〇《孝文本纪》，第 427、428 页，中华书局，1959 年；《汉书》卷四《文帝纪》，第 125 页，中华书局，1962 年。

次，诸矦（侯）（2913）王使者立其南后五步，彻矦（侯）使者次后二步，皆北上。谒者一人立东陛＝（陛陛）者南，西面。立（位）（2980）【定】，典客言具，谒者以闻。皇帝出房，奉常宾（摈），九宾及朝者皆反走，跪，印（抑）手（首）。立东方者（2981）

朝见的规定与叔孙通所定朝仪大体相同：在平明之前入朝，殿下有人警陛，文官列东方西向、武官列西方东向。细节上则有部分差异。如警卫者成分多样化，中郎代替郎中成为朝仪的主要警卫者。礼仪主导者由大行设九宾、主胪传，改为由典客主导。"中二千石"作为一个群体被单独列出，位于所有郡国官之前。文官群体中多出五百至三百石都官吏。中郎将、太中大夫和博士的排位可以帮助确定其在汉初官僚群体中的地位。尤其是太中大夫的出现，能够解决以往认识中的争议。

本篇还可以为张家山 M336《汉律十六章·朝律》的编联提供调整依据，如其简 340、347、369 应当连读①。反过来，M336《汉律十六章·朝律》也为本篇的编联提供了佐证，如简 2903 起始处的"下"字当是涉上一枚简文末"下"字而衍，确定衍文后，两枚简的连读就很顺畅了。

《祠律》有两条简文记载"大牢之具"（彩版六七:2、3）：

大牢之具：用牛、羊、彘、鸡、雁、兔各一，酒上、下薄（尊）各十六斗，醯、酱各四升，【盐】二升，芥一（2831＋3915－2）升，粢、稺（糯）、黄、白、毇、糳各六斗。（2832）

表明太牢礼仪所使用的成套祠具包含牲、禽、尊酒、调料和食粮，品类规范、丰富。简文还记载有中牢之具、少牢之具等，通过祠具物品种类和数量的调整，体现祠祀的等级化差异。这些具体规定或与文帝时祭祀制度变革相关。

与蛮夷管理有关的蛮夷复除律、蛮夷士律、蛮夷律、蛮夷杂律、上郡蛮夷间律等律，为目前汉律资料所仅见，涉及分封、拜爵、徭役、賨赋、除罪、朝见等诸多事项。简 2597"蛮夷君当官大大，公诸侯当大夫、右大夫、左大夫，胄蜡彻公子当不更"（彩版六八:1），说明对蛮夷人的等级划分，与二十等爵制相比附。简 2621"蛮夷长死，欲入禾粟戎葬者，许之"（彩版六八:2），规定蛮夷长可以通过"入禾粟"即交粮食的方式保存"戎葬"，戎葬当即蛮夷的丧葬习俗。

（2）令

令残损比较严重。至少分为两卷。第一卷自题为"令散甲"，包含 11 章令，分别是令甲、令乙、令丙、令丁、令戊、壹行令、少府令、功令、蛮夷卒令、卫官令、市事令

---

① 彭浩主编：《张家山汉墓竹简〔三三六号墓〕》，第 211～213 页，文物出版社，2022 年。

（彩版六九）。第二卷尚未见到卷题简，或是残失所致，包含 26 章，已知有户令甲、厩令甲、金布令甲、金布令乙、尉令乙、诸侯共令等。两卷皆有目录，目录有小结，分别记作"凡十一章""凡廿六章"。这些令多属首见，内容新颖。

《少府令》有一条令文（彩版七〇）：

> 卅七　伐取材木山林，大三韦（围）以上，十税一；不盈十，直（值）贾（价）十钱税一钱。匿不自占，戍二岁，没入所取，乡部、（2177）田啬夫、士吏=（吏、吏）部主弗得，罚金各二两，令、丞、史各一两。擅禁山林、公草田，若和租者，家（2178）长戍二岁，没入所租，乡部、田啬夫、吏、尉=（尉、尉）史、士吏、部主弗得，夺劳各一岁，令、丞、史各六月。（2192）

是有关木材税的收取以及山林、公草田管理的具体细则。木材税的征收方式为实物税与货币税相结合，禁止私人封禁、出租山林和公草田等国家所有的土地，这些内容可以在里耶秦简、睡虎地秦简、张家山汉简中看到蛛丝马迹。

《卫官令》有对出入殿门、司马门、卫门时着装的规定（彩版七一）：

> 出入殿门、司马门、卫门，毋得白冠、素履、竹簪、不绔（袴）。入殿门=（门，门）者止。犯令及门者弗得，罚金四（2249）两。（2138）

古代多以白冠、素履、竹簪为丧服，"不袴"是一种相对随意的穿着，所以通常情况下不得穿戴出入殿门等。

5. 医方及杂方

共 450 枚竹简。分为两卷。第一卷简有三道编绳，简背有刻划线，长约 29、宽约 0.6 厘米。未见卷题。目录由 10 枚简组成，每简分栏书写，前 5 枚简自上而下分为五栏，后 5 枚简分为四栏。共记录 45 个方名，每个方名皆有编号。第二卷简有三道编绳，简背有刻划线，长约 27、宽约 0.6 厘米。未见卷题。目录由 6 枚简组成，每简自上而下分为五栏，共记录 30 个方名，每个方名皆有编号。

第一卷拟名"杂方"。内容较为庞杂，涉及种植、畜牧、冶金、胎产及巫祝等方术，巫术色彩比较浓厚，性质与周家台秦墓 M30 出土竹简《病方及其他》、北京大学藏秦简《医方杂抄》比较接近，但是内容有较大差异。《汉书·艺文志》记载阴阳家有《辟兵威胜方》七十篇①，而本卷目录简 795、794 记"辟兵一四""威方一五"（彩版七二），两者编号恰好次第相连，可与《艺文志》的记载相比照。简 1039："辟兵，以八月八日取去就南行者，阴干，候月蚀，向月悬，拔剑祝曰：'赤帝载日抱月带蛇。'"（彩版七三：1）此简讲一种避兵术，所需物品有"去就"。"去就"似不见于传世文献，实际上就是蟾蜍。

---

① 《汉书》卷三〇《艺文志》，第 1760 页，中华书局，1962 年。

马王堆帛书《五十二病方》中用来治病的"夸就""夸灶",相当于"去就",亦指蟾蜍。又，简1032的巫术提到使用"五月望去就"（彩版七三：2），《文子·上德》"兰芷以芳，不得见霜，蟾蜍辟兵，寿在五月之望"[1]，两处记载相合。祝祷语"赤帝载日抱月带蛇"，描绘了赤帝载日、抱月与带蛇的神异形象，可以与东汉画像石相互印证，对研究炎帝形象及其传说有重要意义。

第二卷拟名"医方"，主要是治疗各种疾病的方剂，巫术色彩较少。简935讲治疗心腹病的方法，提到"为麦虋粥，如为恒粥一鲁"（彩版七四：1）。该病方也见于里耶秦简8-1718+8-258，因为残损比较严重，对"鲁"字的用法一直没有合理解释。现在可以知道，"鲁"是一种用来盛粥等流食的器具，由此引申而成为表示一定容积的量词或药量单位。简856讲治疗"呕挛"的方法："薄高其火齐，病恋（挛）久者三饮，易者再饮，而恋（挛）已矣。"（彩版七四：2）"火齐"是早期中医经方的重要剂型之一，见于《韩非子·喻老》和《史记·扁鹊仓公列传》[2]，但是其义已暗昧不明。从本简的记载看，"火齐"应是指火候，具体来说即煎煮至适当火候的汤剂（或配合加入米汁、粥或酒等）。简文还对药物的品种、生长地、性味等有描述，这种记载在其他出土资料中很少见到，如简839："泽黍（漆），其叶类柳，赤茎。折之，其汁白而出茎中。居好生水畔若泽旁。"（彩版七四：3）

6. 日书

共490余枚简。出土时分五卷放置。第一卷为《五行日书》，有三道编绳，长约27.5、宽约0.6厘米。自有书题"五行日书"，单独书于1枚简上。内容有建除、丛辰、受、五行刑德、刑德行时、五时、五产、五保日、犬噑、地冲等篇，其中体现五行思想的篇目占有相当数量。第二卷为《日书》，有三道编绳，长约30.2、宽约0.7厘米。原无书题，内容有建除、丛辰、帝、祠、时、牝牡月、吉日等篇，不少篇目见于睡虎地秦简日书及孔家坡汉简日书。第三卷为《诘咎》，有三道编绳，长约27.5、宽约0.5厘米。自有书题"诘咎"，单独书于1枚简的背面。内容有鬼藉人宫、鬼入室、鬼当道立、人心悲、室寒等篇，多是讲解咎去灾的方法，部分篇目见于睡虎地秦简《日书甲种·诘咎》篇。第四卷为《家占》，有三道编绳，长约29.7、宽约0.7厘米。原无书题，篇目较单一，即家人、雷、失火等三篇，内容大都是针对生活中出现的怪异、灾害等不寻常事，描述这类事情的具体表象、吉凶状况及解除的方法，其中"失火"篇见于睡虎地秦简《日书》[3]。第五卷为《御疾病方》，有三道编绳，长约27.6、宽约0.5厘米。自有书题"御疾病方"，单独书于1枚简上。内容主要是讲治疗和预防疾病、饮食保健等

---

① 〔战国〕文子著，李定生、徐慧君校释：《文子校释》卷六《上德》，第229页，上海古籍出版社，2004年。

② 〔清〕王先慎撰、钟哲点校：《韩非子集解》卷七《喻老》，第161页，中华书局，1998年；《史记》卷一〇五《扁鹊仓公列传》，第2799页，中华书局，1959年。

③ 陈伟主编：《秦简牍合集（壹）》，第566页，武汉大学出版社，2014年。

方法。

胡家草场汉简日书文献分卷明确，文字清晰，无论是文本写作还是内容篇目，都呈现出一定特色，对认识日书文献的文本来源、篇章结构、抄写体式及使用操作等具有重要的价值。

在写本方面，《诘咎》卷中有一些自有篇题的篇目，内容见于睡虎地秦简《日书甲种·诘咎》篇，后者却未见书写篇题，这从一个侧面反映了秦汉日书在流传过程中篇题的创作状况。又如，《五行日书》卷中的"建除""丛辰"篇，属日书文献的核心内容，在以往出土日书中多见。《五行日书》卷"建除"篇在各月前标明了春、夏、秋、冬四季，系首次出现的文本形式，这应当与《五行日书》偏重五行之术有关。

在内容上，一方面，胡家草场汉简日书文献有相当数量的简文内容不见于以往出土日书等数术资料，如《五行日书》卷中的"五保日"篇，《日书》卷中的"行"篇，《家占》卷中的"雷"篇（彩版七五、七六）等，《诘咎》《御疾病方》两卷中的多数篇目亦是首见，这些都丰富了日书文献的内涵，有助于完整认识日书文献的属性及其使用方法。另一方面，胡家草场汉简日书文献中也有不少篇目可与已知的日书文本对照互看，从而订正以往的误释，促进对简文的准确解读。如《家占》卷"失火"篇简 1809 + 1780 中的"丙失火，有讼起"（彩版七七：1），在睡虎地秦简日书乙种"失火"篇中写作"丙失火，有公起"。"公"，以往学者多认为是"火"的讹误，对照简 1809 + 1780 看，显然"公"当读为"讼"，"有讼起"指有狱讼事，字正文顺。又如简 722 中的"庚失火，君子兵"，睡虎地秦简《日书乙种·失火》篇写作"庚失火，君子兵死"，据之，简 722 "君子兵"下漏写"死"字（彩版七七：2）。

7. 遣册

共 120 余枚简。简残断较多，少数完整，整简长约 23、宽约 0.6 厘米，较其他简厚。简背竹青面色泽较新鲜，未发现编绳和契口，推测下葬时并未编联。文字皆书于篾黄一面，顶格书写，每支简下端留有较多的空白。文字书写整齐，字间距基本一致，字迹稍显潦草。物品记录较简明。

遣册记录物品较丰富，饮食器及食物占多数，车马、生活起居用器次之。所记物品有一些新见种类。如简 14 所记"羹杯"，不见于已知的汉墓遣册，当与甘肃敦煌马圈湾汉简"羹棓（杯）"、湖南张家界古人堤汉简"羹杯"为同物[1]。其与汉墓遣册屡见的以"漆杯""墨杯""丹杯""画杯""酱杯"为名的多种耳杯相较，可为汉代耳杯的考古类型学研究提供一定参考。又如，简 25 等八枚简分别记录了"稻食米""粢食米""稻枼米""粢枼米""黍粟""大豆"等谷物，以及"稻饭""稻曲"等食物的数量和盛用囊袋。谷

---

[1] 白军鹏：《敦煌汉简校释》，第 186 页，上海古籍出版社，2018 年；张春龙、杨先云：《湖南张家界市古人堤汉简释文补正续（下）》，《简牍学研究》第八辑，甘肃人民出版社，2019 年。

物皆用锦囊盛装，每囊装一石五斗，反映了南方地区随葬粮食作物的习俗，也有助于了解汉代社会粮食作物的生产情况。此外，胡家草场汉墓遣册与凤凰山汉墓 M8、M167、M168 等出土遣册的记录方式接近，所记物品也有较多相同，可以对读。如凤凰山汉墓遣册所记"安车""辂车""牛车""骑马""牛者"等内容①，有助于胡家草场汉墓遣册中车马类简文的分组及简序编排。

　　胡家草场汉墓遣册所记的出行车马、日常食物、家庭奴婢等都有相当数量，反映出墓主生前生活较为富足，具有一定社会地位。这批遣册的出土，为认识西汉时期江陵地区的社会礼制及生活习俗等提供了新的资料（彩版七八～九一；图版一～一四）②。

　　辂车一乘，车被具＝（具具）。（1/3595）

　　乘车一乘，车被具＝（具具）。（2/3590）

　　乘车盖一。（3/3574）

　　车马六匹。（4/3635）

　　☑四匹。5/3525

　　□五匹，其二□□。（6/3636）

　　☑【车】一乘。（7/3615）

　　牛者一人。（8/3596）

　　牛一。（9/3623）

　　谒【者】二人。（10/3538）

　　女子六人，其二人承疏（梳）比（篦）及巾。（11/3554）

　　田童（僮）八人，其一人操臿（锸），二人□，三人租（锄），二人□□。（12/3613）

　　酱杯廿。（13/3559）

　　羹杯卌。（14/3598）

　　画杯廿。（15/3607）

　　酱栀（卮）一。（16/4611）

　　食盂四。（17/3582）

　　枇（匕）三。（18/3621）

　　食（?）卑（椑）虎（榹）五隻（雙—双）。（19/3577）

　　脯检（奁）一合盛肉。（20/3528）

　　盎【一】。（21/3624）

　　簪（篯）二。（22/3605）

①　湖北省文物考古研究所：《江陵凤凰山西汉简牍》，第23、154、155、183、207页，中华书局，2012年。

②　释文编号为：整理号/出土号。

甀一。（23/3606）

泽罌☒（24/4603）

稻食米四石五斗，盛以锦囊三。（25/3578）

粲食米一石五斗，盛以锦囊一。（26/3579）

稻秫米一石五斗，盛以锦囊一。（27/3594）

粲秫米一石五斗，盛以锦囊一。（28/3587）

黍粟一石五斗，盛以锦囊一。（29/3531）

大豆一石五斗，盛以锦囊一。（30/3540）

稻饭三石，盛以锦囊二。（31/3588）

稻麴（曲）一石五斗，盛以锦囊一。（32/3581）

肉三笥。（33/3551）

脯三束，盛以笥（笋）一合。（34/3589）

笋一落（筹）。（35/3576）

杏一☒（36/4606）

栂（梅）一落（筹）。（37/3535）

梢（柚）一落（筹）。（38/3591）

枣一落（筹）一☒（39/4607）

麴（曲）一落（筹）。（40/3542）

☒检（奁）一合。（41/3622）

镜检（奁）一合。（42/4617）

扇一。（43/4610）

臻（漆）木冯（凭）机（几）一，有锦绲（茵）。（44/3604）

臻（漆）木冯（凭）一。（45/3597）

臻（漆）木博局一。（46/3620）

博六枚。（47/3610）

博篡（算）二。（48/3599）

象基（棋）十二。（49/3619）

☒□一，黑赤（？）、印各一，簪一，墨（？），盛以衰笥一合。（50/3592）

绀缯车囊一。（51/3627）

绀缯书囊一。（52/3628）

黄卷豆囊一。（53/4614）

□囊【一】。（54/3568）

绀丝履、鬃（漆）履各一两，素缯□。（55/3585）

素缯捾（盥）巾一。（56/3534）

棗（？）□□一。（57/3560）

□一（58/3564）

博（？）六。（59/3572）

☑一。（60/3617）

□□三。（61/3632）

□□筥一合。（62/3580）

☑筥一合。（63/3603）

☑□幅图一。☑（64/4613）

（二）木简

共 60 余枚。木简皆有两道编绳，长约 23、宽约 1 厘米。内容包括两种，其中 10 枚木简的内容为封诊式，其他木简内容为簿籍，主要记录物品价值和出入钱的记录。如（彩版九二、九三）：

绀偏诸二两，具，直（值）九十。（2861）

出卌，粟一石。（2862）

枣一石，斗十二，凡直（值）百廿。（2863）

工缯一匹，贾（价）千，尺廿五；染卌，凡千卌。（1421）

检（奁）一合，贾（价）七十五。（2871）

出百卌四，买棗卅束。●凡棗卅四束，直（值）钱二百一十四。（2878）

●大凡出万九千三百廿三。（2875）

（三）木牍

共 6 件。长约 23、宽 2.6～5.4 厘米。牍 1～牍 4 内容为医杂方（彩版九四），牍 5、牍 6 内容为簿籍（彩版九五、九六）。

第二节 东汉墓葬随葬器物

胡家草场墓地东汉墓遭破坏较严重，仅出土 1 件随葬器物，为陶仓。

陶仓 1 件（M5∶1）。泥质灰陶。口微敞，平沿，折肩，深弧腹，平底，底附三矮扁足。折肩处饰一道凹弦纹。口径 14.4、腹径 17.4、高 23.8 厘米（图九〇）。

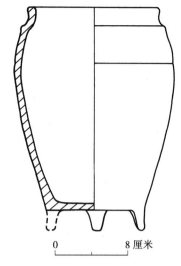

0   8厘米

图九〇　东汉墓出土陶仓（M5∶1）

第三节　宋代墓葬随葬器物

胡家草场墓地宋代墓共出土随葬器物 8 件，包含瓷器 2 件、釉陶器 1 件、铜器 2 件、石器 3 件。

一　瓷　器

瓷器共 2 件，均为碗。

碗　2 件。均为泥质灰白胎，青釉。敞口，尖圆唇，斜弧腹，圈足。外壁腹部饰葵花纹。标本 M7∶5，口径 16、足径 4.4、高 7.1 厘米（彩版九七∶1~3；图九一∶1）。标本 M7∶4，口径 15.9、足径 5.8、高 4.5 厘米（彩版九七∶4~6；图九一∶2）。

二　釉陶器

釉陶器共 1 件，为罐。

罐　1 件（M7∶6）。泥质夹砂棕红胎，灰黄釉，口沿及底部未施釉。敛口，斜折沿，溜肩，斜收腹，平底内凹。肩部附对称桥形双耳，另饰有凹弦纹一周。腹部及底部有轮制痕迹。口径 7.1、腹径 18.3、底径 10.4、高 29.1 厘米（彩版九八∶1；图九一∶7）。

三　铜　器

铜器共 2 件，其中镜和钱币各 1 件。

镜　1 件（M7∶1）。长方形镜。桥形小纽，纽外有四个凸起的方框，框内各饰仙鹤一只。素卷缘。长 7.1、宽 4.7、缘厚 0.2 厘米（彩版九八∶4~6；图九一∶3）。

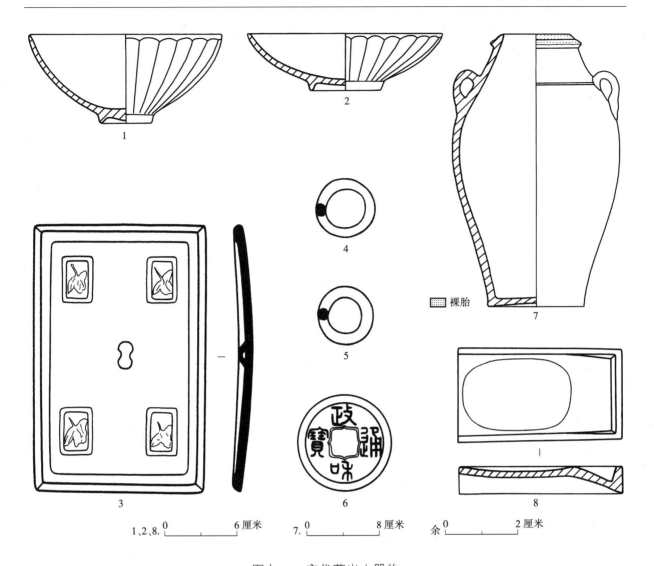

图九一 宋代墓出土器物

1、2. 瓷碗（M7:5、4） 3. 铜镜（M7:1） 4、5. 石环（M7:3、7） 6. 铜钱（M1:1） 7. 釉陶罐（M7:6） 8. 石砚（M7:2）

钱币 1件（M1：1）。八角花穿圆钱。正面钱文为篆书"政和通宝"，钱背素面。直径2.5、穿宽0.6、厚0.1厘米（图九一：6）。

四 石 器

石器共3件，其中砚1件、环2件。

砚 1件（M7：2）。棕灰色。箕形抄手砚，砚首窄砚尾略宽，砚堂与砚池相连为斜坡，椭圆形浅砚池，四周内敛。长13.4、宽7.2~7.6、高2.2厘米（彩版九八：2、3；图九一：8）。

环 2件。形制基本相同。黑色。环状，通体鎏铜，大多已脱落。标本M7：3，直径1.6厘米（图九一：4）。标本M7：7，直径1.5厘米（图九一：5）。

第五章 结 语

第一节 墓葬年代及分期

　　胡家草场墓地发掘的 18 座古墓葬，墓葬形制分为竖穴土坑墓和砖室墓两种，墓葬方向主要为南北向和东西向，墓葬之间叠压打破关系较少，只有 M10 打破 M11、M11 打破 M18 及 M1 打破 M12。5 座砖室墓，均遭不同程度破坏，仅残存少量随葬器物和墓砖。根据郢城遗址周边以往发掘的同类形制的砖室墓墓葬年代推断，M5、M6、M11 年代为东汉，M1、M2 年代为宋代。竖穴土坑墓中 M7 坑壁设置壁龛，出土釉陶罐、瓷碗等随葬器物，符合荆州地区宋代墓葬的典型特征。M10 葬具无存，也未见随葬器物，对比以往发掘资料，推测墓葬年代为明代。其余 11 座竖穴土坑墓，根据墓葬形制、葬具、出土器物组合，及与周边已发掘同类形制墓葬的对比研究，判断其墓葬年代为西汉时期。

　　11 座西汉墓除 M12 和 M16 曾遭盗扰外，其余保存相对较好。葬具主要为一椁一棺，只有 M16 为一椁重棺，M9 和 M13 为单棺。M12 在整个墓地中规模最大，M16、M4、M18、M3 这 4 座墓葬规模略小于 M12，坑口长约 5、宽约 3 米，其余墓葬坑口长约 3、宽约 1 米。木椁一般由盖板、墙板、挡板、分板、底板及底板下的垫木组成。椁室由横向隔梁和纵向隔梁隔出头箱、边箱和棺室，M12 还隔出一个足箱。随葬器物一般放置于头箱和边箱，M12 足箱内也放置有随葬器物。器物种类主要有陶器、铜器、漆木器，按其功用分为礼器、日用器和模型明器。一般来说，墓葬规模越大，随葬器物种类越丰富，数量也越多，随葬器物的种类、数量基本和墓葬规模成正比。如 M3 随葬器物 13 件，M4 随葬器物 29 件，M18 随葬器物 16 件。这种墓室规模大小、棺椁大小厚薄、随葬器物数量多寡与墓主身份等级关联的现象，与先秦时期对各个阶层所匹配葬具及丧葬用器的规定类似，其应是对先秦时期等级制度的延续和传承。M12 除出土陶器、铜器、漆木器这些基本的器类外，还出土有铁器、竹器、石器等，在被盗扰的情况下仍然出土 160 余件器物，其中最重要的随葬器物是墓中出土的大批珍贵简牍。M16 相较于 M12 被盗更甚，仅见少量随葬器物，漆木器只残存圆奁、樽盖，但从墓葬规模及出土的漆木器残留部件推测，其原有随葬器物数量及种类均应不少于 M12。

随葬器物的数量、材质、制作工艺反映了墓主生前的社会地位及财富占有情况，而器物形制及组合情况则是墓葬年代最直接的体现，代表了一个时期特定的丧葬习俗。因此，本次发掘的这批墓葬年代及分期主要依靠出土器物来进行分析判断。11 座西汉墓出土随葬器物组合形式有：铜礼器鼎、壶、勺、匜，陶礼器鼎、盒、钫或鼎、盒、壶，陶日用器瓮、罐、盂、甑，陶模型明器仓、灶或仓、灶、井。这些器物组合在墓葬中的出土情况共三种。第一种，铜礼器和日用器共出，共有墓葬 1 座，即 M18。第二种，陶礼器、日用器和模型明器共出，共有墓葬 3 座，分别为 M4、M16、M17。第三种，陶日用器和模型明器共出，共有墓葬 7 座，分别为 M3、M8、M9、M12、M13、M14、M15。

M18 出土铜鼎和铜壶保存较好，铜匜和铜勺保存较差，铜鼎（M18：4）、铜壶（M18：3）分别与荆州高台汉墓 C 型 I 式铜鼎（M5：4）[1] 及 I 式铜壶（M4：8）[2] 形制基本一致。

M4、M16 与 M17 出土器物组合情况虽然较相似，但器物形制差异较大。M4 出土陶礼器组合为鼎、盒、钫，M16 出土陶礼器为鼎、钫外，其与 M12 等几座西汉墓出土的陶日用器及模型明器与荆州地区以往发掘的西汉早期墓葬出土器物组合及形制基本相同，即日用器组合主要为瓮、罐、盂、甑，模型明器组合为仓、灶。M17 既出土有鼎、盒、壶等陶礼器组合，也出土有西汉中期以后才出现的陶模型明器仓、灶、井组合及敛口罐、硬陶罐等器物。

M4 出土陶灶（M4：21）、陶高领罐（M4：23）、陶小口瓮（M4：1）、陶盒（M4：6）与荆州高台汉墓出土 I 式陶灶（M5：20）[3]、江陵凤凰山 M168 出土陶灶（M168：262）[4]、江陵凤凰山西汉墓 M8 出土陶灶[5]、荆州高台汉墓出土 B 型 I 式陶高领罐（M2：120）[6]、江陵凤凰山 M168 出土陶瓮（M168：276）[7]、荆州高台汉墓出土 III 式陶盒（M16：2）[8] 形制相似。其他墓葬如 M3 出土陶小口瓮（M3：2）与荆州高台汉墓 II 式陶小口瓮（M6：93）[9] 形制相似。M8、M9 出土陶圜底罐（M8：1、M9：6）与荆州高台汉墓 A 型 I 式陶圜底罐（M18：2）[10] 形制相似。M12 出土陶矮领罐（M12：4、6）、陶小口瓮（M12：1）、陶仓（M12：53）、陶灶（M12：12）与江陵凤凰山西汉墓 M9 出土陶矮领罐[11]、江陵凤凰山 M168 出土陶瓮（M168：276）、陶仓（M168：275）[12]、江陵凤凰山西汉墓 M8 出土陶灶形

① 荆州博物馆：《荆州高台秦汉墓》，第 92 页，科学出版社，2000 年。
② 荆州博物馆：《荆州高台秦汉墓》，第 92 页，科学出版社，2000 年。
③ 荆州博物馆：《荆州高台秦汉墓》，第 89 页，科学出版社，2000 年。
④ 湖北省文物考古研究所：《江陵凤凰山一六八号汉墓》，《考古学报》1993 年第 4 期。
⑤ 长江流域第二期文物考古工作人员训练班：《湖北江陵凤凰山西汉墓发掘简报》，《文物》1974 年第 6 期。
⑥ 荆州博物馆：《荆州高台秦汉墓》，第 78 页，科学出版社，2000 年。
⑦ 湖北省文物考古研究所：《江陵凤凰山一六八号汉墓》，《考古学报》1993 年第 4 期。
⑧ 荆州博物馆：《荆州高台秦汉墓》，第 66 页，科学出版社，2000 年。
⑨ 荆州博物馆：《荆州高台秦汉墓》，第 70 页，科学出版社，2000 年。
⑩ 荆州博物馆：《荆州高台秦汉墓》，第 73 页，科学出版社，2000 年。
⑪ 长江流域第二期文物考古工作人员训练班：《湖北江陵凤凰山西汉墓发掘简报》，《文物》1974 年第 6 期。
⑫ 湖北省文物考古研究所：《江陵凤凰山一六八号汉墓》，《考古学报》1993 年第 4 期。

制一致①。M15 出土陶小口瓮（M15：3）、陶盂（M15：11）与江陵凤凰山 M168 出土陶瓮
（M168：276）②、荆州高台汉墓出土 Ⅱ 式陶盂（M17：14）③ 形制相似。M16 出土陶圜底罐
（M16：1）与江陵凤凰山 M168 出土陶圜底瓮（M168：298）④、荆州高台汉墓出土 A 型 Ⅱ
式陶圜底罐（M24：1）⑤ 形制相似。

江陵凤凰山 M168 下葬年代为汉文帝十三年（前 167 年），江陵凤凰山西汉墓 M8、
M9、M10 年代在汉文帝至景帝时期，荆州高台汉墓 M2、M4、M5、M6、M18 年代都定为
二期二段，M16、M17、M24 年代定为二期三段，二期二段和二期三段年代均为西汉早期
前段。参照这批墓葬年代判断，胡家草场墓地 M3、M4、M8、M9、M12、M15、M16、M18
年代均为西汉早期，相当于文景时期。

M13 既有与荆州纪南松柏汉墓⑥出土的形制相似的陶仓（M13：7），也有与荆州三步
二道桥墓地 M7⑦出土的形制相似的陶敛口罐（M13：6），纪南松柏汉墓年代为汉武帝早
期，三步二道桥墓地 M7 年代为西汉中晚期，故推测 M13 年代也为西汉中期。M14 出土的
方形陶仓（M14：6）在荆州郢城遗址周边以往发掘的西汉墓葬中鲜有发现，而类似形制
的陶仓在关中地区如西安龙首村西汉墓地 M2⑧、西安二府庄西汉墓地 M2⑨ 等则多有出土。
出土的陶敛口罐（M14：5）与荆州三步二道桥墓地 M9 出土陶敛口罐（M9：17）⑩、荆州
王氏堰墓地 M138 出土陶敛口罐（M138：16）⑪ 形制相似，荆州三步二道桥墓地 M9、荆州
王氏堰墓地 M138 年代均为西汉中期，故推测 M14 年代也为西汉中期。M17 出土陶小口筒
形仓（M17：20）在以往西汉早期墓葬中未见，荆州三步二道桥墓地 M6⑫、襄阳王坡西汉
墓 M162⑬ 出土有类似形制的陶仓，陶灶（M17：7）与荆州三步二道桥墓地出土陶灶

① 长江流域第二期文物考古工作人员训练班：《湖北江陵凤凰山西汉墓发掘简报》，《文物》1974 年第 6 期。
② 湖北省文物考古研究所：《江陵凤凰山一六八号汉墓》，《考古学报》1993 年第 4 期。
③ 荆州博物馆：《荆州高台秦汉墓》，第 84 页，科学出版社，2000 年。
④ 湖北省文物考古研究所：《江陵凤凰山一六八号汉墓》，《考古学报》1993 年第 4 期。
⑤ 荆州博物馆：《荆州高台汉墓》，第 250 页，科学出版社，2000 年。
⑥ 荆州博物馆：《湖北荆州纪南松柏汉墓发掘简报》，《文物》2008 年第 4 期。
⑦ 荆州博物馆：《荆州三步二道桥墓地考古发掘简报》，《荆州郢城遗址——考古调查、勘探与试掘》，科学出版
社，2021 年。
⑧ 中国社会科学院考古研究所西安唐城工作队：《西安北郊龙首村西汉墓发掘简报》，《考古》2002 年第 5 期。
⑨ 西安市文物保护考古所：《西安北郊二府庄汉墓发掘简报》，《文博》1997 年第 5 期。
⑩ 荆州博物馆：《荆州三步二道桥墓地考古发掘简报》，《荆州郢城遗址——考古调查、勘探与试掘》，科学出版
社，2021 年。
⑪ 荆州博物馆：《荆州王氏堰墓地 138 号、256 号汉墓发掘简报》，《荆楚文物》第 4 辑，科学出版社，2019 年。
⑫ 荆州博物馆：《荆州三步二道桥墓地考古发掘简报》，《荆州郢城遗址——考古调查、勘探与试掘》，科学出版
社，2021 年。
⑬ 湖北省文物考古研究所、襄樊市考古队、襄阳区文物管理处：《襄阳王坡东周秦汉墓》，第 284 页，科学出版
社，2005 年。

（M6：26）① 形制相似，硬陶罐（M17：14）与荆州高台汉墓出土三期五段 A 型硬陶罐（M27：7－3）② 形制一致，陶井（M17：2）、陶盒（M17：11）分别与襄阳卜营墓地二期三段陶井（M187：3）③、四段陶盒（M261：4）④ 形制一致。三步二道桥墓地 M6 年代为西汉中晚期，襄阳卜营墓地二期三段、四段年代为西汉中期，荆州高台汉墓三期五段年代为西汉中期。而 M17 出土铜钱也为进一步确定墓葬年代提供了依据，出土五铢钱形制符合武帝时期钱币特征，且没有与新莽时期钱币同出，故 M17 年代定为西汉中期，相当于武帝时期。

第二节　墓地性质与文化内涵

　　墓地性质主要通过墓葬分布位置、墓葬方向、随葬器物进行推断。胡家草场墓地西汉墓主要分布在台地中部及北部，墓葬方向以南北向为主，少数墓葬为东西向，墓葬分布看似杂乱无章，实则有一定的规律可循，主要以两组墓葬为主。第一组即 M12 与 M16，墓葬方向完全一致，并列分布于墓地中部偏西。第二组即 M3、M4 与 M18 三座墓葬，墓葬方向基本一致，并列分布于墓地中部偏东。其余西汉墓如 M8 位于 M12 的东部，与 M12 并列埋葬；M13、M9 和 M15 均为东西向，分别位于 M16 和 M12、M3 东北；M17 和 M14 均为南北向，分布于墓地最北端。这批墓葬分组之间没有打破关系，方向相似，墓葬大小、形制，以及随葬器物的形制及组合基本相同，墓葬年代基本一致，除个别墓葬年代为西汉中期外，其余均为西汉早期。墓地以 M12 为中心，与其基本处于一条平行线上的墓葬年代在整个墓地中最早，文化特征与 M12 也最为接近。北部墓葬年代晚于南部墓葬，墓葬由南向北的排列顺序应为墓地形成的顺序，其埋葬顺序应是先南部、后北部，即首先确定 M12 的中心位置，其余家族成员在已经确定好的位置依次按顺序埋葬，据此推断胡家草场墓地是提前进行了规划的家族合葬墓地。

　　另外，通过对胡家草场墓地所处台地地层堆积成因进行分析，印证了我们对胡家草场墓地应属于家族墓地的认知。它的构造方式是首先在规划好的墓地地表上先堆筑一层熟土，然后进行平整，形成一个高台后再进行夯筑，最后在台地上开挖墓穴。这种埋葬方式在荆州地区郢城周边发掘的汉代墓葬中较为常见，考古发掘证实，至迟在战国晚期，此种埋葬习俗可能已经形成⑤。通常一个台地上埋葬一座甚至多座墓葬，采用这种埋葬方式的墓葬规模往往较同时期墓葬偏大、等级较高。其修筑台地可能有两个原因，首先为了抬高

---

① 荆州博物馆：《荆州三步二道桥墓地考古发掘简报》，《荆州郢城遗址——考古调查、勘探与试掘》，科学出版社，2021 年。
② 荆州博物馆：《荆州高台秦汉墓》，第 82 页，科学出版社，2000 年。
③ 湖北省文物考古研究所、襄阳市文物考古研究所：《襄阳卜营墓地》，第 185 页，文物出版社，2019 年。
④ 湖北省文物考古研究所、襄阳市文物考古研究所：《襄阳卜营墓地》，第 158 页，文物出版社，2019 年。
⑤ 荆州博物馆：《湖北荆州任家冢等墓地战国墓葬发掘简报》，《江汉考古》2022 年第 1 期。

墓地位置以达到防水、防潮的目的；其次，墓地的选址可以代表墓主的身份、等级及财力，高等级人员更加注重墓地的堪舆，倾向选择高地而葬。

胡家草场墓地西汉墓随葬的陶日用器——瓮、罐、盂、甀器物组合，及模型明器——仓、灶组合，与荆州地区以往发掘的同时期西汉墓葬中经常出土的陶器器形及组合基本相同。仅陶圜底罐和"山"字纹铜镜为战国晚期楚墓中较为常见的器形。礼器组合有铜礼器鼎、壶、勺、匜和陶礼器鼎、盒、钫或鼎、盒、壶。鼎、盒、壶或鼎、盒、钫器物组合在本次发掘的西汉墓中只见于两座墓葬中，属于个别现象，但在战国中晚期楚墓中，鼎、盒、壶频繁出现且常共出，它们的作用分别是炊煮、盛放、储藏，推测其用途应与宗庙祭祀有关。这个组合可以看作是将庙祭的炊煮、盛放、储藏之器转移到墓葬之中，所代表的是宗庙之祭。胡家草场 M12 出土的律令简 2831、2832 中，有与祭祀相关内容的详细记载，包括祭祀时所使用的物品名称及数量，如牺牲、粮食、调料、尊酒等，简尾涉及的物品与出土器物陶鼎、盒、壶分别对应。与战国中晚期楚墓中出土的鼎、盒、壶相比，胡家草场西汉墓出土器物组合未发生变化，但陶器器形随着时代发展有所变化，趋于汉化。如出土的陶鼎形制由战国中晚期楚墓中常见的深腹、高蹄足鼎演变为扁圆腹、矮蹄足鼎；陶盒形制由盖器扣合的扁圆体、圜底、矮圈足演变为盖顶有圆圈状抓手，盖身大小、形制基本相同；陶壶口沿由敞口、平沿演变为盘口，束颈由原来的细长型演变为短粗型，腹径同时下移、变大，器形和纹饰逐渐趋向简约。总体来说，胡家草场墓地西汉墓以汉代主体文化因素为主，延续了一定的楚文化因素。

一般来说，墓葬是现实社会生活的折射，墓葬中随葬器物的变化是现实社会发生变化的结果。西汉时期，一方面，随着经济的发展及人们观念的改变，逐渐形成具有自身时代特征的丧葬习俗，即随葬器物更突出实用，主要放置象征墓主生前生活场景以及供墓主在另一世界享用的日用器和模型明器；另一方面，上层社会仍在沿用先秦时期的丧葬礼仪，个别墓葬仍以铜礼器及陶礼器随葬。这种现象说明，西汉早期人们在逐步适应具有当时社会时代特征丧葬习俗的同时，并没有彻底摒弃旧的文化礼仪。这种现象一直延续至西汉中期，西汉晚期，随着庄园经济的发展，随葬器物也发生了更大的变化，表明已经形成了新的汉代葬制，彻底代替了楚文化旧制，进入到新的汉文化发展阶段。

第三节　墓主身份推测

胡家草场墓地以 M12 规模最大，出土器物最多，尤其是出土的大批珍贵的简牍资料，无论数量还是种类，在我国已发掘的单座墓葬出土简牍资料中都位列前茅。遗憾的是，墓中未出土能够证明墓主身份的告地书，因此，墓主身份主要通过与周边已发掘的同等规模且墓主身份等级已经确定的西汉早期墓葬对比，并结合出土简牍内容来分析判断。西汉早期棺椁数量、椁室大小及分室数量，是墓主身份等级及财富占有情况的象征。M12 墓室面积大于江陵凤凰山 168 号汉墓、谢家桥 1 号汉墓、荆州高台汉墓甲 A 类墓 M2、M5 等。椁分四室，与荆州高台汉墓 M2 相同，比凤凰山 168 号汉墓多出一室，据此推测 M12 墓主身份至少与凤凰山 168 号汉墓相当。墓中出土铜剑带有漆剑鞘，漆剑鞘附有玉剑璏、玉剑珌，这种玉具剑，在荆州地区已发掘的西汉早期墓葬中鲜有出土。自先秦讫汉、晋，男子法服盛装时均需佩剑。因此两汉时期玉剑饰已经发展成为王侯贵族佩剑上的重要装饰品，其在诸侯贵族中极为盛行。M12 玉具剑的出土，说明墓主在当时社会具有较高的身份和地位。墓中出土简牍资料，数量较多，种类齐全，涉及法律、医药、历法、岁纪等。岁纪与睡虎地秦墓 M11 出土《编年记》、印台汉墓 M60 及松柏汉墓 M1 出土《叶书》内容类似，记录了当时的国家大事，不同的是，睡虎地秦墓 M11 出土《编年记》还记载了以墓主"喜"为中心的家族之事。M12 出土《岁纪》简没有记载墓主个人私事，却在汉文帝二年时记录了上一任太守去世的时间以及新任太守的履新时间，说明 M12 出土的《岁纪》简有可能具有官方性质。根据墓葬年代及当时社会背景，推测墓主应是任职南郡的属吏，官秩应在六百石以上，身份高于一般史官。结合墓中出土的简牍文献属性分析，其可能负责南郡重大的史事记录，熟悉历法、医药、律典等，或为管理南郡日常行政的"主簿""功曹"（《汉书·严延年传》《汉书·王尊传》）[1]。

M16 在墓地中的位置紧邻 M12，墓葬方向与 M12 完全相同，仅墓室规模略小，棺椁形制与 M12 接近，且位于其西侧，出土器物有漆圆奁和铜镜，推测墓主可能为女性，其与 M12 为夫妻并穴合葬关系。

其余几座西汉墓，根据墓坑面积、棺椁大小，可划分为三类。

第一类墓葬，M3、M4、M18，墓室面积 11～15 平方米，葬具为一椁一棺，椁室分头箱、边箱和棺室。随葬器物种类有铜器、陶器、漆木器等，器物组合主要是日用器组合及模型明器组合，个别墓葬有铜礼器组合或陶礼器组合。这一类墓葬与荆州纪南松柏汉墓 M1、随州周家寨 M8 规格相当。根据出土简牍记载，松柏汉墓 M1 墓主为"周堰"，官职为江陵西乡"有秩啬夫"，爵位至公乘（八级爵），随州周家寨 M8 出土简牍中关于墓主身份等级的记载为"爵位至公乘，为二十等爵的第八级"，据此推测此类墓葬墓主身份等级或许与他们相当。按照这类墓葬与 M12 的位置关系推测，墓主应为 M12 近亲，可能为 M12 墓主父母或兄弟。

第二类墓葬，M8、M14、M15、M17，墓室面积约 6 平方米，葬具为一椁一棺，椁室也分为头箱、边箱和棺室。随葬器物种类有铜器、陶器，器物组合有日用器组合及模型明器组合。这一类墓葬规格与江陵张家山 M247、江陵凤凰山 M10 相当，器物组合与荆州高台秦汉墓乙 B 类墓基本相同，但出土器物主要为陶器，仅有少量铜器和漆木器。推测此类

① 《汉书》，第3669、3228页，中华书局，1962年。

墓葬墓主身份为中小官吏、地主或商人。

第三类墓葬，M9、M13，墓室面积小于5平方米，葬具为单棺。随葬器物较少，种类也较为单一，主要为陶器，器物组合为日用器、模型明器。推测此类墓葬墓主身份属于一般平民，或属M12的远亲族人。

第四节　胡家草场墓地与郢城遗址的关系

一般来说，官府对居民墓地的设置有较为严格的规定，如哪些区域可以作为居民墓地、高等级身份的人和一般居民分别应该葬在什么位置等等。墓地的选择与墓主生前的社会地位、财富占有情况、思想认知等有关。同时，墓地与居址之间的距离、所在位置的地势高低及周边的地理环境等也是考虑的因素。那些地势较高且距离居址较近的区域往往是最佳的墓地位置。近年来，荆州博物馆在郢城遗址的北部、南部及东部发掘了大量秦汉墓地，这些墓地多分布在高台地上，且距离郢城遗址较近，从地理位置以及年代对比来看，这些墓地所埋葬人员应该与当时在郢城遗址居住的居民具有一定的联系。已发掘资料表明，郢城遗址南部墓葬分布最为密集，多为小型墓葬，墓地的时代延续性最强；其西部的墓葬数量少；东部的墓葬规格一般都较高，随葬器物多，种类丰富，墓葬年代较早，多为西汉早期。值得注意的是，规格较高的墓葬大部分都出土有简牍等文字资料，如印台墓地、谢家桥墓地、肖家草场墓地、周家台墓地、凤凰地墓地等都有出土简牍的高规格墓葬。这种现象说明，郢城遗址的东部在西汉早期是城内具有较高社会身份和地位的人选择的墓地，也可以说，这一区域在当时来说是较为理想的埋葬位置。

胡家草场墓地即位于郢城遗址东部，西距郢城遗址东城墙0.98千米，在胡家草场墓地共发掘18座古墓葬，包含11座西汉墓，墓地性质应该为提前进行过规划的家族墓地。其中12号西汉墓出土了大批简牍，共计4642枚，内容含岁纪、历日、法律文献、日书、医方、簿籍、遣册等，是郢城遗址周边区域西汉墓葬出土简牍数量最多的单座墓葬。部分简牍和以往发掘的西汉早期墓葬出土的简牍资料相同，都有"南郡"和"江陵"的相关记录，如簿籍简3190有"出二百江陵丞家"；还有类似于睡虎地秦简"封诊式"内容的木简，如简1784有"元年七月某日南郡守卒史某"；《岁纪》简1522有"文帝二年，正月，姚大（太）守死，三月，戴大（太）守视事"。这几枚简涉及几种官职，如江陵丞、南郡守卒史、南郡太守等，尤其是《岁纪》简文中提及的姚太守和戴太守，我们认为就是在南郡相继任职的两位太守。由此推断简文的记录者与南郡太守之间存在某种联系，《岁纪》的记录者或许就是墓主，其生前在南郡居住并任职，属于南郡的高级官吏。

20世纪70年代以来，在郢城周边发掘了大量秦汉墓地，有些墓葬中出土了带有纪年的铜器与简牍。如鸡公山M249出土的秦昭王五十二年铜戈，江陵凤凰山M168汉墓出土告地策载有"江陵丞敢告地下丞",周家台墓地"三十四年质日"简多次提到"江陵",高台M18汉墓出土有江陵丞给死者签发的"告地书",松柏汉墓木牍有南郡及江陵西乡的各种统计簿册,谢家桥一号汉墓出土木牍记载有"江陵丞虒移地下丞"。胡家草场墓地也出土有记载"江陵"和"南郡"的简牍,这些秦汉墓葬中出土简牍资料关于"江陵""南郡"的记载都显示了墓主与当时江陵、南郡行政机构的某种联系。结合这些墓葬与郢城遗址的位置关系,推测简牍中的江陵和南郡或指郢城遗址,郢城遗址可能就是秦汉时期南郡郡治及江陵县治所在,这些墓地包括胡家草场墓地都为秦或西汉早期在郢城遗址居住的居民墓地。

胡家草场墓地的发掘是郢城遗址周边西汉早期墓葬的又一重要发现,尤其是M12的发掘,出土了大批珍贵的随葬器物,既出土有具有西汉早期典型时代特征的陶日用器及模型明器组合,又出土了少数象征墓主身份的铜器、漆木器及简牍等。这批墓葬的发掘丰富了荆州地区西汉时期考古发掘成果,也为研究西汉早期江陵县治、南郡郡治以及当地居民生产生活、物质文化、丧葬习俗等提供了丰富的实物资料。

第五节 胡家草场汉简发现的意义

胡家草场西汉简牍为新出土的文献资料,包含岁纪、律令、历日、日书、医杂方、簿籍、遣册等七种文献。无论数量还是种类,在我国单座墓葬出土简牍资料中都位列前茅。2019年5月6日,国家文物局在北京召开"考古中国"重要进展工作会,与会专家点评这批西汉简牍"数量多、保存好、种类丰富、价值重大"。其资料价值和学术意义可与睡虎地秦简、张家山汉简比肩,对秦昭襄王至西汉文帝一百多年间若干重要历史、地理问题、西汉早期法制史与政治史、西汉早中期历数的认知将产生重大影响。

岁纪始自秦昭襄王,终于西汉文帝,按年代记录国家大事。其性质与叶书类似,但是重在分年记事,而叶书脉络粗疏,重在记帝王年世。岁纪为编年类史书编纂体例研究提供了一个可靠的范本,具有重要而独特的史学价值。

胡家草场汉律在迄今所见同类资料中体系最为完备,多种汉令成规模地集中出土,胡家草场汉令是唯一一例,堪称汉律令的一个范本。律令简中有不少条文是首次发现,内容新颖,尤其是新见的涉及蛮夷诸种律令,可以深化我们对于西汉早期少数民族政策与边疆治理理念的认知。

西汉早期历法在文献中没有相关记载,出土的历日简也多为零散的或是短时段内的历表,因此长期以来,关于西汉早期历法制度众说纷纭,未能确定。胡家草场汉简历日是迄今考古出土数量最多、最具体系的古代历法史料,据之可以准确复原西汉早期所用历术,具有重大价值和意义。

医杂方简数量大，篇目结构清晰，部分内容与秦汉时期流传于荆楚地区的其他医方文献存在一定关联，部分医方已经显示出传世经方的雏形，有助于深化本草学的起源、中医经方的源流等相关内容的研究。

日书简分卷清晰，内容丰富，是迄今发掘出土汉简日书资料中竹简形制保存最好的一批。通过相关日书文本内容的对读互校和综合考察，可整体推进秦汉日书的文字释读、简序复原及文义解析，深化有关日书写本特征及相关数术史、社会史和文化史的研究，对于我们认识秦汉社会日书的使用、功能及社会影响等有重要价值。

附录一 荆州郢城遗址周边西汉墓文化特征探析

李志芳 王家益

荆州郢城遗址位于湖北省荆州市纪南生态文化旅游区郢城村，平面呈不规则方形，西南距荆州古城东北 1.5 千米，西北距楚故都纪南城 2.9 千米。城址面积约 191 万平方米，中心地理坐标为北纬 30°22′48.1″，东经 112°13′05.6″，海拔 33.35 米。

根据考古调查、勘探和发掘资料以及第三次全国文物普查资料，荆州郢城遗址周边有汉代文物点 83 处，其中古墓地 68 处。这些墓地大多为西汉墓地，部分墓地使用时间延续至东汉、宋代、明代。

近年来，为配合基本建设，荆州博物馆在郢城遗址周边发掘了大量汉代墓葬，其中西汉墓葬千余座，部分资料已通过简报或报告的形式发表。这些基础资料使我们对西汉时期墓葬形制、葬具规格、随葬器物、陶器组合等有了较为清晰的认识。另外也有学者撰写了综合性研究文章，通过梳理已有发掘资料，对西汉某个时期的墓葬形制、器物形制、器物组合的演变进行分析，判断墓葬分期、年代及器物演变特征。这些资料的整理与研究，使我们对当时社会居民物质生活、文化生活、意识形态、丧葬习俗等有了较为宏观的了解。本文通过梳理发掘资料，结合笔者近年来在郢城遗址周边发掘西汉墓葬获取的实物资料，对该地区西汉墓葬的形制、葬具、随葬器物及其组合、分期等方面进行探讨。

一 墓地发掘及其分布

1973 年，长江流域第二期文物考古工作人员训练班学员在楚都纪南城凤凰山墓地发掘了 9 座西汉早期的土坑木椁墓，出土包含竹简、木牍在内的器物 900 余件，墓葬年代为西汉文帝至武帝元狩年间[1]。1975 年，考古工作者在凤凰山墓地发掘秦汉木椁墓 20 余座，其中 M168 出土一具保存较好的男尸，另出土包含竹简和竹牍在内的器物 500 余件，墓葬年代为汉文帝十三年（前 167 年）五月十三日[2]。1983 年 12 月至 1984 年 1 月，荆州博物馆在张家山墓地发掘了三座西汉早期墓葬（编号 M247、M249、M258），出土了一批具有

---

① 长江流域第二期文物考古工作人员训练班：《湖北江陵凤凰山西汉墓发掘简报》，《文物》1974 年第 6 期。

② 湖北省文物考古研究所：《江陵凤凰山一六八号汉墓》，《考古学报》1993 年第 4 期。

时代特征的随葬器物，共 160 余件，最为难得的是出土了 1000 余枚竹简①。1986 年，荆州博物馆在岳山墓地发掘了 31 座汉墓，出土了一批陶器以及少量铜器和漆木器②。1992 年，荆州博物馆在高台墓地发掘了 44 座秦汉墓，其中西汉文帝七年（前 173 年）下葬的 M18 出土了江陵丞签发的"告地书"木牍③。2004 年，荆州博物馆在纪南城附近的松柏村六组发掘了 4 座汉墓，其中松柏 1 号汉墓下葬年代为西汉武帝早期，出土木牍 63 件、木简 10 枚，内容包含记载秦昭襄王至汉武帝七年历代帝王在位年数的叶书、汉武帝时期的历谱、汉景帝至汉武帝时期周偃的升迁记录及升调文书等④。2007 年 11 月，荆州博物馆发掘的谢家桥一号汉墓出土随葬器物 489 件，包含竹简 208 枚、竹牍 3 件。根据竹牍记载，该墓的下葬年代为"五年十一月癸卯朔庚午"，即西汉吕后五年十一月二十八日（前 184 年 12 月 26 日）⑤。2009 年 1 月，荆州博物馆在高台墓地发掘了一座西汉墓，出土了 9 件木牍，记录了一笔两次收钱记录，可能为收钱账目⑥。2011 年 12 月，荆州博物馆在三步二道桥墓地发掘了 11 座墓葬，其中共有西汉墓葬 9 座，出土铜器、铁器、陶器、硬陶器、青瓷器、玉石器等随葬器物 136 件（套）⑦。2013 年 10 ~ 12 月，荆州博物馆在西胡家台墓地发掘了 10 座西汉墓葬，出土铜器、陶器、硬陶器等随葬器物 139 件⑧。2014 年 3 月，荆州博物馆为配合和悦项目建设，发掘了西汉墓葬 3 座，出土铜器、陶器、玉器、硬陶器、釉陶器等随葬器物 29 件⑨。2014 年 9 月至 2015 年 1 月，荆州博物馆在王氏堰墓地发掘了 43 座西汉墓葬，出土铜器、陶器、玉器、硬陶器、釉陶器等随葬器物 374 件⑩。2015 年 12 月至 2016 年 1 月，荆州博物馆在张家屋台墓地发掘了西汉墓葬 8 座，出土陶器、铜器等随葬器物 30 余件⑪。2016 年 1 月至 2017 年 12 月，荆州博物馆在黄家台、陈家台、汪家草场、高家坟、田家院子、杉树林、糍粑草场、粑粑草场、枕头台子、碾子草场、八癞子草场等墓地发掘了西汉墓葬 80 座，出土陶器、硬陶器、铜器、玛瑙、水晶、玉石器、漆木器等随葬器物 491 件⑫。2016 年 5 月，荆州博物馆在凤凰地墓地发掘了西汉墓葬 39 座，其中 M24

① 荆州地区博物馆：《江陵张家山三座汉墓出土大批竹简》，《文物》1985 年第 1 期。

② 湖北省江陵县文物局、荆州地区博物馆：《江陵岳山秦汉墓》，《考古学报》2000 年第 4 期。

③ 荆州博物馆：《荆州高台秦汉墓》，科学出版社，2000 年。

④ 荆州博物馆：《湖北荆州纪南松柏汉墓发掘简报》，《文物》2008 年第 4 期。

⑤ 荆州博物馆：《湖北荆州谢家桥一号汉墓发掘简报》，《文物》2009 年第 4 期。

⑥ 荆州博物馆：《湖北荆州高台墓地 M46 发掘简报》，《江汉考古》2014 年第 5 期。

⑦ 荆州博物馆：《荆州三步二道桥墓地考古发掘简报》，《荆州郢城遗址——考古调查、勘探与试掘》，科学出版社，2021 年。

⑧ 荆州博物馆：《湖北荆州西胡家台墓地发掘简报》，《文博》2016 年第 2 期。

⑨ 荆州博物馆：《湖北荆州和悦汉、宋墓葬考古发掘简报》，《文博》2016 年第 1 期。

⑩ 荆州博物馆：《荆州王氏堰墓地 138 号、256 号汉墓发掘简报》，《荆楚文物》（第 4 辑），科学出版社，2019 年。

⑪ 荆州博物馆：《湖北省荆州市张家屋台墓地发掘简报》，《文博》2017 年第 4 期。

⑫ 湖北荆州博物馆：《湖北荆州八癞子草场东汉墓发掘简报》，《南方文物》2019 年第 4 期；荆州博物馆：《湖北荆州枕头台子墓地西汉墓发掘简报》，《文博》2022 年第 3 期。

规模较大，保存较好，出土各类随葬器物 130 余件，包含木简 34 枚、木牍 1 件①。2018 年
10 月至 2019 年 3 月，荆州博物馆在胡家草场、小草场、齐家草场等墓地发掘了西汉墓葬
36 座，其中胡家草场墓地 M12 出土随葬器物 162 件（套），在两件竹笥内出土了大量简
牍，共计 4642 枚②。2019 年 11 月至 2020 年 8 月，荆州博物馆在朱家草场、刘家草场等墓
地发掘了西汉墓葬 24 座，出土了一批陶器、铜器等随葬器物 72 件③。2021 年 5 ~ 7 月，荆
州博物馆在印台墓地发掘了 59 座西汉墓葬，其中 M159、M160 保存较好，出土了漆木器、
竹简、铜器、陶器等随葬器物 57 件（套）（图 1）④。

　　对目前已发掘的西汉墓地分布位置进行分析，可以看出荆州郢城遗址周边西汉墓葬具

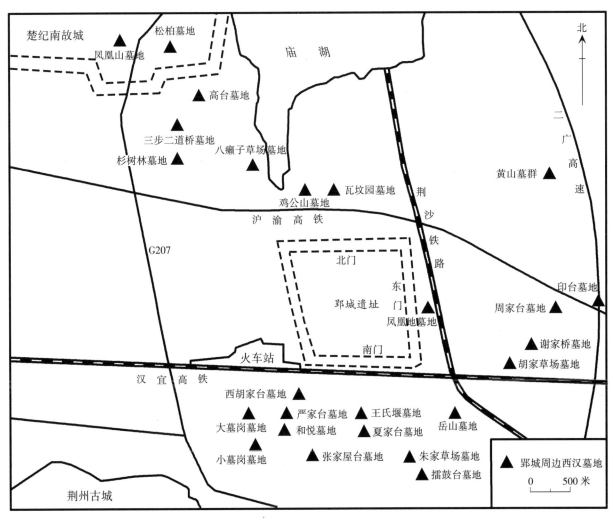

图 1　郢城遗址周边已发掘西汉墓地分布示意图

①　荆州博物馆：《湖北荆州凤凰地遗址西汉墓（M24）发掘简报》，《文物》2024 年第 1 期。
②　荆州博物馆：《湖北荆州市胡家草场墓地 M12 发掘简报》，《考古》2020 年第 2 期。
③　荆州博物馆：《湖北荆州朱家草场汉墓 M29 发掘简报》，《文博》2022 年第 3 期。
④　荆州博物馆：《湖北荆州印台墓地 M159、M160 发掘简报》，《江汉考古》2023 年第 2 期。

有一定的分布规律，其北、东、南三面均有大量西汉墓葬分布，且均分布于较高的岗地或台地上，而郢城遗址西部西汉墓葬分布较少，这种现象或许与郢城遗址城门分布有关。2016年，荆州博物馆对郢城遗址进行了调查、勘探工作。勘探资料表明，郢城遗址北城垣、东城垣各有城门1座，南城垣有城门2座，西城垣上未见城门遗迹①。另外，西汉先民有择高而葬的葬俗，而郢城遗址西面地势普遍较低，少有较高的岗地或台地，不是居民选择墓地的理想位置。

二　墓葬形制及棺椁结构

（一）墓葬形制

郢城遗址周边发掘的西汉墓葬，墓葬形制以竖穴土坑墓为主。墓坑内填土大多为黄色、褐色、红色等土层相互混合的五花土，少数较大型的墓葬墓坑下部或墓道内填青灰泥和青膏泥（亦有可能为棺、椁木长期被水浸泡感染而形成）。墓坑内填土大多经过夯打，夯层、夯窝不明显。目前郢城周边发掘的大部分西汉墓未见封土堆，仅凤凰山墓地、印台墓地等少量墓葬残存封土堆。根据墓道的有无，将郢城遗址周边的西汉墓葬分为有墓道墓葬和无墓道墓葬两类。

1. 有墓道墓葬

根据墓道位置和尺寸不同，可将有墓道墓葬分为"甲"字形、刀形、"凸"字形等不同形制。

"甲"字形墓墓道为长斜坡状，位于墓坑一侧的正中。墓道多长于墓坑，少数与墓坑长度相等，宽度均小于墓坑宽度。墓口长3.5~6.2、宽2~4.8米，墓底长3.3~5.4、宽1.9~3.8米，深1.4~8.4米。椁室多有3个或4个箱室，箱室之间设有门窗及隔板。多数为单棺，少数为重棺。此类墓葬随葬器物较为丰富，早期墓葬出土铜礼器，铜、陶、漆木器等组成的成套日用器，俑、马、牛、车、船等木模型明器，仓、灶等陶模型明器。漆木器制作精美，器类有盒、盘、壶、卮、盂、樽、奁、耳杯等。晚期墓葬铜器以生活用器为主，另出土陶、漆木器等组成的成套日用器（漆木器多已腐朽），仓、灶、井等陶模型明器。此类墓葬较典型的有凤凰山M168、高台M2、谢家桥M1、西胡家台M24、碾子草场M29等。

刀形墓墓道位于墓坑一侧的一端。墓道较短，短于墓坑，宽度较窄。墓口长3.5~5.6、宽1.7~4.9米，墓底长3.4~5.2、宽1.6~3.2米，深0.5~1.7米。椁室多有3个箱室，一般为单棺或双棺（夫妻合葬墓）。此类墓葬出土成套陶或釉陶日用器，仓、灶、井等陶模型明器，另有少量铜生活用器。此类墓葬较典型的有西胡家台M18、王氏堰

---

① 荆州博物馆：《荆州郢城遗址——考古调查、勘探与试掘》，科学出版社，2021年。

M256、三步二道桥 M8 等。

"凸"字形墓墓道位于墓坑一侧的正中，部分呈不规则状。墓道较短，短于墓坑，宽度多小于墓坑宽度，少数与墓坑宽度基本相等，墓口长 4.6~6.08、宽 3.74~4.8 米，墓底长 4.4~5.6、宽 3.2~4.6 米，深 1.28~4.9 米。椁室多有 2 个或 3 个箱室，多数为单棺，少数为双棺（夫妻合葬墓）或多棺。此类墓葬出土成套陶日用器，仓、灶、井等陶模型明器及少量铜生活用器，另出土少量漆木器。漆木器制作精美，器类有盒、盘、壶、卮、盂、樽、奁、耳杯等。晚期墓葬铜器主要以生活用器为主，另出土陶、漆木器等组成的成套日用器（漆木器多已腐朽）和仓、灶、井等陶模型明器。此类墓葬较典型的有西胡家台 M22、三步二道桥 M3、八癫子草场 M20 等。

2. 无墓道墓葬

根据墓葬墓坑大小，无墓道墓葬可分为宽坑墓和窄坑墓两类。

宽坑墓墓坑宽大。墓口长 5~7.7、宽 3.5~5.7 米，墓底长 4.5~6.5、宽 3~4.5 米，深 2.7~8.4 米。椁室多有 3 个或 4 个箱室，箱室之间设有门窗及隔板，多数为单棺，少数为重棺，较晚期的墓葬为双棺（夫妻合葬墓）。随葬器物丰富，出土铜礼器，铜、陶、漆木器等组成的成套日用器，俑、马、牛、车、船等木模型明器，仓、灶等陶模型明器；漆木器制作精美，器类有盒、盘、壶、卮、盂、樽、奁、耳杯等。此类墓葬较典型的有胡家草场 M12、凤凰地 M24、枕头台子 M18、松柏 M1、印台 M160、高台 M28 等。

窄坑墓墓坑较窄。墓口长 2.7~3.6、宽 1.1~1.9 米，墓底长 2.6~3.5、宽 1~1.8 米，深 0.5~2.6 米。多数墓葬没有椁室，仅在靠棺的一侧留出空隙放置随葬器物。部分仅有头箱和棺室，少数有 3 个箱室。随葬器物种类及数量较少，一般随葬陶日用器和模型明器，少数墓葬随葬少量小件铜器和漆木器。此类墓葬较典型的有高台 M24、糍粑草场 M17、枕头台子 M12、王氏堰 M49、胡家草场 M14、小草场 M16 等。

（二）棺椁结构

根据目前已有的发掘资料，荆州郢城遗址周边西汉墓可以分为有椁墓、砖室墓、无椁墓三大类。

1. 有椁墓

有椁室的西汉墓又可以分为木椁墓和砖木混合结构墓两大类。

木椁墓由地面向下开挖墓坑，根据墓坑大小，用已经打造好的木材在竖穴土坑中垒筑长方形或正方形墓室，然后将木棺和随葬器物放入其中，并用木材封盖。木椁墓占荆州地区西汉墓葬的 90% 以上。大多数墓葬木椁保存较差，仅存痕迹。部分墓葬木椁保存较好，结构清楚，根据木椁的组成部分不同，可分为 2 型。

A 型　棺室位于椁室一侧，依据棺室与其他空间的组合，可分 4 亚型。

Aa 型　椁室由隔梁分为棺室和头箱两部分。如胡家草场 M18、田家院子 M1、小草场

M16、印台 M160、岳山 M15 等。印台 M160 椁室内用一根横向隔梁将椁室分为棺室和头箱，头箱在西，棺室在东（图 2）。

Ab 型　椁室由隔梁分为棺室和边箱两部分。此类椁室在郢城遗址周边发掘的西汉墓葬中较为少见，如高台 M1、M16、M17、M18 等。高台 M18 椁室内用一根纵向隔梁将椁室分为棺室和边箱，边箱在东，棺室在西（图 3）。

Ac 型　椁室由隔梁分为棺室、头箱（或足箱）、边箱三部分。如凤凰山 M168、松柏 M1、枕头台子 M18、胡家草场 M16、印台 M130、高台 M6、王氏堰 M256、西胡家台 M20、张家山 M247 等。枕头台子 M18 椁室内用一根纵向隔梁及一根横向隔梁将椁室分为棺室、足箱和边箱，边箱在东，足箱在南，棺室在西（图 4）。

Ad 型　椁室由隔梁分为棺室、头箱、边箱、足箱四部分。如高台 M2、擂鼓台 M29、胡家草场 M12 等。胡家草场 M12 椁室内用一根纵向隔梁及两根横向隔梁隔出头箱、边箱、足箱和棺室，头箱在北，边箱在西，足箱在南，棺室在东（图 5）。

B 型　棺室位于椁室中间，依据棺室与其他空间的组合，可分 2 亚型。

Ba 型　椁室由隔梁分为棺室、头箱、足箱和左、右边箱五部分。如谢家桥 M1、高台 M5 等。谢家桥 M1 椁室内用两根纵向隔梁及两根横向隔梁隔出头箱、左右边箱、足箱和棺室，头箱在北，边箱在东西两侧，足箱在南，棺室在中间（图 6）。

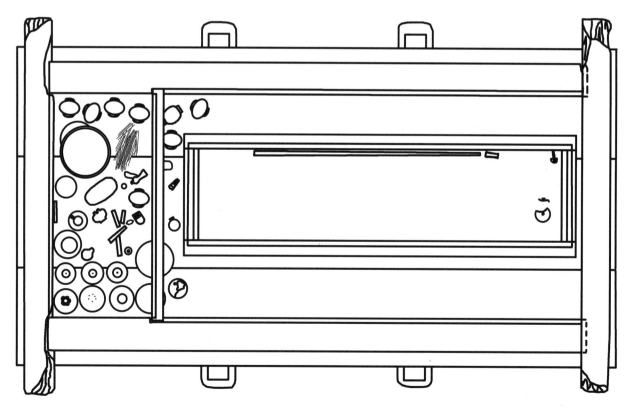

图 2　Aa 型椁室平面图（印台 M160）

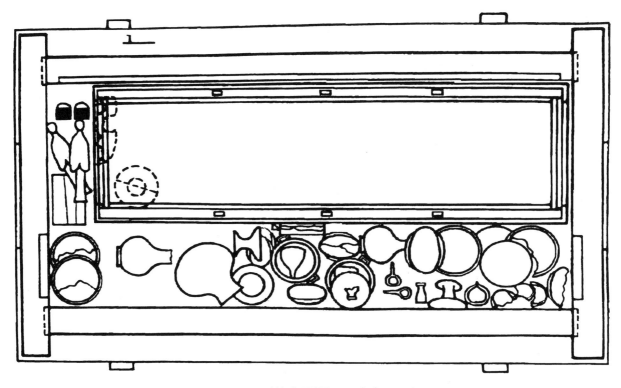

图 3　Ab 型椁室平面图（高台 M18）

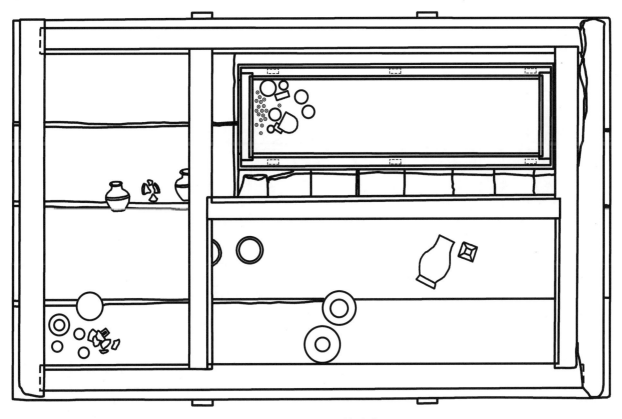

图 4　Ac 型椁室平面图（枕头台子 M18）

图 5   Ad 型椁室平面图（胡家草场 M12）

图 6   Ba 型椁室平面图（谢家桥 M1）

Bb 型 椁室由隔梁分为棺室、头箱及左、右边箱四部分。此种类型的椁室较少，目前仅在荆州高台墓地有发现。高台 M33 用两根纵向隔梁及一根横向隔梁隔出头箱、左右边箱和棺室，头箱在北，边箱分置东西，棺室在中间（图7）。

砖木混合结构墓在长方形竖穴土坑墓坑的底部先用木材垒筑木椁，再围绕木椁用青砖砌一层砖椁。少数墓葬用青砖铺设棺床或仅用青砖砌几道棺垫。砖木混合结构墓在郢城遗址周边发现较多，三步二道桥墓地、杉树林墓地、八癞子草场墓地、碾子草场墓地、王氏堰墓地、黄家台墓地、陈家台墓地等均有发现。王氏堰 M238，木椁四周及顶部另用青砖砌一层砖椁，四周为单青砖对缝侧砌，顶部为单青砖顺缝平铺，木椁已朽，仅存痕迹。八癞子草场 M20 外为砖椁，内为木椁。砖椁位于木椁外侧，四周用单青砖对缝侧砌，顶部为双层青砖一顺一丁对缝平砌而成。木椁平面呈长方形，由盖板、墙板、挡板、底板组成。椁室由一根纵向隔梁隔出边箱和棺室，棺室内置两具木棺（图8）。

2. 砖室墓

以小砖砌筑墓室，然后放入木棺和随葬器物，最后用小砖封门。少数墓葬用空心砖封门或用空心砖作立柱后，再用小砖封门。砖室墓在郢城遗址周边发现较少，仅在朱家草场墓地、汪家草场墓地等处发现有此类墓葬形制。朱家草场 M29，墓葬由南至北依次为墓道、封门、墓门、墓室。墓门位于封门砖墙之后，遭填土及砖室券顶挤压局部已破碎坍塌至砖室内，经复原，墓门原由三根立柱和两扇门组成，均由大型空心砖砌筑。空心砖四面均用印模模印纹饰，纹饰图案有长条菱形套纹、常青树纹、麟趾纹、同心圆乳丁纹、持戟门吏（图9、10）。

3. 无椁墓

仅随葬一具单棺，在靠棺的一侧留出空间放置随葬器物。无椁墓在郢城遗址周边发现较多，高台、岳山、糍粑草场、王氏堰、胡家草场、小草场、印台等墓地均有发现。王氏堰 M49，墓坑较窄，单棺位于墓坑底东端，随葬器物放置于棺痕外西部（图11）。

三 随葬器物

荆州郢城遗址周边西汉墓葬出土的随葬器物十分丰富，按质地可分为陶器、铜器、铁器、漆木器、竹器、玉石器等，少数墓葬还出土有丝织品和简牍。陶器常见器类有鼎、盒、壶、盘、匜、勺、瓮、罐、釜、盂、甑、豆、熏炉、仓、灶、井等，铜器常见器类有鼎、鍪、蒜头壶、钫、镳壶、盘、盆、锅、匜、勺、匕、甑、甗、镜、带钩、铜钱等，铁器常见器类有剑、雷、镰、斧等，漆木器常见器类有耳杯、圆盘、盒、圆壶、扁壶、盂、卮、樽、匕、勺、几、案、方平盘、圆奁、椭圆奁、梳、篦、六博盘、俑、牛、马、狗、船、车等，竹器常见器类有笥、篓、筒、算筹、席等，玉石器主要为璧、剑璲、剑珌、玛瑙器、石砚等。出土随葬器物中以陶器最具时代特征，陶器依据胎质分为泥质陶、印纹硬陶和釉陶三大类。泥质陶数量最多，印纹硬陶次之，釉陶最少。下面将常见且时代特征明显的器类按照其功用进行比较分析。

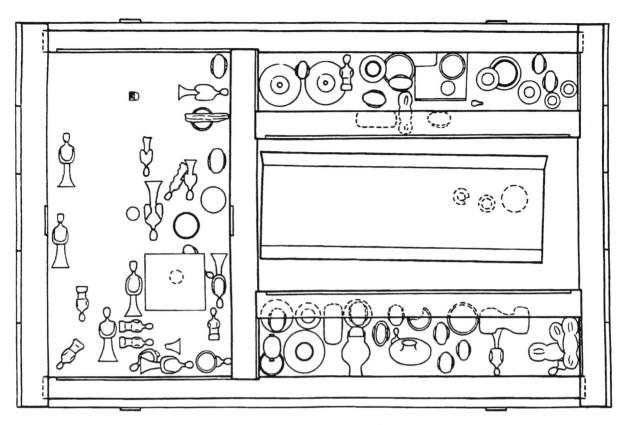

图 7   Bb 型椁室平面图（高台 M33）

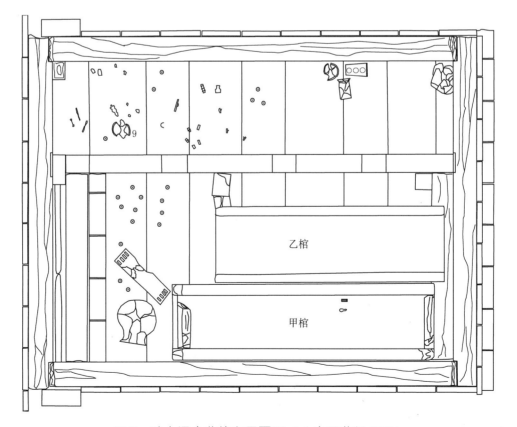

图 8   砖木混合墓椁室平面图（八癞子草场 M20）

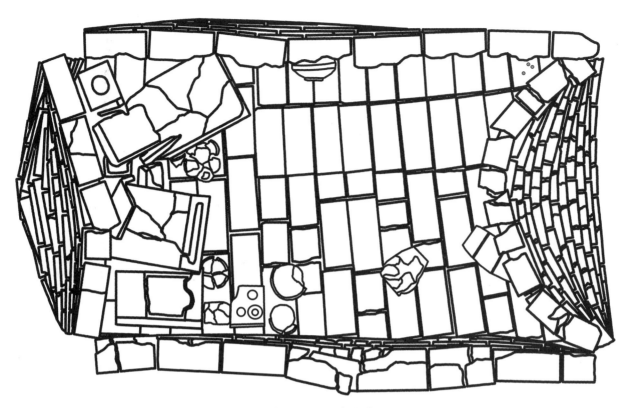

图 9 砖室墓平面图（朱家草场 M29）

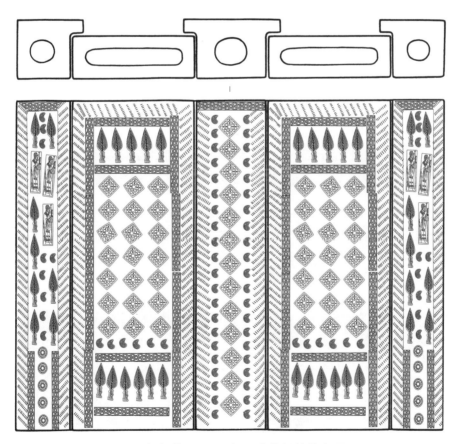

图 10 朱家草场 M29 空心砖墓门结构复原图

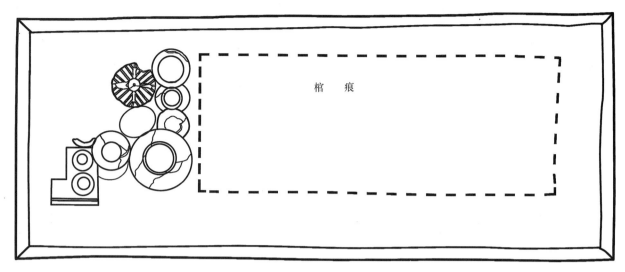

图 11   无椁墓平面图（王氏堰 M49）

（一）仿铜陶礼器

1. 鼎

根据腹部及足部形态的不同，可分 2 型。

A 型   深腹圜底鼎。敛口，鼎腹较深，根据足、耳的变化，可分 2 亚型。

Aa 型   高蹄足。高台 M1∶20，夹细砂泥质灰陶。子口承盖，盖为弧形顶，盖顶外圈饰三个对称兽纽。鼎身为内折敛口，方唇，对称方形附耳微外侈。上腹壁较直，下腹圆弧，圜底，高细蹄足微外撇，足中部横断面呈半圆形。腹中部饰凹弦纹一周，足外侧有削割痕，足根部饰兽面纹。口径 14.8、腹径 18.8、通高 21.6 厘米（图 12∶1）。

Ab 型   矮蹄足。根据足、耳、腹部的变化，可分 2 式。

Ⅰ式   矮蹄足略外撇，足面较平，方耳略外侈，上腹微束，最大腹径在上腹部。如高台 M17∶6（图 12∶2）、胡家草场 M4∶18、胡家草场 M16∶7（图 12∶3）等。胡家草场 M4∶18，泥质灰陶。子口承盖，盖为弧形顶。鼎身为内折敛口，折沿，方唇，对称方附立耳外侈，扁圆腹，上腹微束，中腹微折，下腹弧收，圜底，三矮粗蹄形足，足中部横截面呈半圆形。器外壁通体髹深赭色漆，用朱红、黄色彩绘纹饰，器内壁未髹漆。口径 17.1、腹径 19.8、通高 18 厘米（图 12∶4）。

Ⅱ式   矮蹄足外撇，足面不平，方耳外侈或外折，中腹微折，最大腹径在中腹部。如糍粑草场 M26∶16（图 12∶6）、松柏 M1∶17、王氏堰 M70∶3、王氏堰 M256∶16（图 12∶5）等。松柏 M1∶17，泥质红褐陶。子口承盖，盖为弧形顶，盖面饰凸弦纹两周，三纽已残缺。鼎身敛口，内折沿，尖圆唇，沿面略凹，对称方耳外侈，粗矮蹄足，横断面呈内平外弧的半圆形。器内、外壁均施黑衣，大多已脱落。口径 18、腹径 19.2、通高 15.6 厘米（图 12∶7）。

B 型   浅腹圜底鼎。敛口，鼎腹较浅，矮蹄足。根据足、耳、腹部的变化，可分 2 式。

Ⅰ式　矮蹄足略内敛，足面不平，环耳或方耳外撇，最大腹径在上腹部。三步二道桥 M7：5，口径 15.9、残高 7.1 厘米（图 12：8）。

Ⅱ式　矮蹄足内敛较甚，足面不平，小方耳外撇，中腹微折，最大腹径在中腹部。如 糍粑草场 M29：9、汪家草场 M2：3 等。汪家草场 M2：3，口径 13.8、腹径 16.6、高 15.2 厘 米（图 12：9）。

2. 盒

根据器盖和器身形态不同，可分 2 型。

A 型　器盖和器底均有圈足。根据器身的变化，可分 3 式。

Ⅰ式　器盖较浅。器身敛口，深弧腹，矮圈足，盖高小于身高。如岳山 M15：20 （图 13：1）、高台 M1：8 等。高台 M1：8，泥质灰陶。器盖为直口弧壁，盖壁上饰凹弦纹两 周，盖顶有与器身之圈足相同的矮圈足。器身敛口，内折沿，圆唇，深腹，圜底，矮圈 足。腹部饰凹弦纹四周。盖的高度是身高的三分之一。口径 14.4、腹最大径 16.8、通高

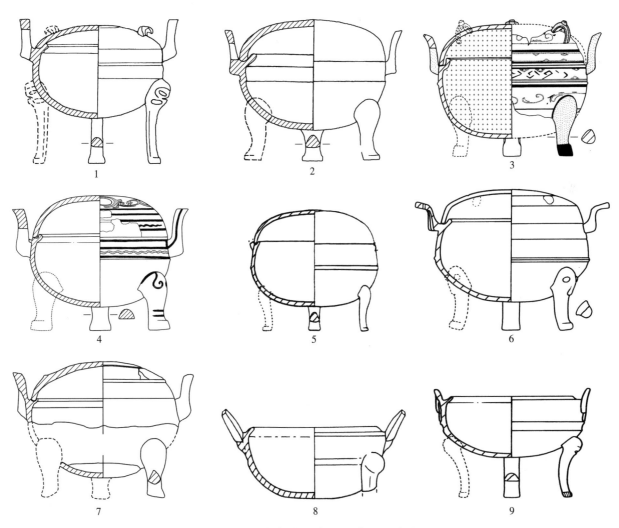

图 12　郢城遗址周边西汉墓出土陶鼎

1. Aa 型（高台 M1：20）　2~4. Ab 型Ⅰ式（高台 M17：6、胡家草场 M16：7、胡家草场 M4：18）　5~7. Ab 型Ⅱ式（王氏堰 M256：16、糍粑草场 M26：16、松柏 M1：17）　8. B 型Ⅰ式（三步二道桥 M7：5）　9. B 型Ⅱ式（汪家草场 M2：3）

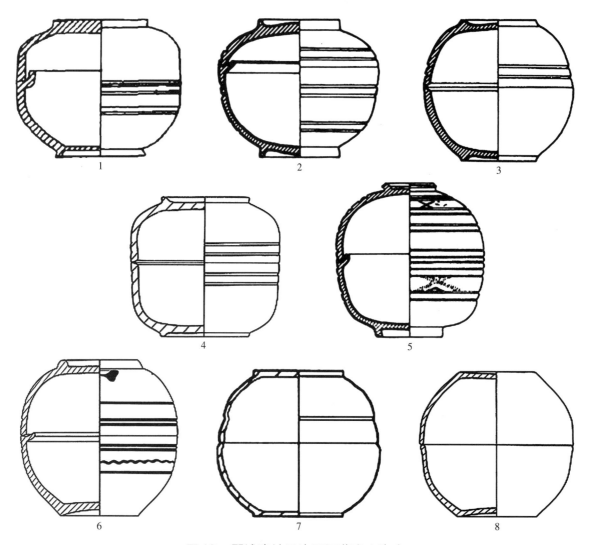

图 13　郢城遗址周边西汉墓出土陶盒

1、2. A 型 I 式（岳山 M15:20、高台 M1:8）　3、5. A 型 II 式（高台 M16:2、高台 M18:13）　4、7. A 型 III 式（王氏堰
M138:13、和悦 M1:8）　6. B 型 I 式（胡家草场 M4:6）　8. B 型 II 式（胡家草场 M17:11）

14 厘米（图 13:2）。

　　II 式　器盖较深，器身敛口，深鼓腹，圈足较高，盖高与身高基本相同。如高台 M16:2
（图 13:3）、高台 M18:13 等。高台 M18:13，泥质灰陶。器表施黑色漆衣为地，用朱、黄
二色彩绘双线菱形纹，双线之间填以细密的篦点纹，出土时彩绘纹饰大多已脱落。盖直
口，圆弧壁，顶端近平，顶部中间有一矮圈足。盒由身与盖作子母口扣合而成。器身敛
口，圆唇，沿微折并向上，深腹，腹壁斜直，底近平，小圈足。盖与身的外壁各饰凹弦纹
五周。盒身与盖形制、高度相近。口径 14.4、腹径 16.4、通高 17.2 厘米（图 13:5）。

　　III 式　器盖较深，器身敞口，弧腹，矮圈足，盖与身形制基本相同，如两个碗相扣
合。如王氏堰 M138:13（图 13:4）、和悦 M1:8 等。和悦 M1:8，泥质灰陶。盖直口，弧
壁，外壁饰凹弦纹一周，顶部中间有一矮圈足。器身扁圆，敛口，弧腹，底近平，矮圈
足。盒身与盖身高度相近。口径 9.6、腹径 17.2、通高 14.2 厘米（图 13:7）。

B 型　器盖有圈足或无圈足，器底无圈足。根据器身的变化，可分 2 式。

Ⅰ式　器盖较深，器身敛口，深鼓腹，平底内凹，盖高略小于身高。胡家草场 M4：6，泥质灰陶。整器呈扁圆形，由盖、身作子母口扣合而成。盒盖为直口弧壁，盖顶饰矮圈足。盒身作子口内敛，上腹较直，下腹弧收，平底内凹。器外壁通体髹深赭色漆，用朱红和黄色彩绘纹饰，大多已脱落。盖与身外壁上各饰凹弦纹三周，内填朱红色。盖顶圈足内、外各朱绘窄带纹一周，将盖顶分为内、外两个纹饰区，内圈饰黄色对称的凤鸟卷云纹，局部已脱落；外圈饰对称的 S 形卷云纹，并点缀长椭圆点状纹，大多已脱落。盒身纹饰脱落严重，仅存朱红色波折纹一周。口径 19.3、底径 9.5、通高 15.4 厘米（图 13：6）。

Ⅱ式　器盖较深，器身敞口，盖口部和器身口部均较直，深弧腹，下腹弧收成平底，盖与身形制相同。胡家草场 M17：11，泥质灰陶。整器呈扁圆形，由盖、身扣合而成。盒身和盒盖形制基本相同，大小一致。敛口，弧腹，最大径在腹中部，平底内凹，如同两个碗对扣而成。口径 16.8、底径 8.2、通高 15.8 厘米（图 13：8）。

3. 壶

根据口沿和足部形态不同，可分 3 型。

A 型　口沿和圈足均为喇叭状。根据颈部、腹部、圈足的变化，可分 2 式。

Ⅰ式　器体瘦高，长束颈，圆鼓腹，高圈足。如高台 M1：29（图 14：1）、高台 M18：16 等。高台 M18：16，泥质灰陶。外施黑衣，有彩绘，大多已脱落，仅肩、腹部残存部分用朱、黄二色绘制的三角菱形纹。盖呈弧形顶，子口，盖顶外圈饰三枚对称的鼻形小纽。器身口残，长颈微束，溜肩，圆鼓腹，腹最大径偏下，底微内凹，高圈足微外撇。腹径 19.6、残高 28 厘米（图 14：2）。

Ⅱ式　器体稍胖，束颈粗短，圆腹，矮圈足。西胡家台 M24：1，泥质灰陶。平沿，短束颈，圆鼓腹呈球状，最大径在腹中部，圜底，喇叭状圈足。口部和圈足各饰凸弦纹一周，腹部饰凹弦纹五周，腹中部饰有两个对称的兽面铺首衔纽。口径 13、腹径 30、高 36.8 厘米（图 14：3）。

B 型　盘口，圈足为喇叭状。根据器身颈部、腹部、圈足的变化，可分 3 式。

Ⅰ式　盘口较深，束颈较长，鼓腹，圈足较高。胡家草场 M17：22，泥质灰陶。盘口，平沿，长束颈，圆鼓腹，喇叭状圈足。颈、腹部饰凹弦纹三组六周，下腹部饰斜向粗绳纹。腹中部饰有两个对称的兽面铺首衔纽。口径 15.4、腹径 28.6、底径 15.1、高 38.6 厘米（图 14：7）。

Ⅱ式　盘口较深，束颈较长，鼓腹，矮圈足。如糍粑草场 M26：12、三步二道桥 M7：1（图 14：4）、朱家草场 M29：8 等。朱家草场 M29：8，泥质灰陶。折沿，沿面略斜，长束颈，圆鼓腹，喇叭状矮圈足。上腹部饰凹弦纹三组五周，下腹部满饰粗绳纹。口径 17.8、腹径 32.2、高 32.6 厘米（图 14：9）。

Ⅲ式　盘口较浅，束颈较短，圆鼓腹，矮圈足，肩部饰两对称半圆耳。陈家台

图 14 郢城遗址周边西汉墓出土陶壶

1、2. A 型 I 式（高台 M1：29、高台 M18：16）   3. A 型 II 式（西胡家台 M24：1）   4、9. B 型 II 式（三步二道桥
M7：1、朱家草场 M29：8）   5. C 型 I 式（王氏堰 M256：1）   6. C 型 II 式（三步二道桥 M6：17）   7. B 型 I 式
（胡家草场 M17：22）   8. B 型 III 式（陈家台 M14：5）

M14：5，泥质灰陶。平沿，沿面略斜，短束颈，圆鼓腹，喇叭状矮圈足。肩、腹部饰有凹
弦纹三组五周，下腹部满饰粗绳纹。口径 16.8、腹径 29.8、高 32.4 厘米（图 14：8）。

C 型   釉陶或硬陶，口沿为盘口或喇叭状，平底或喇叭状矮圈足。根据器身颈部、腹
部、圈足的变化，可分 2 式。

I 式   喇叭口，束颈较长，肩部多饰两对称半圆耳，平底或喇叭状矮圈足。王氏堰
M256：1，夹细砂泥胎，外壁施青灰釉，大部分釉已经脱落。喇叭口，尖圆唇，束颈，溜
肩，圆鼓腹，矮圈足。肩部饰对称的桥形双耳，耳上饰叶脉纹，肩部饰凹弦纹一周。口径
5.6、腹径 12.4、底径 7.4、高 13.2 厘米（图 14：5）。

II 式　盘口或喇叭口，束颈较短，深弧腹，肩部多饰两对称半圆耳，平底。如西胡家台 M27:6、三步二道桥 M6:17 等。三步二道桥 M6:17，泥质灰褐胎，肩至上腹部施青黄釉，局部有流釉现象。束颈，溜肩，弧腹，平底，矮圈足。口至颈部饰水波纹两道，肩部附有两个对称桥形耳。口径 9.8、腹径 20.2、高 24 厘米（图 14:6）。

荆州郢城遗址周边西汉墓出土的陶鼎演变规律为整体形制由大变小，鼎腹由深变浅，鼎耳由方耳变为环耳，三蹄足由细高变为粗矮、由外撇变为内敛。陶盒的演变规律为整体形制由矮胖变为瘦高，器盖与器身由矮逐渐变高，器盖与器身口沿由敛口变为敞口，器盖壁与身壁由弧壁变为近口沿处较直，圈足由高逐渐演变为无圈足，西汉晚期该器形已不见。陶壶的演变规律为整体形制由瘦高变为矮胖，束颈由细长变为短粗，腹部由圆鼓腹变为深弧腹，圈足由高变低，直至平底无圈足。西汉早期陶壶陶质均为泥质，西汉中晚期陶质逐渐变为硬陶或釉陶。

（二）陶生活用器

1. 小口瓮

根据肩部的形态变化，可分 2 型。

A 型　圆广肩型。根据颈部、腹部的变化，可分 2 式。

I 式　敞口，卷沿或平沿，短束颈，圆广肩，鼓腹，下腹斜收，平底。肩、腹部多饰间断绳纹。岳山 M23:6，泥质灰陶。敞口，卷沿，束颈，鼓腹，下腹斜收，平底。口径 16、腹径 38、高 36 厘米（图 15:1）。

II 式　敞口，卷沿或平沿，束颈较长，圆广肩，鼓腹，中腹微折，平底或平底微凹。肩、腹部多饰暗划纹。如高台 M2:229（图 15:2）、胡家草场 M12:76、谢家桥 M1 北室:45、胡家草场 M4:4（图 15:3）等。胡家草场 M12:76，泥质灰陶。小敞口，折沿，方唇，沿面略斜，束颈略长，圆肩，中腹双折，下腹斜收，平底。肩、腹部饰有暗划纹，肩部用凹弦纹两周将其分为上、中、下三个区域，上部纹饰为竖向水波纹一周，中部纹饰为横向 S 形卷云纹一周，下部纹饰为横向菱形纹及"8"字纹一周。中腹部饰网格状暗纹一周，下腹部饰竖向细绳纹。口径 12.6、腹径 31.2、底径 13.7、高 27.8 厘米（图 15:4）。

B 型　圆溜肩型。根据颈部、腹部的变化，可分 2 式。

I 式　敞口，平折沿，束颈略粗，圆溜肩，鼓腹，下腹斜收，小平底。如凤凰山 M168:276、印台 M159:1（图 15:5）。凤凰山 M168:276，泥质灰陶。敞口微敛，短束颈，溜肩，下腹斜收，小平底。腹中部压印菱形纹一周，其下有绳纹残迹。口径 8.8、底径 10.5、高 19.5 厘米（图 15:6）。

II 式　敞口，平折沿，长束颈略粗，圆溜肩，鼓腹，下腹斜收，平底略大。如松柏 M1:2、胡家草场 M13:1（图 15:7）、高台 M11:3（图 15:8）等。松柏 M1:2，泥质灰陶。敞口，折沿，方唇，长束颈，圆肩，圆鼓腹，下腹斜收，平底。肩部饰竖向水波纹和横向

图 15　郢城遗址周边西汉墓出土陶小口瓮

1. A 型 I 式（岳山 M23：6）　　2～4. A 型 II 式（高台 M2：229、胡家草场 M4：4、胡家草场 M12：76）　　5、6. B 型 I 式
（印台 M159：1、凤凰山 M168：276）　　7～9. B 型 II 式（胡家草场 M13：1、高台 M11：3、松柏 M1：2）

S 形卷云纹，中腹部饰绳索状暗纹和网格状暗划纹，下腹部饰平行线条。口径 13.4、底径
15.6、高 29 厘米（图 15：9）。

　　2. 盂

　　根据口沿、腹部及底部的变化，可分 4 式。

　　I 式　敞口，折沿，折腹，上腹略斜，下腹弧收，小平底微凹。如三步二道桥 M6：27
（图 16：1）、谢家桥 M1 西室：37。谢家桥 M1 西室：37，泥质灰褐陶。口微敞，折沿，沿面
较窄略下斜，上腹略斜，下腹弧收，小平底微凹。上腹部饰凸棱纹三周。口径 16.4、底径
5.8、高 6.4 厘米（图 16：2）。

　　II 式　敞口，平沿，折腹，上腹较直，下腹弧收，平底或平底微凹。如凤凰山 M168：301
（图 16：4）、枕头台子 M18：4（图 16：5）、胡家草场 M12：36、岳山 M28：3（图 16：12）。胡
家草场 M12：36，泥质灰陶。内、外壁均施黑衣，大多已脱落。敞口，平沿，圆唇，沿面

略宽，腹较深，上腹较直，下腹弧收，平底。上腹部饰凸棱纹两周，中腹部饰绳索纹一周。口径 25.6、底径 7.6、高 12.4 厘米（图 16：11）。

Ⅲ式　敞口，平沿或折沿，折腹，上腹较直，下腹斜收，平底或平底微凹。如胡家草场 M17：4、高台 M46：6（图 16：3）、高台 M33：66（图 16：10）等。胡家草场 M17：4，泥质灰陶。敞口，平沿，圆唇，腹部较深，上腹较直，下腹弧收，平底。口径 14.5、底径 3.9、高 5.4 厘米（图 16：6）。

Ⅳ式　敞口，平沿或折沿，弧收腹，平底或平底微凹。如朱家草场 M29：6、八癞子草场 M20：5（图 16：7）、三步二道桥 M8：16（图 16：8）。朱家草场 M29：6，泥质灰陶。敞口，圆唇，折沿，沿面略斜，下腹弧收，平底。口径 14.2、底径 3.4、高 10.4 厘米（图 16：9）。

3. 圜底罐

根据颈部、腹部的变化，可分 2 型。

A型　根据颈部、腹部的细微变化，可分 2 式。

Ⅰ式　束颈，圆溜肩，鼓腹，圜底或圜底内凹。如凤凰山 M168：298（图 17：1）、高台 M18：2、胡家草场 M16：1（图 17：2）、王氏堰 M20：1（图 17：3）、高台 M1：24（图 17：5）、王氏堰 M35：2、枕头台子 M18：8、田家院子 M4：3（图 17：6）、胡家草场 M8：1

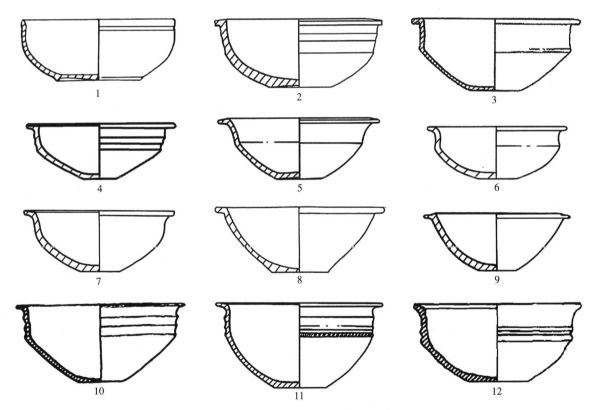

图 16　郢城遗址周边西汉墓出土陶盂

1、2. Ⅰ式（三步二道桥 M6：27、谢家桥 M1 西室：37）　3、6、10. Ⅲ式（高台 M46：6、胡家草场 M17：4、高台 M33：66）
4、5、11、12. Ⅱ式（凤凰山 M168：301、枕头台子 M18：4、胡家草场 M12：36、岳山 M28：3）　7～9. Ⅳ式（八癞子草场 M20：5、三步二道桥 M8：16、朱家草场 M29：6）

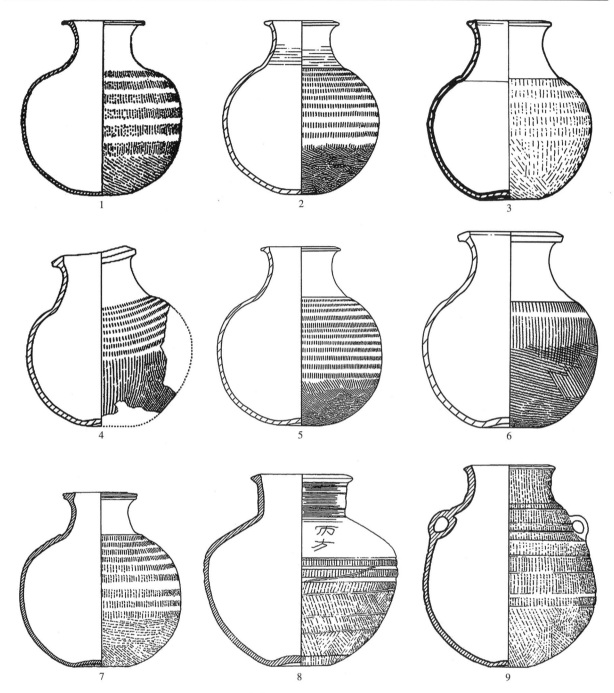

图 17　郢城遗址周边西汉墓出土陶圜底罐

1～7. A 型 I 式（凤凰山 M168∶298、胡家草场 M16∶1、王氏堰 M20∶1、胡家草场 M8∶1、高台 M1∶24、田家院子 M4∶3、
高台 M18∶2）　8. A 型 Ⅱ式（高台 M28∶120）　9. B 型（高台 M28∶59）

（图 17∶4）等。高台 M18∶2，泥质灰陶。外折沿，沿面较宽略向下斜，短束颈，圆溜肩，圆鼓腹，颈与肩相交处微折，圜底内凹。中腹部至肩部饰九段竖向分段绳纹，下腹部至底部饰斜向粗绳纹。口径 9.6、腹最大径 21.8、高 21.8 厘米（图 17∶7）。

Ⅱ式　粗直颈，斜广肩，圆弧腹，圜底内凹。高台 M28∶120，泥质灰陶。口微侈，折沿，沿面窄而斜，短粗颈较直，斜广肩，圆弧腹，圜底近平，内凹。颈部饰四组平行凹弦纹，腹部饰五段竖向宽窄不一的分段绳纹，底部饰篮纹。口径 16.4、腹径 31、高 29.6 厘米（图17:8）。

B型 粗束颈，斜肩，弧腹，圜底近平，肩、腹相交处有两个对称的环形耳。高台M28:59，泥质灰陶。侈口，束颈较粗，斜肩，长弧腹，圜底近平，微内凹。肩、腹相交处有两个对称的环形耳。颈部饰纵向绳纹，肩部至中腹部饰八段竖向分段绳纹，下腹部至底部饰斜向粗绳纹和篮纹。口径14.4、腹径27.2、高29.6厘米（图17:9）。

4. 高领罐

根据口沿、颈部及腹部的变化，可分2型。

A型 敛口，束颈较长，双折腹。根据肩部的变化，可分2式。

Ⅰ式 圆广肩，上腹双折，下腹斜收，平底或平底内凹。如胡家草场M18:12（图18:1）、谢家桥M1北室:56、张家山M247:43等。谢家桥M1北室:56，泥质灰褐陶。有盖，弧壁，子口，盖顶有一柱状圆形抓手。抓手内外壁施红彩，盖面用红、黑色彩绘几何形凤鸟纹。折沿，方唇，束颈，圆广肩，中腹双折且内凹，下腹斜收，平底内凹。颈、肩部以红彩带纹相隔，用红、黑、灰色勾勒几何形卷云状凤鸟纹，中腹部饰网格状暗划纹。口径11.5、底径9、通高23.5厘米（图18:2）。

Ⅱ式 圆溜肩，中腹双折，下腹弧收，平底或平底内凹。如胡家草场M8:12（图18:4）、胡家草场M4:22、凤凰地M24:33（图18:7）、印台M160:18（图18:8）、枕头台子M18:2（图18:9）等。胡家草场M4:22，泥质灰陶。有盖，盖为弧形顶，子口，盖顶中部有一圆形抓手。敞口，斜折沿，圆唇，束颈，溜肩，中腹双折，下腹弧收，平底内凹。肩部以凹弦纹一周将其分为上、下两部分，上部饰竖向水波状浅划纹一周，下部饰横向S形卷云状浅划纹一周，腹中部饰浅网格状浅划纹一周。口径9.4、腹径17.9、底径5.8、通高22.1厘米（图18:3）。

B型 敞口，束颈较短，中腹折转。斜溜肩，扁圆腹，下腹弧收，平底内凹。如三步二道桥M6:24（图18:5）、枕头台子M12:5等。枕头台子M12:5，敞口，折沿，沿面略下斜，束颈，溜肩，中腹折转，下腹弧收，平底内凹。下腹部饰斜向细绳纹。口径11.5、腹径19.2、底径7.6、高15.6厘米（图18:6）。

5. 矮领罐

根据腹部的变化，可分3式。

Ⅰ式 直口或口微敛，广肩，中腹双折或微内凹，下腹斜收，平底内凹。如胡家草场M4:17、谢家桥M1北室:44（图19:1）、凤凰地M24:44、高台M3:75等。胡家草场M4:17，泥质灰陶。外施黑衣，大多已脱落。盖为弧形顶，子口，盖顶中部有一圆形抓手。器身敞口，矮领，圆广肩，中腹双折，下腹斜收，平底内凹。肩部以一周凹弦纹将其分为上、下两部分，上部饰竖向水波状浅划纹一周，下部饰横向S形卷云状浅划纹一周，腹中部饰网格状浅划纹一周。口径11.6、腹径20.6、底径6.5、通高16.9厘米（图19:2）。

Ⅱ式 敛口，圆溜肩，中腹双折，下腹折收或斜收，平底内凹。如松柏M1:14、胡家草场 M17：10（图 19：3）、王氏堰 M75：4 等。松柏 M1：14，泥质灰陶。内、外壁施黑衣，多已脱落。有盖，弧壁，平顶略内凹。器身口微敞，尖圆唇，矮领，斜广肩，中腹双折，棱角分明，器腹较深，平底。下腹部饰横向绳纹。口径 10.8、底径 7.8、通高 13.8 厘米。

Ⅲ式　直口或敞口，圆溜肩，弧腹，下腹弧收，平底或平底内凹。如胡家草场 M14：8、张家屋台 M23：3（图 19：4）等。胡家草场 M14：8，泥质灰陶。敞口，矮领，圆溜肩，圆鼓腹，下腹弧收，平底内凹。口径 9.8、腹径 15.1、底径 5.8、高 8.9 厘米（图 19：5）。

6. 敛口罐

根据肩部、腹部的变化，可分 2 型。

图 18　郢城遗址周边西汉墓出土陶高领罐

1、2. A 型Ⅰ式（胡家草场 M18：12、谢家桥 M1 北室：56）　3、4、7~9. A 型Ⅱ式（胡家草场 M4：22、胡家草场 M8：12、凤凰地 M24：33、印台 M160：18、枕头台子 M18：2）　5、6. B 型（三步二道桥 M6：24、枕头台子 M12：5）

　　A型　敛口，矮领，圆溜肩，肩、腹转折分明，最大径在中腹部，下腹斜收，平底或平底微凹。如胡家草场 M17：5（图20：1）、八癞子草场 M10：4、三步二道桥 M7：4（图20：2）、王氏堰 M256：13、陈家台 M15：3、朱家草场 M29：9等。八癞子草场 M10：4，泥质灰陶。敛口，平沿，矮领，圆溜肩，斜弧腹，平底微内凹。腹部饰凸弦纹一周。口径11.2、腹径20.2、底径11.4、高15.4厘米（图20：3）。

　　B型　敛口，矮领，圆广肩或溜肩，肩、腹转折较分明，最大径在肩、腹相交处，下腹弧收，平底。如王氏堰 M138：16、张家屋台 M58：1（图20：4）、三步二

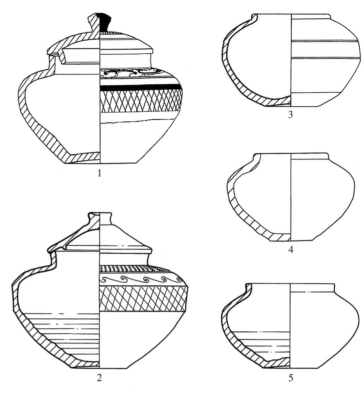

图19　郢城遗址周边西汉墓出土陶矮领罐
1、2. I 式（谢家桥 M1 北室：44、胡家草场 M4：17）　3. Ⅱ式（胡家草场 M17：10）　4、5. Ⅲ式（张家屋台 M23：3、胡家草场 M14：8）

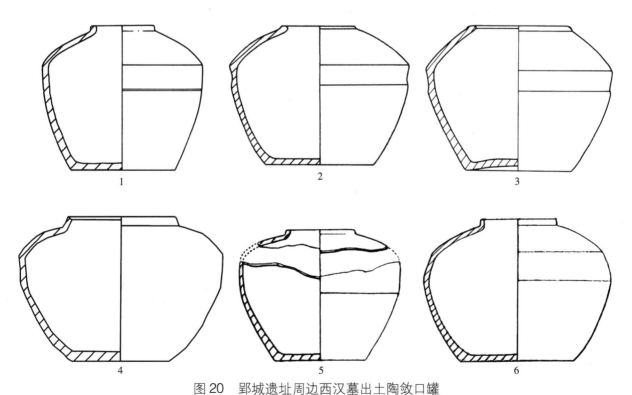

图20　郢城遗址周边西汉墓出土陶敛口罐
1~3. A型（胡家草场 M17：5、三步二道桥 M7：4、八癞子草场 M10：4）　4~6. B型（张家屋台 M58：1、王氏堰 M138：16、三步二道桥 M6：34）

道桥 M6:34（图20:6）等。王氏堰 M138:16，泥质灰陶。敛口，平沿，溜肩，折腹，最大径在肩、腹相交处，下腹弧收，平底。口径9.8、腹径23.2、底径13、高16.6厘米（图20:5）。

7. 硬陶罐

根据肩部的变化，可分2型。

A 型　圆溜肩型。根据颈部、腹部的变化，可分2式。

Ⅰ式　敞口，弧腹，平底。肩、腹部拍印方格纹。如高台 M27:7-3、三步二道桥 M8:9（图21:1）、王氏堰 M81:9（图21:7）。高台 M27:7-3，夹细砂泥质灰陶，陶质较硬。口微敞，矮领较直，溜肩，弧腹，平底。肩、腹部均饰方格纹。口径10.4、腹径16.8、底径9.6、高15.5厘米（图21:2）。

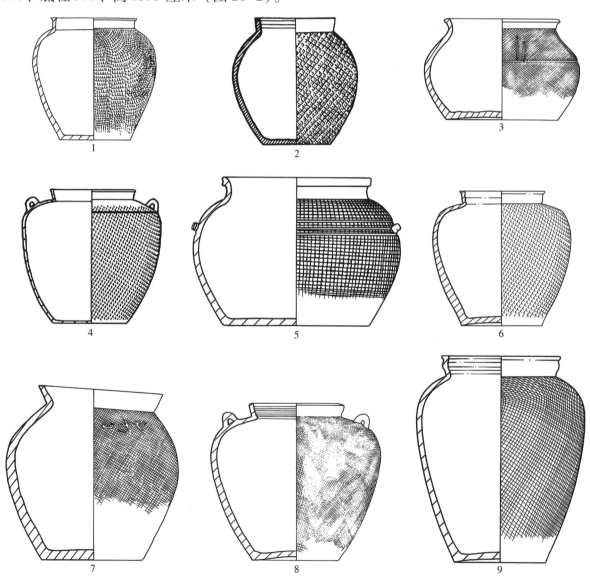

图21　郢城遗址周边西汉墓出土硬陶罐

1、2、7. A型Ⅰ式（三步二道桥 M8:9、高台 M27:7-3、王氏堰 M81:9）　3、5. A型Ⅱ式（王氏堰 M140:5、糍粑草场 M30:3）

4、6、8、9. B型（西胡家台 M22:12、胡家草场 M17:14、王氏堰 M184:6、陈家台 M14:14）

Ⅱ式　敞口，短束颈，弧腹，平底微内凹，肩、腹部拍印方格纹。如王氏堰 M140：5、糍粑草场 M30：3（图 21：5）、枕头台子 M17：8。王氏堰 M140：5，夹细砂泥质灰褐陶，陶质较硬。口微敞，卷沿，短束颈，圆溜肩，弧腹，平底内凹。中腹部饰凹弦纹一周，上、下腹部均饰方格纹。口径 16.4、腹径 24.3、底径 17.6、高 14.8 厘米（图 21：3）。

B 型　圆广肩型。敞口，下腹斜收，平底或平底微凹。肩、腹部拍印方格纹。少数肩部饰有对称的附耳。如胡家草场 M17：14、西胡家台 M22：12（图 21：4）、陈家台 M14：14（图 21：9）、王氏堰 M184：6（图 21：8）。胡家草场 M17：14，夹细砂泥质灰褐陶，火候高，陶质硬。口微敞，矮领，圆溜肩，弧腹，平底内凹。肩、腹部均饰方格纹。肩部饰凹弦纹一周。口径 9.8、腹径 15.8、底径 8.3、高 15.6 厘米（图 21：6）。

荆州郢城遗址周边西汉墓出土陶小口瓮的演变规律为整体形制由矮胖变为瘦高，束颈由短变长，由广肩变为溜肩，由小平底变为大平底，此类器形在西汉中期后已不见。陶盂的演变规律为整体形制由大变小，腹部由弧腹变为折腹再变为斜弧腹，底部由小变大再变小。圜底罐的演变规律为整体形制由大变小，由敞口变为盘口，束颈变短变粗，腹部变深。高领罐的演变规律为整体形制由大变小，束颈由细长变短粗，此类器形在西汉中期后已不见。矮领罐的演变规律为领口由高变矮，由广肩变为溜肩，器表纹饰由繁复变为素面，此类器形在西汉中期后已不见。敛口罐在西汉中期开始出现，延续至新莽及东汉时期，其演变规律为整体形制由大变小，广肩型和圆溜肩型同出。硬陶罐在西汉中期出现，延续至西汉晚期。

（三）陶模型明器

1. 仓

根据已发表的考古资料，荆州郢城遗址周边西汉墓出土的陶仓绝大多数为圆形仓，另有少量方形仓。根据陶仓形态不同，可分 3 型。

A 型　方形仓。盖平面呈长方形，四方顶隆起呈屋脊状，正面饰瓦楞纹。仓身口微敛，平沿，平面呈方形，上腹较直，下腹弧收，平底。上腹中部开一长方形仓门，平底。此型陶仓在目前郢城遗址周边的西汉墓葬发掘资料中发现较少，仅在胡家草场墓地 M14 出土一件。胡家草场 M14：6，盖长 34.6、宽 27.1 厘米，口长 26.2、宽 25.9 厘米，通高 32.2 厘米（图 22：1）。

B 型　深腹罐形仓。根据底部的变化，可分 3 亚型。

Ba 型　圈足仓。伞状盖，隆起较高。仓身直口，中腹微折，上腹部开一长方形仓门，平底高圈足。如谢家桥 M1 西室：35（图 22：2）、高台 M3：77、高台 M5：22 等。高台 M3：77，泥质灰陶。盖顶为尖圆形，围绕盖顶有放射状瓦楞共 4 组 24 道。瓦楞宽窄相同，长短不一。仓身筒形，直口微敛。腹中部饰凸棱两周，凸棱之上又饰绳索纹。上腹部正中开一长方形仓门。平底高圈足，口径 16.8、盖径 25.6、通高 27.4 厘米（图 22：3）。

Bb 型　平底仓。根据口部、腹部的变化，可分 2 式。

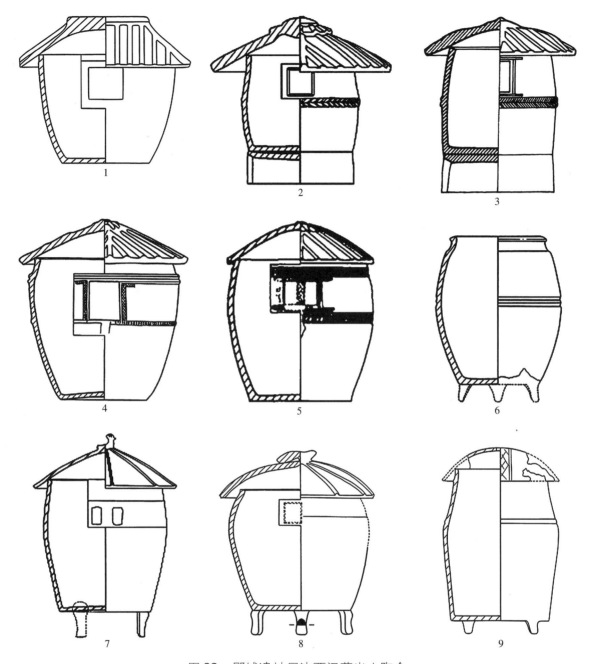

图 22 郢城遗址周边西汉墓出土陶仓

1. A 型（胡家草场 M14∶6）　 2、3. Ba 型（谢家桥 M1 西室∶35、高台 M3∶77）　 4. Bb 型 I 式（胡家草场 M12∶53）
5. Bb 型 II 式（松柏 M1∶20）　 6～9. Bc 型（朱家草场 M29∶2、王氏堰 M256∶9、三步二道桥 M6∶35、胡家草场 M17∶15）

I 式　伞状盖，隆起较高。仓身直口或敛口，折腹，上腹部开一长方形仓门，平底内凹。如高台 M2∶125、胡家草场 M12∶53 等。胡家草场 M12∶53，泥质灰陶。仓盖呈圆形伞状，弧壁隆起，顶端有一乳突，正面饰瓦楞纹，内圈饰瓦楞 8 道，外圈饰 4 组 24 道瓦楞，长短不一，呈放射状。仓身敛口，平沿，折肩，弧壁，深腹，平底内凹。上腹中部开一长方形仓门，上腹部饰凸棱两周，中腹部饰谷粒状绳索纹，仓门四周刻划方格纹。盖径 27.8、口径 23.1、底径 14、通高 27.9 厘米（图 22∶4）。

II 式　伞状盖，微隆起。敛口，圆弧腹，上腹部开一个或两个长方形小仓门，平底。

如松柏 M1∶20、张家屋台 M58∶8、高台 M46∶7。松柏 M1∶20，泥质灰陶。仓盖呈圆形隆起，正面饰瓦楞纹，顶部内圈饰 8 道瓦楞，外圈饰 4 组 24 道瓦楞，长短不一，呈放射状。仓身敛口，弧壁，深腹，平底。口沿及中腹部饰两组谷粒状绳索纹，两组绳索纹之间开两个长方形仓门，仓门四周刻划方格纹。口径 24.4、底径 19、通高 30.3 厘米（图 22∶5）。

Bc 型　附足仓。弧形伞状仓盖作攒尖顶，少数饰有鸟形抓手。敛口，折肩或溜肩，斜弧腹，平底附三矮足。上腹部开一个或两个长方形仓门，少数无仓门。如八癞子草场 M10∶6、朱家草场 M29∶2（图 22∶6）、王氏堰 M256∶9（图 22∶7）、三步二道桥 M6∶35（图 22∶8）、胡家草场 M17∶15（图 22∶9）。八癞子草场 M10∶6，泥质灰陶。盖顶隆起呈伞状，中心饰有一纽（已残损），盖面浅刻四组瓦楞。仓身平沿，大口微敛，折肩，深弧腹，上腹部正中开一长方形仓门，平底，底附三矮扁足。折肩处饰凸弦纹一周。口径 14.4、腹径 17.8、底径 12.2、通高 28.2 厘米（图 23∶1）。

C 型　小口直筒形仓。根据口部、腹部、仓门的变化，可分 2 式。

Ⅰ式　敛口，平沿，圆折肩或圆溜肩，上腹略弧，下腹近直，平底或平底微凹。如

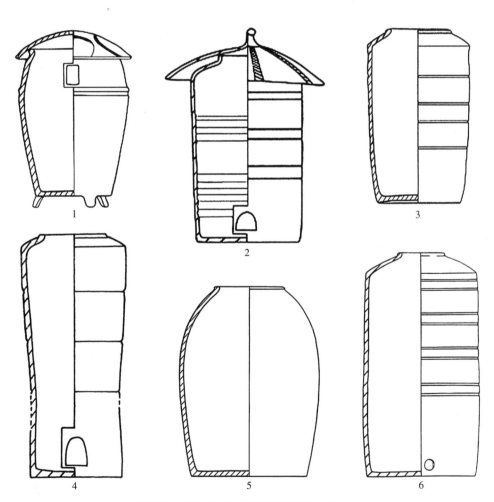

图 23　郢城遗址周边西汉墓出土陶仓

1. Bc 型（八癞子草场 M10∶6）　2~4、6. C 型Ⅱ式（西胡家台 M24∶12、黄家台 M15∶15、三步二道桥 M7∶7、王氏堰 M256∶12）　5. C 型Ⅰ式（胡家草场 M17∶20）

胡家草场 M17：20、三步二道桥 M6：32。胡家草场 M17：20，泥质灰陶。小敛口，卷沿，圆溜肩，上腹略弧，下腹近直，平底。口径 10.7、腹径 21.6、底径 17.6、高 25.4 厘米（图23：5）。

Ⅱ式　敛口，平沿，平折肩，直筒腹，下腹微束，平底。下腹部开一半圆形或圆形仓门或无仓门。如黄家台 M15：15（图 23：3）、西胡家台 M24：12（图 23：2）、三步二道桥 M7：7（图 23：4）、王氏堰 M256：12（图 23：6）、王氏堰 M138：1。王氏堰 M138：1，泥质灰陶。小口微敛，溜肩，直腹作筒状，平底。腹部饰凸弦纹四周。口径 8.8、底径 19.4、高 32.2 厘米。

2. 灶

根据灶平面形态不同，可分 2 型。

A 型　曲尺形。灶门作不规则长方形或半圆形，尾端置有挡板，少数挡板上设有烟道。根据灶门、火眼、挡板等部位的变化，可分 4 式。

Ⅰ式　直边直角，一个灶门、三个火眼，挡板较直，灶面较宽，挡板上置有柱状烟囱。谢家桥 M1 西室：18，泥质灰褐陶。灶底边为不规则弧形，顶边较平直，挡板倾斜且在上部凸出烟道，烟道的折端立一罐形烟囱，罐形烟囱的肩、腹部对称透戳 4 个三角形烟孔，一个梯形落地灶门，三个圆形火眼上置釜两件、钵一件。长 64.4、宽 44、高 27.2 厘米。

Ⅱ式　直边直角，一个灶门、两个火眼，挡板较直或略内倾，灶面较宽。如凤凰山 M168：262、高台 M5：20（图 24：1）、胡家草场 M4：21。胡家草场 M4：21，泥质灰陶。曲尺形盒状，直边直角，无底。灶挡板略向前倾，灶前部有一个近半圆形的不落地灶门，灶面上有两个圆形火眼，火眼上置陶釜一件。陶釜为泥质灰陶，直口，圆唇，溜肩，弧腹，平底。挡板内侧附有条状假烟道，其上刻划圆圈纹。长 42.2、宽 31.7、高 26.6 厘米（图 24：2）。

Ⅲ式　灶边略弧，一个灶门、两个火眼，挡板较直或略外倾，灶面略窄。如张家屋台 M58：9（图 24：4）、高台 M46：6、松柏 M1：21（图 24：3）。高台 M46：6，泥质灰陶。曲尺形，直边直角，挡板较直，灶面较短，一个灶门、两个火眼，灶门不落地，呈上边直、余边弧的长方形。长 41.2、宽 37.8、高 26 厘米（图 24：5）。

Ⅳ式　灶边略弧，两个灶门、三个火眼，挡板外倾，灶面窄。如胡家草场 M17：7、三步二道桥 M8：6（图 24：6）、王氏堰 M256：17（图 24：7）、朱家草场 M29：5（图 24：8）等。胡家草场 M17：7，泥质灰陶。曲尺形盒状，灶边不规则，无底。灶挡板略向外仰，灶前部有两个近半圆形的不落地灶门，灶后部有一个长椭圆形烟孔，灶面上有三个圆形火眼。火眼上置陶釜三件，均为泥质灰陶，敛口，圆唇，溜肩，弧腹，平底。灶面上刻划三组网格纹。长 27.3、宽 25.5、高 19.8 厘米。

B 型　长方形。一个灶门作不规则半圆形，后置挡板，少数灶尾设有圆形烟孔。根据火眼、挡板等部位的变化，可分 2 式。

图 24　郢城遗址周边西汉墓出土陶灶

1、2. A 型 Ⅱ 式（高台 M5：20、胡家草场 M4：21）　　3～5. A 型 Ⅲ 式（松柏 M1：21、张家屋台 M58：9、高台
M46：6）　　6～8. A 型 Ⅳ 式（三步二道桥 M8：6、干氏堰 M256：17、朱家草场 M29：5）　　9. B 型 Ⅰ 式（和悦
M1：13）　　10～12. B 型 Ⅱ 式（八癞子草场 M20：6、西胡家台 M21：6、三步二道桥 M2：8）

Ⅰ式　直边直角，两个火眼，挡板略内倾。如和悦 M1：13、枕头台子 M12：1、三步二
道桥 M1：9。和悦 M1：13，泥质灰陶。长方形盒状，无底，挡板略内倾。灶前部有一近半
圆形灶门，灶面上有两个圆形火眼，火眼上置陶釜一件。长 30.4、宽 20.8、高 25.2 厘米
（图 24：9）。

Ⅱ式　直边直角，少数为弧边，三个火眼呈纵向排列，挡板略内倾或外倾。如八癞子
草场 M20：6（图 24：10）、三步二道桥 M2：8（图 24：12）、西胡家台 M21：6、枕头台子
M17：5。西胡家台 M21：6，泥质灰陶。长方形盒状，无底。灶面上有三个圆形火眼，前部

有一近半圆形灶门，后部有一椭圆形烟道。灶面挡板略向外倾，外侧刻划网格纹。长40.4、宽27.6、高23.6厘米（图24：11）。

3. 井

根据腹部的变化，可分2型。

A型　敞口，宽沿外折或平沿，束颈较长，直腹，腹较深，平底或平底微凹。如朱家草场M29：6（图25：1）、枕头台子M13：5（图25：3）、胡家草场M17：2（图25：4）、西胡家台M24：9、八癞子草场M10：8（图25：5）、陈家台M15：3等。西胡家台M24：9，泥质灰陶。敞口，平沿，束颈，直腹作筒状，平底。内置陶汲水罐1件。口径13.2、底径13.2、高19.2厘米（图25：6）。

B型　敞口，宽沿外折，短束颈，直腹，腹较浅，平底微凹。王氏堰M70：3，泥质灰陶。敞口，宽沿外折，短束颈，直腹，平底微凹。口径9.8、底径11.2、高14.7厘米（图25：2）。

荆州郢城遗址周边西汉墓出土陶仓的演变规律为仓身由矮变瘦高，仓盖由伞形瓦楞状

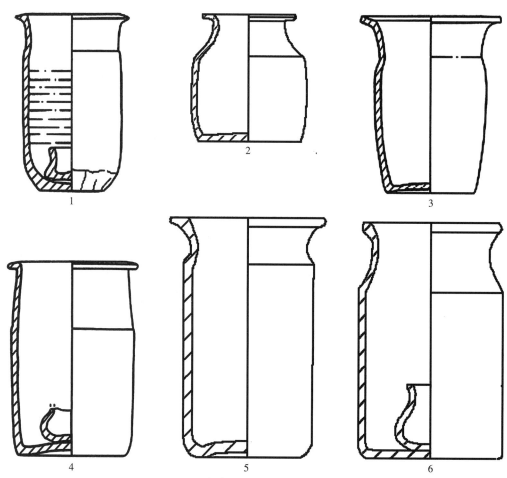

图25　郢城遗址周边西汉墓出土陶井

1、3~6.A型（朱家草场M29：6、枕头台子M13：5、胡家草场M17：2、八癞子草场M10：8、西胡家台M24：9）
2.B型（王氏堰M70：3）

变为伞形尖顶状直至无仓盖，仓门由长方形变为半圆形或圆孔状，仓底由平底变为平底附足。早期墓葬所出陶仓大多为深腹罐形圈足仓和深腹罐形平底仓，中期墓葬出现深腹罐形附足仓与小口直筒型仓，晚期墓葬深腹罐形附足仓与小口直筒型仓同出，但小口直筒型仓数量增多。陶灶的演变规律为由曲尺形变为长方形，整器体形由大变小，火眼、灶门均由少变多。陶井的演变规律为束颈由长变短，腹均为直腹，由深变浅，此种器形在西汉中期墓葬才开始出现，延续至新莽及东汉时期。

四 墓葬分期及年代

荆州郢城遗址周边西汉墓出土器物以仿铜陶礼器、陶生活用器、陶模型明器这三类器形变化最快，时代特征也最明显，所以墓葬的分期主要以这三类器物的器形变化为基础，再结合郢城遗址周边出土有纪年信息的西汉墓发掘资料进行推断。根据对仿铜陶礼器、陶生活用器、陶模型明器这三类器形中的鼎、盒、壶、瓮、盂、罐、仓、灶、井等几种器物的型式判别，基本了解其演变规律。墓葬的分期较为复杂，同一类器物从一种形制转变为另一种形制需要一个过渡过程，它既会保留早期器形特征，又会出现新的形制特点，而且在一个时期内，有时会出现同类器物几种形制共存的现象，综合以上情况，我们将荆州郢城遗址周边的西汉墓葬大致分为四期（附表 1~3）。

1. 一期一段

该期墓葬仿铜陶礼器组合以鼎、盒、壶为主，有 Aa 型鼎、A 型 I 式盒、A 型 I 式壶。陶生活用器有小口瓮、高领罐、矮领罐、圜底罐、釜、钵、盂、甑，以小口瓮、高领罐、矮领罐、圜底罐、盂为主，有 A 型 I 式小口瓮、A 型 I 式高领罐、I 式矮领罐、A 型 I 式圜底罐、I 式盂。陶模型明器以仓、灶为主，有 Ba 型仓、A 型 I 式灶。鼎腹部较深，方附耳较直，蹄足较高。盒腹部较深，身高于盖。壶作喇叭口，长束颈，高圈足。小口瓮体形矮胖，束颈较短，圆广肩，小平底。高领罐敛口，束颈较长，双折腹，圆广肩，下腹斜收，平底或平底内凹。矮领罐领口较高，广肩，器表多饰繁复纹饰。盂折沿，折腹，上腹略斜，下腹弧收，小平底。圜底罐为长束颈溜肩型。仓为深腹罐形高圈足仓。灶均为曲尺形，两个火眼，灶门多为长方形。本期墓葬形制主要为"甲"字形，有椁墓椁室形制包括 Aa 型、Ab 型、Ac 型、Ba 型，另有部分无椁墓；流行夫妻异穴合葬墓。这一时期的墓葬还随葬有铜礼器鼎、钫及日用器盘、盆、蒜头壶、鋀、勺、匜、铜、镶壶等；大量制作精美的漆木器，车、马、牛、俑等模型明器；竹器及丝织品等生活用器。少数墓葬出土有简牍文字资料，与之伴出的钱币为半两钱。较为典型的墓葬有谢家桥 M1、张家山 M247、高台 M1、岳山 M15等，其中谢家桥 M1 为有明确纪年的墓葬，墓中出土竹牍记载，该墓下葬的年代为"五年十一月癸卯朔庚午"，即西汉吕后五年（前 183 年）十一月二十八日。综合以上各种因素，我们认为该期墓葬的时代为西汉早期前段，约为高帝、吕后时期。

2. 一期二段

该期墓葬仿铜陶礼器组合以鼎、盒、壶为主，有 Ab 型Ⅰ式鼎，A 型Ⅱ式、B 型Ⅰ式盒，A 型Ⅰ式壶。陶生活用器有小口瓮、高领罐、矮领罐、圜底罐、深腹罐、釜、盂、甑、壶、盘、盆，以小口瓮、圜底罐、高领罐、矮领罐、盂为主，有 A 型Ⅱ式、B 型Ⅰ式小口瓮，A 型Ⅰ式圜底罐，A 型Ⅱ式高领罐，Ⅰ式矮领罐，Ⅱ式盂。陶模型明器以仓、灶为主，有 Ba 型、Bb 型Ⅰ式仓，A 型Ⅱ式灶。鼎仍为深腹，器形略有变化，矮足外撇，方耳外侈。盒身与盖基本等高。壶为喇叭口，颈稍粗，圈足外撇。小口瓮形制略有变化，束颈变长，圆溜肩，小平底。高领罐延续前期风格，整体器形变小，束颈略短。矮领罐形制与前期基本一致。盂形制延续前期风格的同时也有少许变化，上腹部由斜腹变为直腹，底部略变大。圜底罐延续前期风格不变。仓在延续前期风格的基础上新出现深腹罐形平底仓。灶亦均为曲尺形，火眼仍均为两个火眼，灶门多变为半圆形。本期墓葬形制主要为"甲"字形和长方形，有椁墓椁室形制包括 Ac 型、Ad 型、Ba 型、Bb 型；流行夫妻异穴合葬墓。这一时期的墓葬仍随葬铜鼎、壶、勺、匜、盂、钫、镳壶、镜等，但蒜头壶已基本不见；随葬大量漆木器，纹饰更加繁复，器形更加多样，车、马、牛、狗等模型明器较为常见；另有玉石器、丝织品、食物、竹器等。这一时期高等级墓葬出土大量简牍，内容丰富，涉及当时社会的各个方面，与之伴出的钱币为半两钱。较为典型的墓葬有凤凰山 M10、凤凰山 M168、高台 M18、枕头台子 M18、凤凰地 M24 及胡家草场 M4、M12 等，其中凤凰山 M10、M168 和凤凰地 M24、高台 M18 均为有明确纪年的墓葬。根据各墓出土的"告地书"记载，凤凰山 M10 下葬的年代为汉景帝四年（前 153 年），凤凰山 M168 下葬的年代为汉文帝十三年（前 167 年），凤凰地 M24 下葬的年代为汉文帝十二年（前 168 年），高台 M18 下葬的年代为汉文帝七年（前 173 年）。综合以上各种因素，我们认为该期墓葬的时代为西汉早期后段，约为文帝、景帝时期。

3. 二期三段

该期墓葬仿铜陶礼器组合以鼎、盒、壶为主，有 Ab 型Ⅱ式鼎、B 型Ⅱ式盒、B 型Ⅰ式壶。陶生活用器有小口瓮、矮领罐、深腹罐、釜、钵、甑，以小口瓮、矮领罐、圜底罐、盂为主，高领罐基本消失不见，新出现敛口罐、硬陶器及釉陶器，有 B 型Ⅱ式小口瓮，Ⅱ式、Ⅲ式矮领罐，A 型Ⅱ式、B 型圜底罐，A 型、B 型敛口罐，A 型Ⅰ式、B 型硬陶罐，Ⅲ式盂。陶模型明器以仓、灶为主，新出现井，有 A 型、Bb 型Ⅱ式、Bc 型、C 型Ⅰ式仓，A 型Ⅲ式灶，A 型井。鼎仍沿用前期形制，多为深腹鼎，矮蹄足外撇，方耳外侈。盒身与盖基本等高，但少数圈足已消失变为平底。壶与前期形制基本相同，仅颈部变为短粗，圈足变矮。小口瓮与前期形制变化较大，整体器形变为瘦高，束颈变长，由广肩变为圆溜肩，由小平底变为大平底。高领罐与前期形制变化较大，由敛口变为敞口，束颈由细长变为短粗。矮领罐领口由高变矮，由广肩变为溜肩，器表纹饰由繁复变为素面。盂延续前期风格，下腹斜收。圜底罐与前期有了较大变化，整体器形变为矮胖，束颈由细长

盒状，棺外多绑缚麻绳或草绳。少数墓葬无椁室仅放置木棺。晚期木椁墓仍占有较大比例，逐渐出现用空心砖封门或用空心砖作立柱后再用小砖封门的砖室墓及砖木混合结构墓。

第三，随葬器物。有椁墓的随葬器物主要放置于头箱、边箱或足箱内，少量放置于棺内，极个别还放置于壁龛内。无椁墓的随葬器物一般都放置于棺外空隙处。西汉早期墓葬一般随葬陶瓮、罐、盂、甑等陶生活用器组合，仓、灶等陶模型明器组合，等级较高的墓葬随葬鼎、壶、勺、匜等铜礼器，鼎、盒、壶或鼎、盒、钫仿铜陶礼器组合，及大量漆木生活用具、模型明器等。西汉中期墓葬，高等级墓葬中仍随葬鼎、钫、壶、鉴等铜器组合，开始出现铜生活用器，如樽、镳壶、博山炉、洗、勺、镜、带钩等。漆木器的数量减少，以陶器为主，陶器组合和形制发生了较多变化，仿铜陶礼器不再是墓中常见组合，只出土于少数墓葬中，小口瓮、高领罐、矮领罐等陶器已不常见。多随葬罐、盂等陶生活用器，陶模型明器仓、灶更加盛行，造型向多样化发展，新出现井和硬陶器、釉陶器等。西汉晚期高等级墓葬随葬铜器主要有鼎、钫、壶、鉴，以及生活用器博山炉、灯、卮、镜、带钩等，新出现了车马明器。陶器主要为罐、盂、壶等生活用器和仓、灶、井模型明器，生活用器灯、豆、熏炉等开始增多。

综合以上对已发掘墓葬形制及出土器物的分析，郢城遗址周边早期西汉墓受战国晚期楚文化和秦文化因素影响较深，注重礼制，这种现象一直延续至西汉中期。到西汉晚期，随着庄园经济的发展，随葬器物也发生了更大的变化，表明此时已经形成了新的汉代葬制，进入了新的汉文化发展阶段。

附录二 胡家草场墓地 M12 人骨鉴定报告

周 蜜

一 人骨保存情况

人骨各部位保存均不完整，现对所有骨骼的情况介绍如下（具体保存部位见彩版九九∶1；图1）。

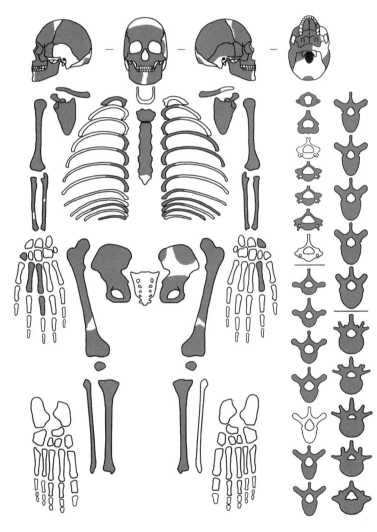

= 存在部位　　□ = 不存在部位

图 1　M12 人骨骨骼保存情况图

颅骨：脑颅和面颅断开。脑颅部分顶骨保存基本完整，枕骨破碎，额骨、蝶骨和筛骨破损，右颞骨略有破损，左颞骨缺失。面颅部分保存较好，仅下颌骨破损断为两块、左颧骨断开。牙齿保存较差，上、下颌牙槽内所有牙齿均不在颌。保存有单独的 6 颗牙齿，包括上颌臼齿 2 颗、前臼齿 1 颗；下颌臼齿 3 颗。

躯干骨：椎骨保存较好，共 21 节，包括 5 节颈椎、11 节胸椎和 5 节腰椎，缺失第 3、7 节颈椎和第 5 节胸椎。骶骨和尾骨保存基本完整。肋骨保存较差，多有短节，右侧保存 7 肋，包括第 1 肋和第 12 肋；左侧保存 10 肋。胸骨保存较好，缺失剑突部分。

上肢骨：右侧锁骨保存基本完好，左侧肩峰端残损。左、右肩胛骨保存基本完整。左、右肱骨保存较好，仅右肱骨下端略有破损。左侧尺骨、桡骨保存基本完整，右侧尺骨骨干中部破损，右侧桡骨骨干远端破损。手骨部位仅保存 2 块腕骨、3 块掌骨和 1 块指骨，分别为左月骨，右三角骨，左、右第二掌骨，右第三掌骨，第三近节指骨。

下肢骨：骨盆部位保存相对较好，右侧基本完整，左侧髂骨部分破损，坐骨部分残缺。左、右股骨于骨干远端处残损断裂。左、右胫骨保存基本完整。右腓骨保存较好，左腓骨缺失。左、右髌骨基本完好。足骨部位无保留。

二　性别及年龄鉴定

骨盆部位虽然已残损，但仍可从保留下来的部分关键部位中看出墓主的基本性别特征。耻骨联合部呈三角形，坐骨大切迹窄而深，耳状关节面大而较直，骨盆整体粗壮较重。就颅骨而言，颅骨骨壁较厚，眶上缘钝厚；下颌骨的髁突较大而粗壮。就长骨而言，长骨整体较为粗大厚重，远近两端较粗大，突起、结节、粗隆明显，肌肉附着痕迹明显。因此，颅骨所代表的个体具有倾向于男性的特征。

从保存下来的耻骨联合面来看，联合面轻度下凹，背侧缘开始出现波浪形起伏。从牙齿的磨耗程度来看，第一、二臼齿齿质点有多处暴露，并连成一片。综上，推测墓主死亡年龄应该为 35～40 岁。

综合判断，该例人骨所代表的个体可能为 35～40 岁的男性。

三　病理情况

胸椎和腰椎呈现出中等的关节炎症状，表现在第 7～11 节胸椎椎体有明显的骨赘形成，椎体上下关节面出现坑状凹陷，第 7～8 节胸椎的肋窝处产生骨赘，第 3～5 节腰椎椎体形成明显骨赘（彩版九九:2、3）。

胫骨呈现出中等骨膜炎（彩版九九:4）。

附录三　胡家草场墓地 M12 出土简牍
保护、揭取与绘图

谢章伟

简牍是古代文字的重要载体，每一片简牍、每一个文字都是历史文明留给我们的瑰宝。江汉平原地下水资源丰富，简牍处于淤泥或地下水中，保存环境相对密封、稳定。简牍发掘出土后，原本稳定的埋藏环境被打破，简牍表面与空气接触，迅速氧化，简牍表面易出现腐朽、断裂、卷曲等情况，需要迅速对简牍进行清理保护。在遵循文物保护基本原则的前提下，借助摄影测量的功能，使用计算机辅助绘图①，对胡家草场墓地 M12 出土简牍进行保护、揭取和绘图，现将工作情况简报如下。

一　简牍初步清理

简牍出土前因地下水和淤泥长期浸泡、包裹，质地非常脆弱。简牍周围的竹片、竹笥在与空气接触后氧化，和简牍一样呈现黑褐色，现场难以分辨。由于编绳腐烂、断裂，加之墓室内地下水浸泡，器物倒塌混合，简牍原始顺序已难以明确，无法准确地在考古发掘现场清理、提取简牍。尽管如此，简牍出土时的原始状态仍能在一定程度上反映简牍的分卷、编联和相互关系。因此，为尽可能避免简牍排列顺序在清理时的人为扰动，在考古发掘现场对简牍进行一次性整体提取。因椁室内布满淤泥，黏性较大，无法直接提取简牍堆。先使用竹片将简牍堆与椁室底板初步剥离，之后采取插板法②在椁室底板不同方向插入软塑料托板，将简牍整体连带淤泥与椁室底板彻底分离，再从塑料托板下插入硬质木托板，缓慢地将简牍堆整体提取出墓室。将饱含水分的薄海绵覆盖在简牍上，用塑料薄膜将其整体包裹。这种方法一方面可使简牍内部湿度保持相对稳定，防止简牍因水分快速蒸发导致变形断裂；另一方面在外部保护、固定简牍，避免运输过程中对其造成二次损伤。整体打包至实验室后，在室内进行清理分辨。

---

① 肖玉军等：《计算机绘图与测量技术在出土竹简整理中的应用》，《江汉考古》2019 年第 S1 期。
② 吴顺清：《古代饱水漆木器的清理脱水修复保护研究》，《中国文物保护技术协会首届学术年会论文集》，中国文物保护技术协会，2001 年。

本次出土简牍整体打包提取 4 份，依次编号为第 1～4 组。第 1～3 组出土于同一个竹筒（M12∶10）内，竹筒放置于头箱西部。第 4 组出土于单独竹筒（M12∶90）内，竹筒放置于头箱东部。由于考古发掘中整体提取的简牍表面附着大量淤泥，竹质表面氧化呈黑褐色，墨迹无法分辨，同时与大量竹筒残片混置，传统提取方式仅能根据长度、宽度、厚度等外形特征初步判断该竹片是否为简牍，不利于后期的绘图和揭取工作。因此，本次清理初期，工作人员首先对简牍表面泥土进行清理。在工作台上放置一块较大的托板，将一侧撑起形成斜面，使污水顺利排出。将简牍连同整体提取时下衬的托板放在斜面上，用喷壶对准淤泥处，一边喷水一边用毛笔或软毛刷清理掉大块的淤泥。将竹筒残片等非简牍竹制品分离出来，同时将其余残简、木牍残片等疑似简牍竹制品放入灭菌消毒的密封盒中，使用纯净水浸泡，待进一步进行脱水、脱色处理。对简牍两端和表面的淤泥、杂质进行仔细剥离清理，使简牍轮廓清晰，相邻简牍能分辨大致的叠压关系，以便后续揭取、拍照和绘图（彩版一〇〇∶1、2）。

二　影像数据采集

影像数据的信息采集贯穿整个清理工作的各个环节，如实记录清理过程的每一个细节。

在揭取工作之前，先对简牍整体 4 个剖面以及顶部平面拍照，作为清理前的原始影像资料。选择一个可清楚分辨简牍轮廓的剖面作为简牍揭取绘图面，对剖面进行拍摄，保证真实、清晰、精确、完整。由于简牍数量巨大，为避免简牍因长时间暴露在空气中发生表面脱水氧化等情况，本次清理未选择耗时较长的先三维扫描再贴图建模获取剖面影像的方式，而使用"非正交影像计算机辅助考古制图及整理方法"[1]进行拍摄，提高工作效率，保证绘图精度，减少简牍测量次数及暴露的时间。

简牍剖面影像的拍摄不同于一般室内文物摄影，后者主要为了反映文物的轮廓、形状、材质、纹饰、颜色，而前者是为了最大限度保证影像中简牍的大小、形状、比例、尺寸等信息的真实、准确。剖面影像的质量，直接影响后续绘图的精度和效果。同时拍摄时必须符合文物保护的要求，保持简牍表面的湿度，不能干透，亦不可过度喷水。过度喷水会导致竹简表面形成镜面反射情况，影响影像质量。简牍剖面影像摄影要求拍摄人员具有文物摄影的基础知识，并熟悉后续绘图的工作流程，从而减少重复拍摄，缩短简牍暴露时间。

本次拍摄使用佳能 1D 相机，镜头选用 24mm－70mm 变焦镜头，手动对焦，将镜头焦距拉到最大，减小照片变形误差。使用三脚架固定相机，调整相机位置，使相机垂直于简牍剖面，简牍剖面放置于取景框画面正中间位置。在剖面处放置比例尺，方便后续绘图时

---

① 荆州文物保护中心：《一种考古竹简的整理方法》（专利号：CN201410257307.X），中华人民共和国国家知识产权局·发明专利申请，申请公布日：2014 年 8 月 20 日。

对影像尺寸纠偏。选择白色背景布,使画面干净整洁,白色背景在灯光下会发生漫反射,可以在一定程度上补充光源。光圈选择 f 22,增加景深,使简牍前后不同位置都可清晰成像。ISO 选择 200,快门选择 1/2～1/10,延长曝光时长。由于简牍大部分是上层长、下层短,简牍堆中间隆起、两端凹陷,灯光仅放置于简牍上方会导致剖面凹陷处进光量不足,造成照片曝光不足。因此实际操作时,工作人员将灯具放置于相机一侧,根据拍摄实际情况对灯具的亮度和功率进行调整,保证剖面影像有足够、稳定的光源。相机选择多点对焦,使用快门线和引闪器同步曝光,避免人为因素导致曝光时虚焦,成像模糊。最终影像成图可清晰反映简牍的尺寸、比例、形状、结构和相对位置关系,为后续的剖面图绘制工作做准备。

三 简牍剖面测量绘图

将剖面影像导入电脑,利用 AutoCAD 软件,按照比例尺将图像尺寸调整至与实际尺寸一致,调整后绘制的简牍剖面轮廓尺寸均为实际尺寸。与揭取简牍的工作人员进行沟通,确定简牍的叠压关系,按照揭取顺序依次在图上对应位置用线段工具绘制简牍轮廓,并标注简牍编号。编号采取序列号形式,从 1 号开始按揭取顺序编号,并使用箭头标识简牍正面(即带有文字的竹黄面),正反均有文字者,两面均用箭头标识。为方便最后统计,本次 4 组简牍均采用统一编号,每揭取一枚简牍,向后顺延编号,其中竹简和木简编为简 1～4636,木牍编为牍 1～6。

在一层简牍揭取、绘图完成后,露出下层被覆盖的简牍,由于简牍不同书卷的长度、宽度、字头方向均存在差异,上下堆积后混合在一起,单从顶部和剖面无法直观判断是否为同一书卷。当前影像图已无法标注下层简牍,此时再次对简牍整体进行淤泥清理,重新拍摄简牍绘图剖面影像。拍摄时比例尺、相机位置、角度与第一次拍摄保持基本一致,减小两次拍摄影像之间的误差。在导入第二张影像时,调整好尺寸,选择影像上较有特征的点作为公共点,将两张影像对齐,在确认影像图和实际简牍位置相符后,重复揭取和绘图工作,直到将一组简牍揭取、编号、绘图工作全部完成。由于简牍堆积绝大多数是中间高、四周低,简牍排列方向不一致,内部存在较多断简,单从一侧的剖面图上看,很多简牍的端面会有重叠,并且会出现第二层揭取的简牍剖面叠压在第一层上方的情况,易对后期简牍释读造成误导。因此我们在实际绘图过程中,同一组两次不同时间揭取的剖面图使用不同的图层和颜色区分,以便后期整理时可分辨简牍叠压覆盖等相对位置关系。此外,还需参考简牍内容、书写方式、编绳情况,为简牍编联、复原、释读提供重要依据。本次出土简牍数量多,整体体积大,特别是第 2 组和第 3 组均逾 1000 枚,每一组的清淤、拍摄、揭取、绘图、编号工作都重复进行了多次。

本次出土简牍分 4 组进行整体提取,绘制剖面图时分 4 幅图单独绘制,统一编号。第一组编号为第 1～554 号,第二组编号为第 555～1831 号,第三组编号为第 1832～3520 号,

第四组编号为第 3521～3640 号，其余为残片号（彩版一〇〇：3、4、一〇一）。

四　简牍揭取

简牍收卷方式不同，加之墓葬埋藏环境和出土时提取方式的扰动，导致简牍存在叠压或多层叠压的情况，因此，剥离简牍前，揭取人员先仔细观察简牍两端剖面，确定表层叠压关系，与绘图人员确认要揭取的简牍与图上位置是否相符，最终确认剥离的方向和顺序。用两根竹签沿简牍顶端间隙慢慢插入两简之间，顺简牍方向缓慢移动竹签，用毛笔或者喷壶在缝隙中滴入纯净水，借助水的张力和润滑作用将两支简分开，直到要揭取的简牍与下层完全剥离。剥离时需要仔细观察分离情况，如遇阻力增大、简体出现纤维变形、断裂等情况应立即停止剥离工作，重新选择剥离点操作。用竹签将简两端同时轻轻托起，有文字的一面向上放置于湿润的托板上，每一个托板摆放 10 根简牍，便于编号。放置于托板上的简应及时使用喷壶喷水保湿，防止简牍因水分蒸发导致干缩、变形等情况，摆放到托板的简牍进行到下一步清洗、保护红外扫描等环节。

在揭取的过程中，工作人员尽量选择长度、宽度、排列方式整齐一致的简牍集中揭取，使绘图有参照物，不易标错位置关系，而且编号连贯，方便释读时前后对照。成排揭取时，若发现简牍背面有划痕和编绳，则将有编绳或者划痕的简牍单独做记录（彩版一〇二）。

五　结　语

简牍室内保护揭取与绘图是田野考古发掘的延续，包括考古现场保护提取与室内清理绘图两个大的环节，每个步骤环环相扣。工作人员秉承田野考古发掘严谨、科学的态度，一丝不苟地完成每一个步骤，记录每一个细节。

此次简牍室内保护揭取绘图工作中也存在许多不足之处。一是在影像数据采集阶段，最初方案是使用三维扫描仪获取简牍揭取前的模型，再结合相机拍摄贴图的方式得到剖面正射影像图。尝试多次后发现采用此方式获取的剖面正射影像均不理想，影像中存在不同程度的拉花、变形、空洞等情况，无法满足后续绘图工作。为保护文物，减少简牍暴露时间，最终选择拍摄单张照片作为剖面影像。拍摄时使用的镜头焦距是 24mm－70mm，镜头畸变较大，影像有变形，导致绘图时有误差。应选用 100mm－200mm 长焦镜头，调远相机机位，在保证拍摄影像清晰的前提下，拉长拍摄距离，降低影像误差。二是本次绘图过程中只用箭头标注出了简牍的正反面，未区分字头的方向。简牍在下葬时，不同的书卷摆放的方向不一定全部一致，在清理绘图工作中应及时标注区分，例如使用白色箭头表示字头朝向绘图剖面方向，用蓝色箭头表示字头朝向剖面相反方向，这样可以初步区分开不同的书卷。三是简牍整体提取时，简牍堆基本是中间高、四周低，很多简牍需要从拍摄相反方向揭取，绘制时只能结合附近能看清轮廓的简牍判断大概位置，同时清理过程中有许多断简、残简叠压、错位，绘图编号时也存在同样的问题。目前此问题没有很好的解决办法，只能通过绘图和揭取工作人员的熟练配合，以及时记录揭取时遇到的情况。希望在以后的简牍清理、揭取、绘图工作中，能够探索、总结、优化更好的方式方法。

本次简牍室内保护揭取绘图工作更加完善了出土简牍在保护、清理、揭取、绘图、摄影等各个环节的注意要点，通过考古、文物保护、古文字研究者等工作者的共同努力和积极探索下，出土简牍的室内保护清理工作积累了大量经验，技术日趋成熟。从出土现场采用的"插板法"整体提取简牍，到室内揭取时"非正交影像计算机辅助考古制图及整理方法""计算机辅助绘图"等技术方法，都是工作人员在多年的实际工作中结合江汉平原地区出土简牍的特点总结的宝贵经验，为文物保护和简牍的编联、释读、复原提供了基础资料和重要的技术支撑，对未来出土简牍室内保护清理工作提供了重要的参考价值，具有借鉴意义。

附录四　胡家草场墓地 M12 出土简牍保护工艺

张　琼　贺巧云　史少华　陈俊峰　白云星

胡家草场简牍长期埋藏于地下，与大气隔绝，处于一个相对封闭的稳定环境。这种环境使文物的腐蚀反应达到相对平衡，使得埋藏 2000 余年的简牍得以良好保存。出土时的简牍均为饱水状态，胎体大部分保存较为完整。经室内整理、揭取、信息采集后，为减少外界环境变化对简牍造成的影响，工作人员将简牍分别用玻璃条固定后，浸泡在装有纯净水的试管中密封保存。

一　病害分析与检测

1. 饱水、糟朽

竹木材的成分主要为纤维素、半纤维素、木质素、蛋白质、多糖、无机物等，由于埋藏、销毁及遗弃等人为因素，长期深埋于地下的简牍，处于一个相对稳定的环境中。地处江汉平原的荆州一直是地下水含量较高的地区，埋藏后的简牍长期处于饱水状态。随着时间的流逝，自然降解后的简牍为维持原有的状态，降解的成分会被地下水及水中的其他物质替代，因此，简牍的饱水含量会随着简牍的降解程度逐步提升，直至细胞壁无法承载因自然降解而填充进来的水分而分解。根据这种现象，我们可以通过检测含水率初步判断简牍的糟朽程度。从胡家草场汉简竹简残片的含水率、干缩率可以看出，经过千余年的地下埋藏，材质已饱含水分，细胞壁降解遭朽严重，无法支撑自然脱水。

2. 变色

发掘出土的简牍在自然环境下会被氧化成深褐色，掩盖表面的字迹，对文字释读、保护、展示等工作造成了严重影响。这曾经是考古发掘与保护工作中的难点问题，方北松、刘姗姗、张金萍、奚三彩等文物保护专家在饱水简牍的变色研究以及饱水竹简变色机理初步研究中，指出简牍木质素中的发色基团在光和氧的作用下导致竹简变色，而地下水中金属离子尤其是铁元素的存在会加速这种变色现象①。胡家草场简牍出土时简牍颜色鲜亮，

---

① 方北松等：《饱水竹简变色机理的初步研究》，《中国文物保护技术协会第四次学术年会论文集》，科学出版社，2007 年；张金萍、奚三彩：《饱水竹简变色原因的研究》，《文物保护与考古科学》2003 年第 4 期。

但在自然环境下，迅速被氧化为深褐色（彩版一〇三），因此简牍的脱色保护工作是十分必要的。

3. 残缺、裂隙及变形

胡家草场简牍埋藏于地下水较为稳定的墓葬环境中，随葬器物多已漂移、散乱，盛装在竹笥中的简牍也未能幸免。简牍分散为三堆，其中两堆简牍散落于竹笥外，大部分简牍存在裂隙、残缺等病害；质地较差的竹简，薄壁组织的纤维素、半纤维素糖类等物质均已出现维管束与薄壁组织出现分离现象。另一堆简牍被残破的竹笥覆盖，其外裹附有较厚的淤泥，保存较为完好，但基于维管束与薄壁组织的物理强度较高、保存较为完整的简牍弯曲度较高，最高的趋近于 90°（彩版一〇四），底层的木简、牍并未出现弯曲情况。淤泥中存在少量竹笥与竹简残片。

4. 分析检测

荆州文物保护中心与荆州博物馆通过含水率、干缩率、X 射线衍射、实体显微镜观察等手段对胡家草场简牍进行检测、分析，研究可知，样品糟朽严重，顺纹方向卷曲收缩严重，细胞结构已遭到破坏，样品纤维素降解严重，已接近泥化状态，需采取合适的脱水措施。

（1）含水率与干缩率

本次选取胡家草场饱水无字竹简样品 1 件检测分析含水率与干缩率，测得竹简绝对含水率为 331%。干缩率检测样品与含水率样品一致。测得竹简弦向干缩率为 48% ~ 46%，顺纹干缩率为 14% ~ 26%。

（2）显微分析

本次结构观察选取经过处理的胡家草场竹简样品进行切片，用显微镜进行观察（彩版一〇五）。切片显微分析发现，该样品表皮细胞内为皮下层 1 或 2 层，皮下层向内为由薄壁细胞组成的皮层，皮层向内为基本薄壁组织和散生的维管束等。维管束分四种类型，分别为半开放型、开放型、断腰型和双断腰型，通常以中间类型为标准型。此次观察的结果属于断腰型，从本竹简残片维管束型来分析，较明显的是外部维管束内方纤维帽内夹有胞壁细胞束。胡家草场竹简种属属于竹类植物、单子叶植物纲。

（3）X 射线衍射分析

通过 X 射线衍射技术对胡家草场简牍进行分析，可知简牍纤维素结晶度等信息，通过对比简牍纤维结晶度，判断出竹材的遭朽程度（图 1）。

二　保护技术路线

胡家草场墓地 M12 出土的简牍主要病害为饱水、糟朽、变色、裂隙、变形、断裂、残缺等。根据保护修复方案，结合简牍实际保存情况，在前期分析检测的基础上，严格按照《荆州博物馆馆藏简牍保护修复方案（三）》的技术路线进行保护工作（图 2）。

三　保护修复主要步骤

1. 简牍脱色

胡家草场简牍出土后胎体颜色较深，多数文字信息用肉眼无法识别，因此简牍的脱色保护工作有助于简牍的释读，通过肉眼可以清晰识别文字信息，为简牍下一步的保护与研究工作提供了支持。

（1）脱色操作流程

清洗完成—脱色—核对—信息资料采集—漂洗—饱水保存。

（2）胡家草场简牍脱色的操作步骤

根据简牍保护修复方案，采用连二亚硫酸钠脱色法进行脱色保护工作，准备热水器、托盘、排笔、相机、色卡等工具，制备纯净水、连二亚硫酸钠、EDTA 二钠等试剂。

配置 2% 的 EDTA 二钠混合溶液，将简牍浸泡在 EDTA 二钠混合溶液中 1～2 小时后取出，再进行连二亚硫酸钠脱色保护工作，以保证脱色后的简牍字迹清晰且颜色还原一致。

预处理完成后再配置 2% 连二亚硫酸钠的混合溶液，温度控制在 30℃～40℃。待试剂充分混合溶解后，将简牍按编号牌顺序逐枚浸泡于连二亚硫酸钠溶液中。

待脱色中简牍字迹清晰、可辨后，按编号顺序取出，核对后进行信息采集工作。

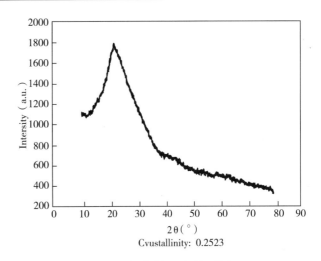

图 1　纤维素结晶度检测结果

图 2　胡家草场简牍保护技术路线图

完成信息资料采集的简牍放入清水中进行漂洗处理，并使用 pH 水质检测笔检测漂洗的完成程度，当水溶液连续多次呈现中性时即完成脱色保护工作。

经过漂洗后的简牍可以进入密封保存阶段，也可以进行脱水保护处理。

（3）脱色注意事项

在简牍脱色过程中，水温宜控制在 40℃～45℃，不宜过高。

严重糟朽的简牍脱色，要采取平板托底式的平托法拿放，以免伤及文物。

进入保养维护的简牍应经常观察简牍的保存状况。

2. 简牍脱水

出土的饱水简牍经过长时间的地下埋藏，水分、微生物以及细菌的长期侵蚀，简牍胎体基本丧失了原有的物理强度。前期通过含水率、干缩率检测可知，在自然干燥的情况下，简牍会发生明显的收缩、变形等不可逆的损伤。现方案拟采用的乙醇—十六醇填充脱水法，是经荆州文物保护中心多年实践检验，行之有效的简牍脱水保护处理方法，有利于简牍的长久保存。

（1）脱水操作流程

乙醇—十六醇填充脱水法：脱色完成—绑扎—乙醇置换—十六醇置换—净十六醇置换—定形—严重糟朽简牍加固—核对—脱水后清洗—核对—定形—干燥—信息资料采集。

（2）胡家草场简牍乙醇十六醇的脱水操作步骤

乙醇与十六醇脱水置换：

脱水简牍基本信息资料采集后，依据简牍大小采用合适的玻璃条按脱色或脱水简牍编号逐枚用棉线进行单面绑扎（注：有字一面向下，双面有字的竹青向上）。

经过绑扎后的简牍使用50%的乙醇混合溶液进行浸泡，然后逐步提高乙醇混合溶液的比例至100%，脱水期间经常观测溶液及竹简的变化，浸泡期一般为20～25天。

经乙醇置换后的竹简再使用50%乙醇、十六醇混合溶液进行浸泡，并逐步提高十六醇混合溶液的比例至75%～80%，脱水期间经常观测溶液及简牍的变化，浸泡期一般为6～8天。

再取出经乙醇、十六醇混合溶液浸泡的简牍放置在100%的十六醇溶液中浸泡1～2小时，温度保持在58℃以内。

然后取出经过100%十六醇浸泡的简牍，放置在宣纸上冷却，经初步冷却后的简牍用棉线、玻璃条、定形器等工具进行初步固形处理，防止简牍冷却后因温度骤然下降而产生的形变。

固形后经核对确认无误后，将简牍放入除尘、灭菌的塑料盒中等待进入表面十六醇去除工作。

（3）严重糟朽竹简加固

胡家草场竹简大部分保存完好，脱水后可以直接进行表面十六醇清洗去除工作，但对糟朽、残损严重的竹简，还需进一步加固处理，以保证今后的保藏、展示等过程中竹简一直处于相对稳定的状态。因此我们根据保护修复方案，对胡家草场糟朽、残损严重的竹简使用经消毒灭菌后的新竹片进行加固保护工作。

乙醇—十六醇竹简脱水加固操作步骤：

依据竹简大小，选用合适的新竹片进行清洗、消毒、灭菌、定形、干燥等处理后，新竹片可用于竹简的加固保护工作。

使用恒温操作台，将融化后的十六醇均匀地附着在预处理后的新竹片表面。

将需要加固的竹简对照原图片，黏接固定在新竹片上，在贴合期间需要工作人员逐一核对每枚竹简，防止错漏。

贴合完成后，将竹简用玻璃条绑扎定形 48 小时以上，然后进行表面十六醇清洗去除工作，至此完成加固处理保护工作。

（4）表面十六醇的去除

经乙醇—十六醇连浸脱水法的简牍表面会残留有一定量的十六醇，而表面十六醇的去除是脱水后简牍完成脱水保护工作的一个重要环节，主要目的是去除简牍表面多余的十六醇，使简牍更为完美地展示在我们面前，因此简牍脱水后的清洗工作需要有长期保护工作经验的人员来进行，清洗时所用到的设备、工具、清洗试剂等都需要工作人员具有熟练的操作技巧与安全意识，防止意外情况发生。

乙醇—十六醇简牍脱水后表面十六醇去除操作步骤：

根据简牍脱水编号顺序逐一核对需要清洗的简牍，并判断简牍表面有无裂隙以及裂隙的深浅等胎体情况后，再确认简牍文字信息与间隔，并牢记于心。

打开通风橱准备搪瓷盘、清洗支架、排笔、低功率吹风机等工具，依据简牍大小采用合适的搪瓷盘盛放清洗试剂，并放置在清洗工作台内。

完成上述准备工作后，按脱水顺序逐枚用清洗试剂进行清洗，清洗时简牍会出现不同程度的上浮，此时我们需要使其全部浸泡在试剂之中，以保证表面十六醇的分离程度保持一致。

待表面十六醇完全去除后，取出简牍，放置在宣纸上使用低功率电吹风进行清洗后的初步干燥。

经初步干燥后的简牍用棉线绑扎在玻璃条上固形，核对确认无误后，按顺序放置在避光、通风的环境中，进一步干燥保存 48 小时以上。

干燥完成后的简牍信息资料采集，采集完成的简牍可以进行修复、封护处理，未及时进行修复、封护的简牍应放置在除尘、灭菌密封的塑料盒中保养维护。

（5）乙醇—十六醇简牍脱水注意事项

乙醇置换时要确保简牍中的全部水分完全置换成乙醇。

十六醇置换时要时刻注意恒温箱中的简牍置换情况和温度的变化，防止意外情况发生。

经十八醇置换的简牍清洗时，应根据简牍实际情况来确定简牍的加固与清洗方法。

3. 简牍封护

简牍的封护是为了减少外部环境变化对保护修复后的简牍造成的影响。经乙醇—十六醇脱水的竹简，为了长期保存的需要，还应对简牍表面进行适当的封护处理，现使用的松香溶剂具有天然、可逆、无副作用等特点，封护后的简牍具有良好的稳定性。

（1）封护操作流程

脱水完成—核对—封护—核对—定形干燥—信息资料采集。

（2）封护操作步骤

根据简牍的脱水编号牌顺序，核对所需封护简牍。

配制2%～3%的松香封护溶剂，使用合适的软排笔、电吹风等工具进行封护处理。

将简牍放置在宣纸上，使用电吹风进行初步干燥。经初步干燥后的简牍使用棉线或固形工具对已封护简牍进行定形处理。

逐枚核对已封护简牍，确认无误后，放置在通风避光的环境中，进一步干燥48小时以上。

完成封护干燥固形后的简牍可以进行信息资料采集，然后进行包装，未及时进行信息采集的简牍或者包装的简牍应放置在除尘、灭菌密封的塑料盒中保养维护。

（3）简牍封护注意事项

封护简牍应根据简牍实际情况及时更换封护溶液。

封护完成后在使用工具进行定形前，简牍表面需要彻底干燥，防止简牍粘连在定形工具上。

4. 简牍包装

简牍的包装可避免简牍遭受外部损伤，完整展示简牍本身所蕴含的历史文化、科学信息。经过科学合理包装后的简牍，有利于展示、储存、保管、运输，为文物的管理、研究等工作提供支持。

（1）包装操作流程

封护完成—测量制定简牍包装尺寸—制图—核对包装尺寸—包装制作—包装前消毒灭菌—简牍装匣密封。

（2）包装操作步骤

将封护完成后的简牍进行包装尺寸信息采集。

通过制图软件根据简牍形状、大小进行图样的绘制，绘制完成后还需核对图样尺寸。

简牍包装需经过消毒灭菌处理后，再放入核对无误的简牍进行装匣密封。

封存后的简牍应放置在除尘、除菌、恒温、恒湿的库房中保存。

（3）包装注意事项

取、放文物时应将文物整体托底处于可控状态之中。

包装完成后，简牍在运输、装卸过程中需做好缓冲防震、抗压防磨等工作。

五　结　语

在胡家草场墓地M12出土简牍的保护修复过程中，根据《荆州博物馆馆藏简牍保护修复方案（三）》的技术路线，项目组严格按照方案，对竹简的保存情况进行了病害评估及检测分析后，使用连二亚硫酸钠脱色法以及乙醇—十六醇脱水法，进行脱色、脱水、封护等保护修复处理。经后期观察，保护完成后简牍各项性征稳定，脱水后的各向收缩率小于2%，保护修复处理后的竹简整体效果良好，达到了预期保护目标。

附　表

附表一　　　　　　　　　　　　　　　　胡家草场墓地墓葬登记表

墓号	形制	方向	尺寸（米）			葬具	随葬器物	时代	层位关系	备注
			长	宽	深					
M1	砖室墓	97°	3.31	3.06	0.34		铜钱1	宋代	第①层下	
M2	砖室墓	45°	3.12	1.43~1.48	0.26			宋代	第①层下	
M3	竖穴土坑墓	5°	4.66	3.06	3.04	一椁一棺	陶小口瓮2、陶深腹罐5、陶矮领罐2、陶灶1、陶仓1、陶盂1、铜带钩1	西汉	第①层下	
M4	竖穴土坑墓	3°	5.12	3.14	5.04	一椁一棺	陶小口瓮4、陶钫1、陶深腹罐4、陶矮领罐3、陶高领罐2、陶甑1、陶盂1、陶鼎2、陶盒2、陶尊2、陶盘1、漆樽2、漆樽盖1、铜铺首1、铜饰件1	西汉	第①层下	
M5	砖室墓	188°	2.2~2.3	2.17	0.18		陶仓1	东汉	第①层下	
M6	砖室墓	191°	3.22	1.84~1.92	0.18			东汉	第①层下	
M7	竖穴土坑墓	286°	2.42	0.76~0.84	0.44	单棺	铜镜1、瓷碗2、石砚1、石环2、釉陶罐1	宋代	第①层卜	
M8	竖穴土坑墓	346°	3.36	1.66	1.92~2.02	一椁一棺	陶灶1、陶仓1、陶小口瓮2、陶矮领罐4、陶高领罐2、陶圜底罐1、陶盂1、铜钱1、铜饰件1	西汉	第①层下	
M9	竖穴土坑墓	263°	3.02	1.02	1.26	单棺	陶灶1、陶仓1、陶高领罐3、陶矮领罐1、陶圜底罐1、铜饰件1	西汉	第①层下	
M10	竖穴土坑墓	285°	2.64	1.06~1.12	0.84	单棺		明代	第①层下	
M11	砖室墓	184°	3.36	2.12	0.84			东汉	第①层下	

墓号	形制	方向	尺寸（米）			葬具	随葬器物	时代	层位关系	备注
			长	宽	深					
M12	竖穴土坑墓	353°	7.7	5.72	5.32	一椁一棺	陶小口瓮4、陶矮领罐3、陶深腹罐2、陶盂1、陶甑2、陶盆1、陶仓1、陶灶1、铜剑1、铜器座2、铜钅于器2、铜饰件3、铜削刀柄1、铁釜1、石砚1、漆耳杯29、漆壶1、漆圆奁2、漆椭圆奁3、漆圆盘8、漆方平盘1、漆樽3、漆樽盖1、漆卮1、漆扁壶1、漆酒具盒1、漆匕1、漆几1、漆T形器1、漆圆盒2、漆六博盘1、漆柄形器1、漆饼形器1、漆扇柄1、木俑34、木片俑1、木马10、木牛1、木狗1、木船1、木车衡3、木伞盖斗2、木车毂3、木车厢1、木车构件7、木梳2、木篦2、竹筒4、竹筷筒1、竹笥2、葫芦瓢1	西汉	第①层下	
M13	竖穴土坑墓	275°	3.26	1.44 ~ 1.62	0.88 ~ 0.96	单棺	陶仓1、陶灶1、陶小口瓮2、陶盂2、陶高领罐1、陶敛口罐1	西汉	第①层下	
M14	竖穴土坑墓	348°	3.46	1.78 ~ 1.92	1.92 ~ 2.02	一椁一棺	陶仓1、陶灶1、陶小口瓮2、陶矮领罐3、陶敛口罐1、铜镜1、铜带钩1	西汉	第①层下	
M15	竖穴土坑墓	276°	3.62	1.82 ~ 1.94	2.44	一椁一棺	陶仓1、陶灶1、陶小口瓮2、陶矮领罐3、陶深腹罐1、陶盂1、铜镜1、铜带钩1	西汉	第①层下	
M16	竖穴土坑墓	353°	5.14	3.44 ~ 3.58	4.28	一椁重棺	陶圈底罐1、陶鼎2、陶瓮2、陶钫1、陶壶1、陶仓1、陶灶1、陶矮领罐1、铜镜1、漆圆奁1、漆樽盖1	西汉	第①层下	

墓号	形制	方向	尺寸（米）			葬具	随葬器物	时代	层位关系	备注
			长	宽	深					
M17	竖穴土坑墓	176°	2.88	2.22	0.44	一椁一棺	陶盂3、陶矮领罐1、陶敛口罐2、陶鼎1、陶灶1、陶仓5、陶井1、陶壶1、陶盒1、硬陶罐5、铜钱1	西汉	第①层下	
M18	竖穴土坑墓	3°	4.88	3.24	3.04	一椁一棺	陶高领罐3、陶矮领罐3、陶平底罐1、陶盂3、陶盘1、铜鼎1、铜壶1、铜匜1、铜勺1、研磨石1	西汉	第①层下	

附表二　　　　　　　　　　胡家草场墓地 M12 遣册与出土器物对照表

物品类别	整理号	简号	简文	出土器物及件数（器物号）	备注
车马类	1	3595	轺车一乘，车被具	出土时已散乱，可辨构件有木车衡 1（M12：35）、轮毂 1（M12：160）	相符
	2	3590	乘车一乘，车被具	出土时已散乱，可辨构件有木车厢 1（M12：16）、车衡 1（M12：122）、轮毂 1（M12：159）	相符
	3	3574	乘车盖一	木伞盖斗 2（M12：71、M12：124）	出土物多 1 件
	4	3635	车马六匹	木马 6（M12：20、22、25、33、59、98）	相符
	5	3525	☐四匹	木马 4（M12：19、21、58、97）	简首残损，根据出土物推测所残之字应为"骑马"
	6	3636	☐五匹，其二☐☐		简文残缺
	7	3615	☐【车】一乘	出土时已散乱，可辨构件有木车衡 1（M12：106）、轮毂 1（M12：125）	简首残损，根据出土物推测所残之字应为"牛"
	8	3596	牛者一人	跪俑 1（M12：46）	出土物未见
	9	3623	牛一	木牛 1（M12：60）	相符
奴婢俑	10	3538	谒【者】二人		出土物未见
	11	3554	女子六人，其二人承疏（梳）比（篦）及巾	女侍俑 10（M12：24、56、68、70、115、154、155、156、157、158）	出土物多 4 件
	12	3613	田童（僮）八人，其一人操臿（锸），二人☐，三人柤（锄），二人☐☐	持物男侍俑 8（34、45、54、69、74、120、132、141）	相符
食器类	13	3559	酱杯廿	内红外黑素面耳杯 12（M12：28、34、40、63、65、66、83、92、121、127、129、130）	出土物少 8 件
	14	3598	羹杯卅		出土物未见
	15	3607	画杯廿	彩绘耳杯 10（M12：27、78、81、128、142、143、144、145、147、148）	出土物少 10 件
	16	4611	酱卮（卮）一	漆木卮 1（M12：87）	相符
	17	3582	食盂四		出土物未见
	18	3621	枇（匕）三	漆木匕 1（M12：84）	出土物少 2 件
	19	3577	食（?）卑（椑）庲（榹）五隻（雙一双）		出土物少 5 件
	20	3528	脯检（棯）一合，盛肉	椭圆奁 1（M12：64）	相符
	21	3624	盆【一】	陶盆 1（M12：47）	相符

物品类别	整理号	简号	简文	出土器物及件数（器物号）	备注
食器类	22	3605	䰞（鬻）二	陶灶（M12∶12）上置有陶釜2	相符
	23	3606	甒一	陶甒1（M12∶48）	相符
	24	4603	泽罂☒	深腹罐2（M12∶4、7）	相符
食物类	25	3578	稻食米四石五斗，盛以锦囊三		食物及丝织物已朽，出土物未见
	26	3579	粢食米一石五斗，盛以锦囊一		食物及丝织物已朽，出土物未见
	27	3594	稻秫米一石五斗，盛以锦囊一		食物及丝织物已朽，出土物未见
	28	3587	粢秫米一石五斗，盛以锦囊一		食物及丝织物已朽，出土物未见
	29	3531	黍粟一石五斗，盛以锦囊一		食物及丝织物已朽，出土物未见
	30	3540	大豆一石五斗，盛以锦囊一		食物及丝织物已朽，出土物未见
	31	3588	稻饭三石，盛以锦囊二		食物及丝织物已朽，出土物未见
	32	3581	稻麹（曲）一石五斗，盛以锦囊一		食物及丝织物已朽，出土物未见
	33	3551	肉三笥		食物及竹笥已朽，出土物未见
	34	3589	脯三束，盛以笥一合		食物及竹笥已朽，出土物未见
	35	3576	筍（笋）一簬（答）		食物已朽，出土物未见
	36	4606	杏一☒		所残之字应为簬（答），竹笥（M12∶90）内残存有杏核
	37	3535	栂（梅）一簬（答）		竹笥（M12∶90）内残存有梅核
	38	3591	橸（柚）一簬（答）		食物已朽，出土物未见
	39	4607	枣一簬（答）一☒		竹笥（M12∶90）内残存有枣核
	40	3542	麹（曲）一簬（答）		食物已朽，出土物未见
生活起居类	41	3622	☒检（奁）一合		简首残损
	42	4617	镜检（奁）一合	漆圆奁1（M12∶79）	相符
	43	4610	扇一	木扇柄1（M12∶11）	相符，扇面已朽
	44	3604	桼（漆）木冯（凭）机（几）一，有锦细（茵）	漆几1（M12∶82）	相符，丝织物已朽
	45	3597	桼（漆）木冯（凭）一		出土物未见
	46	3620	桼（漆）木博局一	漆六博盘1（M12∶9）	相符
	47	3610	博六枚		出土物未见

物品类别	整理号	简号	简文	出土器物及件数（器物号）	备注
生活起居类	48	3599	博簭（算）二		出土物未见
	49	3619	象基（棋）十二		出土物未见
	50	3592	☑□一，黑赤（?）印各一，簪一，墨（?），盛以橐笥一合		简首、简文残损，竹笥（M12:90）内残存有墨块
丝织品	51	3627	绀缯车橐一		丝织物已朽，出土物未见
	52	3628	绀缯书橐一		丝织物已朽，出土物未见
	53	4614	黄卷豆橐一		丝织物已朽，出土物未见
	54	3568	☑橐【一】		简首残损
	55	3585	绀丝履、髹（漆）履各一两，素缯□		丝织物已朽，出土物未见
	56	3534	素缯捪（盥）巾一		丝织物已朽，出土物未见
其他	57	3560	槀（?）□□一		简文残缺
	58	3564	□一		简文残缺
	59	3572	博（?）六		简文残缺
	60	3617	☑一		简首残损
	61	3632	□□三		简文残缺
	62	3580	□□笥一合		简文残缺
	63	3603	☑笥一合		简首残损
	64	4613	☑幅图一☑		简首、简尾残损

附表三　　M12《岁纪》与睡虎地秦简"编年记"、《秦本纪》和《秦始皇本纪》所记事件对照表

序号	公元纪年	胡家草场《岁纪》	睡虎地秦简"编年记"	《秦本纪》和《秦始皇本纪》
1	前301	六年，蜀反。攻楚。	六年，攻新城。	六年，蜀侯辉反，司马错定蜀。庶长奂伐楚，斩首二万。泾阳君质于齐。日食，昼晦。
2	前291	十六年，筑蓝阳。	十六年，攻宛。	十六年，左更错取轵及邓。芈戎。封公子市宛，公子悝邓，魏冉陶，为诸侯。
3	前289	十八年，取轵（轵）。	十八年，攻蒲反。	十八年，错攻垣、河雍，决桥取之。
4	前277	卅年，大水。	卅年，攻□山。	三十年，蜀守若伐楚，取巫郡，及江南为黔中郡。
5	前274	卅三年，取长社。	卅三年，攻蔡、中阳。	三十三年，客卿胡（伤）〔阳〕攻魏卷、蔡阳、长社，取之。击芒卯华阳，破之，斩首十五万。魏入南阳以和。
6	前272	卅五年，攻齐。	卅五年。	三十五年，佐韩、魏、楚伐燕。初置南阳郡。
7	前268	【卅】九年，攻怀。	卅九年，攻怀。	
8	前264	卌三年，攻汾城。	【卌三年】	四十三年，武安君白起攻韩，拔九城，斩首五万。
9	前247	三年，泰上皇死。王齮（龁）将军归。	庄王三年；庄王死。	三年，蒙骜攻魏高都、汲，拔之。攻赵榆次、新城、狼孟，取三十七城。……五月丙午，庄襄王卒。
10	前246	始皇帝元年，为泾渠，取晋阳。	今元年，喜傅。	晋阳反，元年，将军蒙骜击定之。
11	前219	廿八年。	【廿八年】，今过安陆。	二十八年，始皇东行郡县，上邹峄山。立石，与鲁诸儒生议，刻石颂秦德，议封禅望祭山川之事。乃遂上泰山，立石，封，祠祀。下，风雨暴至，休于树下，因封其树为五大夫。
12	前218	廿九年，正月，大索十日，行过比阳，游狼（琅）邪。	廿九年。	二十九年，始皇东游。至阳武博狼沙中，为盗所惊。求弗得，乃令天下大索十日。
13	前215	卅二年，行在楬（碣）石。		三十二年，始皇之碣石，使燕人卢生求羡门、高誓。刻碣石门。坏城郭，决通堤防。
14	前214	卅三年，六月，适戍行。		三十三年，发诸尝逋亡人、赘婿、贾人略取陆梁地，为桂林、象郡、南海，以适遣戍。西北斥逐匈奴。自榆中并河以东，属之阴山，以为四十四县，城河上为塞。又使蒙恬渡河取高阙、（陶）〔阳〕山、北假中，筑亭障以逐戎人。徙谪，实之初县。禁不得祠。明星出西方。
15	前213	卅四年，民大役（疫）。		三十四年，适治狱吏不直者，筑长城及南越地。

附表四　　　　　　　　　　　　**M4 棺椁尺寸登记表**　　　　　　　（单位：米）

名称 序号	椁东墙板（长×宽×厚）	椁西墙板（长×宽×厚）	椁北挡板（长×宽×厚）	椁南挡板（长×宽×厚）
1	3.14×0.7×0.2	3.14×0.7×0.2	2.1×0.64×0.2	2.1×0.64×0.2
2	3.14×0.54×0.2	3.14×0.54×0.2	2.1×0.6×0.2	2.1×0.6×0.2

名称 序号	椁底板（长×宽×厚）	椁垫木（长×宽×厚）	棺墙板（长×宽×厚）	棺挡板（长×宽×厚）
1	3.82×0.7×0.2	2.14×0.26×0.12	2.1×0.44×0.12	0.5×0.44×0.12
2	3.82×0.7×0.2	2.14×0.26×0.12	2.1×0.44×0.12	0.5×0.44×0.12
3	3.82×0.48×0.2			

名称 序号	棺底板（长×宽×厚）			
1	2.1×0.74×0.12			

附表五   **M12 棺椁尺寸登记表**   (单位：米)

名称 序号	椁盖板 （长×宽×厚）	椁东墙板 （长×宽×厚）	椁西墙板 （长×宽×厚）	椁北挡板 （长×宽×厚）
1	2.38×0.56×0.16	4.12×0.7×0.2	4.12×0.7×0.2	2.6×0.7×0.2
2	2.64×0.68×0.12	4.12×0.82×0.2	4.12×0.82×0.2	2.6×0.82×0.2
3	2.58×0.66×0.18			
4	1.88×0.52×0.14			
5	1.76×0.58×0.14			
6	2.28×0.62×0.14			
7	1.52×0.42×0.06			
名称 序号	椁南挡板 （长×宽×厚）	椁隔梁 （长×宽×厚）	椁底板 （长×宽×厚）	椁垫木 （长×宽×厚）
1	2.76×0.7×0.2	2.04×0.18×0.24	4.56×0.92×0.22	2.9×0.26×0.22
2	2.76×0.82×0.2	2.04×0.18×0.24	4.56×0.78×0.22	2.9×0.26×0.22
3		2.74×0.18×0.24	4.56×0.84×0.22	
名称 序号	棺盖板 （长×宽×厚）	棺墙板 （长×宽×厚）	棺挡板 （长×宽×厚）	棺底板 （长×宽×厚）
1	2.48×0.82×0.14	2.48×0.44×0.14	0.54×0.44×0.14	2.48×0.82×0.14
2		2.48×0.44×0.14	0.54×0.44×0.14	

附表六　　　　　　　　　　　　**M16 棺椁尺寸登记表**　　　　　　　（单位：米）

名称\序号	椁盖板（长×宽×厚）	椁东墙板（长×宽×厚）	椁西墙板（长×宽×厚）	椁北挡板（长×宽×厚）
1	2.38×0.72×0.12	3.94×0.76×0.2	3.94×0.76×0.2	2.78×0.73×0.2
2	2.22×0.62×0.18	3.94×0.78×0.2	3.94×0.78×0.2	2.78×0.81×0.2
3	2.06×0.56×0.14			
4	2.32×0.66×0.16			
5	2.2×0.58×0.1			
6	2.02×0.6×0.18			
名称\序号	椁南挡板（长×宽×厚）	椁隔梁（长×宽×厚）	椁底板（长×宽×厚）	椁垫木（长×宽×厚）
1	2.78×0.73×0.2	2.28×0.2×0.16	4.7×0.66×0.2	2.98×0.26×0.2
2	2.78×0.81×0.2	2.86×0.2×0.16	4.7×0.58×0.2	2.98×0.26×0.2
3			4.7×0.58×0.2	
4			4.7×0.76×0.2	
名称\序号	棺盖板（长×宽×厚）	棺墙板（长×宽×厚）	棺挡板（长×宽×厚）	棺底板（长×宽×厚）
1	2.5×0.88×0.1	2.5×0.63×0.1	0.68×0.63×0.1	2.5×0.88×0.09
2	2.28×0.64×0.08	2.5×0.63×0.1	0.68×0.63×0.1	2.28×0.64×0.06
3		2.28×0.46×0.08	0.48×0.46×0.08	
4		2.28×0.46×0.08	0.48×0.46×0.08	

附表七　　　　　　　　　　西汉墓出土陶器尺寸统计表　　　　　　（单位：厘米）

器形	型式	器物号	连耳宽	口径	腹径	底径	通（残）高
鼎	A型	M4：18	24.5	17.1	19.8	—	18
		M4：19	24.5	17.2	19.8	—	18.1
		M16：7	31.2	23.4	26.4	—	22.4
	B型	M17：9	21.1	15.2	16.5		14.8
盒	A型	M4：6	—	19.3	—	9.5	15.4
		M4：27	—	19.2	—	9.2	15.9
	B型	M17：11	—	16.8	—	8.2	15.8
壶		M17：22		15.4	28.6	15.1	38.6
小口瓮	Aa型	M4：1	—	11.8	33.1	15.6	28.9
		M4：2	—	残	33.8	15.7	27
		M4：3	—	残	33.4	14.1	27.8
		M4：4	—	11.5	34	15.3	34
	Ab型	M3：2	—	11.5	31.9	13.4	27.2
		M12：1	—	12.8	30.4	14.8	28.8
		M12：2	—	12.4	30.1	13.4	29
		M12：76	—	12.6	31.2	13.7	27.8
		M12：96	—	残	30.2	16.1	28.2
	Ac型	M8：4	—	12.5	30.4	13.9	26.3
		M15：3	—	13.2	29.2	11.3	30.5
		M15：4	—	12.5	28.6	14.2	28.9
	B型	M13：1	—	11	28	17.9	26.4
		M13：2	—	11	28.2	17.9	26.4
瓮		M16：6		13.2	39.1	27.1	30.2
尊		M4：28	—	35.8×16.2	—	—	22.8
圜底罐	A型	M16：1	—	12.6	26.4		29.2
	B型	M8：1	—	12.1	23.6	—	25
		M9：6	—	12	20	—	22.8
平底罐		M18：10	—	16.1	29.6	17.4	28.7
高领罐	A型	M4：22	—	9.4	17.9	5.8	22.1
		M4：23	—	11.4	19.1	6.4	16.8
	B型	M18：12	—	10.5	24.2	10.9	27.1
	C型	M9：2	—	7.4	14.2	6.8	14
		M9：7	—	7.2	14.1	6.9	14
	D型	M8：12	—	7.5	14.1	6.4	12.8

器形	型式	器物号	连耳宽	口径	腹径	底径	通（残）高
矮领罐	Aa 型	M4：14	—	11.5	19.9	6.3	16.7
		M4：15	—	11.2	20.7	6.7	11.6
		M4：17	—	11.6	20.6	6.5	16.9
	Ab 型	M12：3	—	10.8	18.1	6.6	12.8
		M12：5	—	10.2	17.8	5.9	13.3
		M12：6	—	10	17.4	6.2	13.2
	Ac 型	M18：7	—	13.2	22.4	6.8	20
		M18：8	—	12.4	22.3	6.9	20.1
	B 型	M14：8	—	9.8	15.1	5.8	8.9
	C 型	M17：10	—	8.8	15.2	5.7	9.7
深腹罐	A 型	M4：12	—	7.4	15.3	6.1	15.6
		M4：13	—	8.9	15.4	6	12.6
		M4：16	—	7.9	16.4	10.7	16.8
		M4：24	—	8.6	14.5	6.1	11.5
	B 型	M3：5	—	10.6	21.2	6.2	15.4
		M3：8	—	12.5	23.4	10.9	16.6
		M3：11	—	11.4	20.6	7.2	15.3
		M3：13	—	11.4	20.5	6.2	14.7
		M12：4	—	10.7	18	5.7	15.9
		M12：7	—	11.8	22.4	7.4	18.4
		M15：7	—	11.7	20	8.5	17.3
敛口罐	A 型	M13：6	—	10.2	25	15.2	21
		M17：5	—	8.4	21	13.8	18.4
		M17：6	—	9.5	21.6	13	19.6
	B 型	M14：5	—	10.5	22	11.2	17.2
硬陶罐	A 型	M17：12	—	残	16.2	8.9	13.6
		M17：13	—	9.8	15.8	9.3	14.8
		M17：16	—	10.2	16.1	8.2	15.4
	B 型	M17：14	—	9.8	15.8	8.3	15.6
		M17：17	—	9.4	15	8.7	14.2
盘	A 型	M4：20	—	22.5	—	5.9	7
	B 型	M18：16	—	31.6	—	21.2	5.6
盂	A 型	M13：3	—	16.9	—	5.6	6.4
		M15：11	—	17.3	—	4.4	5.8
		M18：13	—	21.8	—	7.5	9.5

器形	型式	器物号	连耳宽	口径	腹径	底径	通（残）高
盂	B 型	M4：26	—	18.7	—	5.6	8.1
		M12：36	—	25.6	—	7.6	12.4
		M17：4	—	14.5	—	3.9	5.4
盆		M12：47	—	36.2	—	14.2	16
甑	Aa 型	M4：25	—	18.9	—	5.2	8.4
	Ab 型	M12：111	—	25.6	—	6.8	12.4
	B 型	M12：48	—	42	—	14.5	21.5

附表八　　　　　　　　　　西汉墓出土陶仓、井、灶尺寸统计表　　　　　　　（单位：厘米）

器类	型式	器号	盖径	盖高	口径	底径	通高
仓	A 型	M14：6	长 34.6、宽 27.1	11	长 26.2、宽 25.9	—	32.2
	Ba 型	M8：11	30.5	10.3	15.9	15.3	28.2
		M9：5	—	—	20.1	12.2	19.2
		M12：53	27.8	6.8	23.1	14	27.9
		M13：7	28.2	7.2	20.8	14.5	28.6
		M15：8	26.5	7.6	18.2	13.3	28.2
	Bb 型	M17：15	22.1	9.6	17.1	18.2	31.2
	C 型	M17：19	—	—	11.4	14.6	25.2
		M17：20	—	—	10.7	17.6	25.4
		M17：21	—	—	11.2	18.6	25.4
井		M17：2	—	—	11.2	9.2	13.9
灶	A 型	M4：21	—	—	42.2×31.7	—	26.6
		M8：6	—	—	26.7×24.8	—	16.8
		M12：12	—	—	35.8×30.2	—	19.8
		M15：10	—	—	27.5×21.8	—	17.8
	B 型	M17：7	—	—	27.3×25.5	—	19.8

Abstract

From July to September 2018, to cooperate with the construction of the Jinan Eco-Cultural Tourism Zone in Jingzhou, the Jingzhou Museum conducted an archaeological survey of project land and discovered six sites with cultural remains. All six sites are cemeterieswith long-term continuity, dating from the Western Han Dynasty to the Ming Dynasty. The Jingzhou Museum initiated excavations of the cemeteries in October 2018 with the approval of the National Cultural Heritage Administration. The project gained the most significant findings at the Hujia Caochang Cemetery, where considerable precious bamboo and wooden slips were unearthed from a Western Han Dynasty tomb M12. The Hujia Caochang Cemetery is 0. 98 km away from the Qin-Han Ying City Site in the west, 3. 4 km away from the Jingzhou Ancient City in the southwest, 0. 38 km away from the Xiejiaqiao Cemetery and 1. 6 km away from the Zhoujiatai Cemetery in the northeast. Dated from the Western Han Dynasty to the Ming Dynasty, the 18 tombs excavated at the Hujia Caochang Cemetery were structured in two types: the rectangular vertical shaft earthen pit and the rectangular vertical shaft earthen pit with brick-built chambers. The 11 Western Han Dynasty tombs, accounting for the largest number, are primarily north-south oriented. The largest tomb M12, situated at the west-central part of the cemetery, is a rectangular vertical shaft earthen pit tomb with one coffin and one outer chamber (*guo*). The outer chamber was horizontally and vertically partitioned into the coffin chamber and the head, foot, and side chambers; most grave goods were placed in the latter three chambers. Despite being disturbed, archaeologists still unearthed 162 pieces (sets) of artifacts involving pottery, bronze, wood lacquer, bamboo, and stone from tomb M12. The bamboo *si* (square box) M12:10 found west of the head chamber was filled with bamboo slips except *qiance* (inventory of sent items); some slips fell through the damaged bottom. Another bamboo *si* M12:90 found east of the head chamber contained bamboo slips, inkstone, craft knife, sharpening stone, grains, and plant cores. Bamboo slips were packaged as a whole and sent to the Jingzhou Cultural Relics Preservation Center for indoor cleaning and protection. After drawing, detaching, scanning, and other procedures, experts numbered 4, 642 bamboo slips, wooden slips, and wooden tablets which varied in volume and chapter titles, catalogues, formats, and writing styles. Seven categories were identified by examining the chapter (volume) titles and contents, including *suiji* (chronological records), *lvling* (legal documents), *liri* (calendar), *rishu* (divination manuals), *yizafang* (medical prescriptions and miscellaneous prescriptions), *buji* (registration records), and *qiance* (inventory of sent items). M12's slips made it among the major archaeological discoveries of China in 2019. Such large amounts of well-preserved slips with rich contents are infrequent among other written materials findings in burial excavations over the years. The value and academic significance are comparable to the Shuihudi Qin bamboo slips and Zhangjiashan Han bamboo slips. The discovery places critical influences on Qin-Han history, especially on important historical and geographical issues during over a hundred years from King Zhaoxiang of Qin to Emperor Wen of Han, also on legal and political histories of the early Western Han as well as the understanding of calendars during the early and middle Western Han.

The occupant of tomb M12 was not directly recorded in the unearthed slips, but according to the tomb scale, structure of burial receptacles, types of grave goods, and amount and content of slips, it can be speculated that the identity status should be equivalent to the tomb owner of Fenghuangshan M168. Moreover, based on unearthed artifacts and bamboo texts, M12 can be dated to the reign of Emperor Wen of Han, no earlier than the first year of the Houyuan era (163 BCE). Determined through partial dissection of the cemetery terrace and analysis of the tomb orientations, unearthed objects, and causes of accumulations, the Hujia Caochang Cemetery should be a family cemetery centered around M12 and M16 dating to the early Western Han Dynasty.

后 记

　　荆州胡家草场墓地考古发掘项目负责人为李志芳，参加现场发掘的工作人员有李志芳、王明钦、杨开勇、李亮、朱江松、王家益、王莉、彭雪梅、谢章伟、彭巍等。参加室内资料整理的工作人员有李志芳、王潘盼、王家益、王莉、彭雪梅、刘冬梅等。简牍整理采用竹简整理的专利技术（证书编号：第2297679号）实施清理，由肖玉军指导，谢章伟和张波负责绘制简牍剖面图，蒋鲁敬负责简牍揭取。刘冬梅、刘祖梅、陈小敏、彭雪梅负责简牍清洗，何文清负责简牍扫描。

　　国家文物局、湖北省文化和旅游厅、荆州市文化和旅游局对简牍保护、资料整理及报告出版都给予了大力支持。荆州博物馆领导对出土简牍高度重视，专门组建了工作小组，安排了简牍初步保护及发掘报告编撰经费。荆州纪南生态文化旅游区文物局为项目的顺利开展提供了较多帮助。荆州文物保护中心方北松、吴昊、陈华、邱祖明等在第一时间赶赴发掘现场协助简牍整体打包，简牍修复室史少华、白云星、贺巧云等及时完成了简牍的扫描、脱色等保护工作。荆州博物馆金陵、陈新平及荆州文物保护中心蔡元成、张昌汀等协助拍摄了简牍揭取过程中的影像资料。荆州博物馆李志芳、蒋鲁敬参与了本报告历日、岁纪部分编写，武汉大学刘国胜、郑威、何有祖参与了本报告日书、岁纪和律令部分的编写，中国中医科学院中国医史文献研究所顾漫、周琦参与了本报告医杂方内容的编写，武汉大学简帛研究中心李天虹协助笔者对简牍概述和释文进行统稿、修订。彭浩、朱江松、王红星在墓葬发掘及报告编写过程中给予笔者较多的鼓励和帮助。

　　谨对以上支持和帮助本报告编撰及出版的单位和个人表示诚挚的感谢！

图版

4. 简 4   3. 简 3   2. 简 2   1. 简 1

图版一　M12 出土遣册简

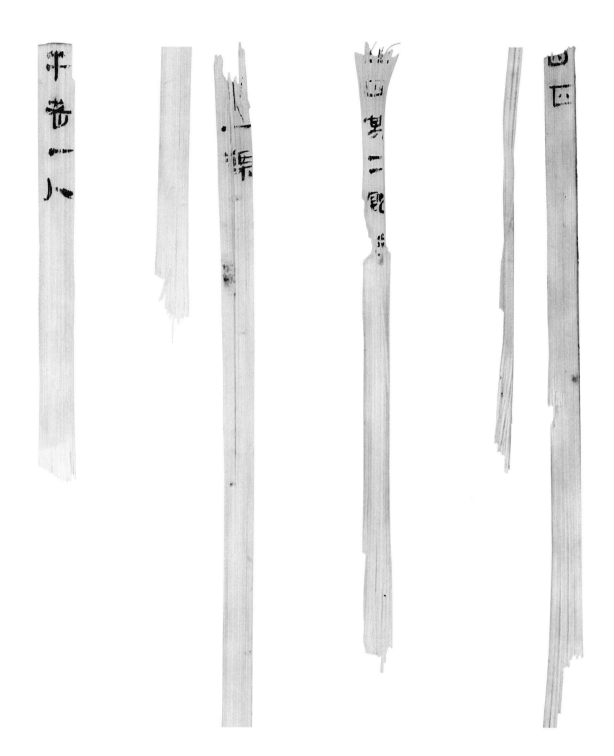

4. 简 8   3. 简 7   2. 简 6   1. 简 5

图版二　M12 出土遣册简

4. 简 12   3. 简 11   2. 简 10   1. 简 9

图版三　M12 出土遣册简

4. 简 16　　　　　　3. 简 15　　　　　　2. 简 14　　　　　　1. 简 13

图版四　M12 出土遣册简

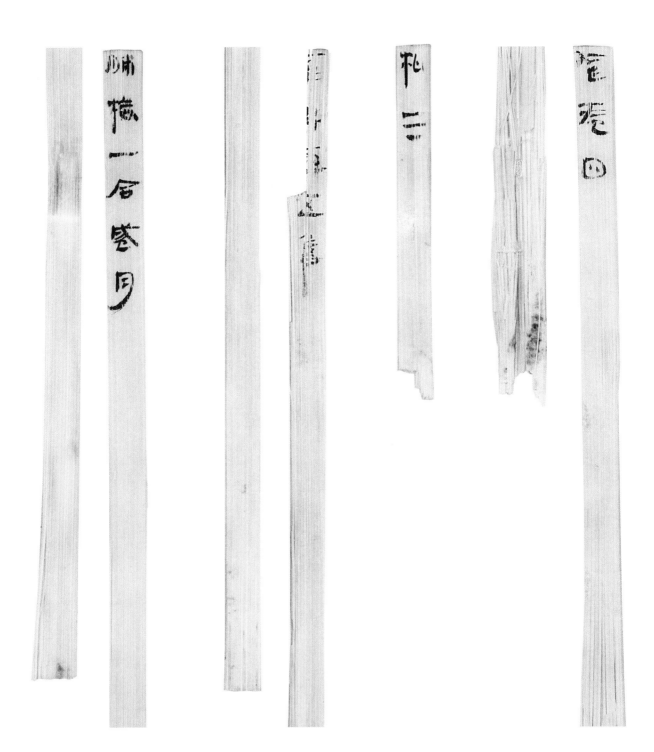

4.简 20　　　　　3.简 19　　　　2.简 18　　　　1.简 17

图版五　M12 出土遣册简

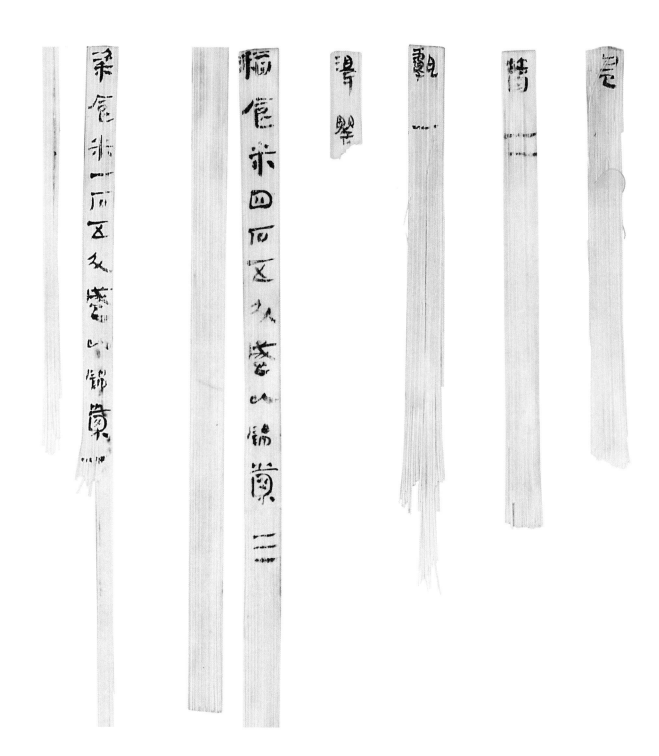

6. 简 26　　　　　　　　5. 简 25　　　4. 简 24　　　3. 简 23　　　2. 简 22　　　1. 简 21

图版六　M12 出土遣册简

4. 简 30   3. 简 29   2. 简 28   1. 简 27

图版七　M12 出土遗册简

5. 简 35   4. 简 34   3. 简 33   2. 简 32   1. 简 31

图版八　M12 出土遣册简

5. 简 40　　　　　4. 简 39　　　　3. 简 38　　　　2. 简 37　　　　1. 简 36

图版九　M12 出土遣册简

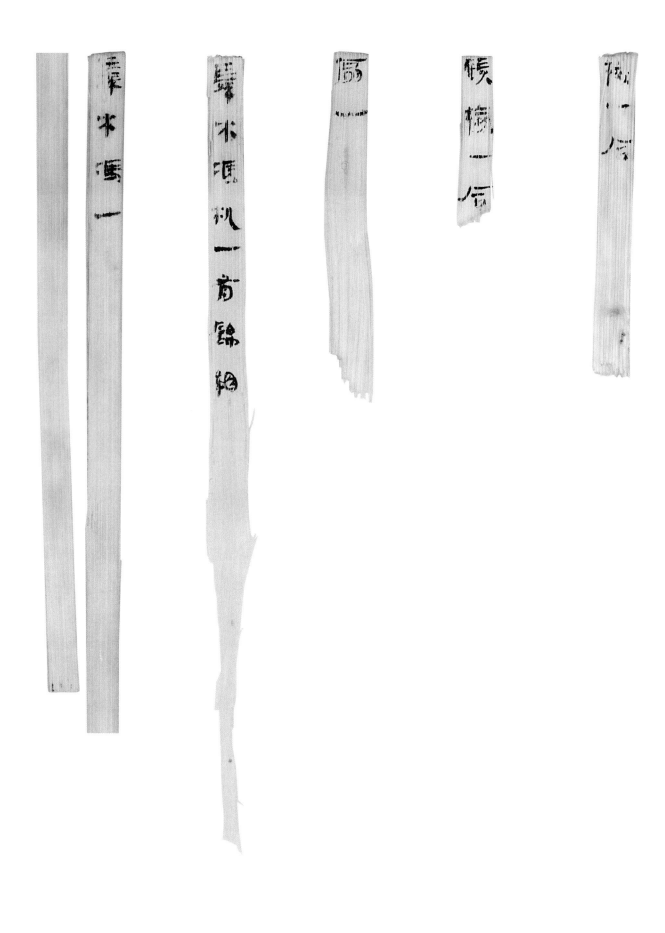

5. 简 45　　　　4. 简 44　　　　3. 简 43　　　　2. 简 42　　　　1. 简 41

图版一〇　M12 出土遣册简

5. 简50　　　　　4. 简49　　3. 简48　　　2. 简47　　　1. 简46

图版一一　M12 出土遣册简

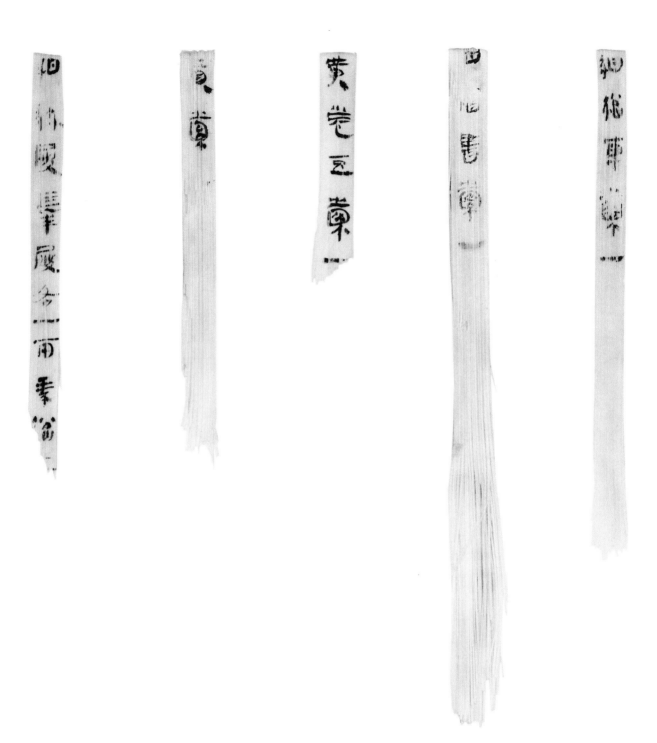

5. 简 55   4. 简 54   3. 简 53   2. 简 52   1. 简 51

图版一二　M12 出土遣册简

4. 简 59   3. 简 58   2. 简 57   1. 简 56

图版一三　M12 出土遣册简

5. 简 64   4. 简 63   3. 简 62   2. 简 61   1. 简 60

图版一四　M12 出土遣册简

彩 版

彩版一　胡家草场墓地全景

1. M3 全景（由北向南摄）

2. M4 全景（由南向北摄）

彩版二　西汉墓 M3、M4 全景

1. M4 椁室陶器出土情况（由东向西摄）

2. M4 出土陶器组合

彩版三　西汉墓 M4 陶器出土情况及出土陶器组合

1. M8 全景（由北向南摄）

2. M8 器物出土情况

彩版四　西汉墓 M8 全景及器物出土情况

1. M9 器物出土情况

2. M12 全景（由南向北摄）

彩版五　西汉墓 M9 器物出土情况及 M12 全景

1. M12椁盖板（由南向北摄）

2. M12椁室（由南向北摄）

彩版六　西汉墓 M12 椁室

1. M12 边箱器物出土情况

2. M12 头箱器物出土情况

彩版七　西汉墓 M12 边箱、头箱器物出土情况

1. M12 头箱简牍出土情况

2. 竹笥（M12：90）出土情况

彩版八　西汉墓 M12 头箱简牍出土情况

1. M12 足箱器物出土情况

2. M12 出土陶器组合

彩版九　西汉墓 M12 足箱及出土陶器组合

1. M14 全景（由北向南摄）

2. M15 全景（由东向西摄）

彩版一〇　西汉墓 M14、M15 全景

1. M16 全景（上为北）

2. M12（右）、M16（左）位置关系（上为北）

彩版一一 西汉墓 M16 及其与 M12 位置关系

1. M17 全景（由北向南摄）

2. M17 出土陶器组合

彩版一二　西汉墓 M17 全景及出土陶器组合

1. M5 全景（由北向南摄）

2. M1 全景（由北向南摄）

彩版一三 东汉墓 M5 全景、宋代墓 M1 全景

1. M7 器物出土情况

2. M10 全景（由西向东摄）

彩版一四　宋代墓 M7 器物出土情况及明代墓 M10 全景

1. M4：19

2. M4：19

3. M16：7

4. M16：7局部

彩版一五　西汉墓出土 A 型陶鼎

1.B 型鼎（M17：9）　　　　　　　2.B 型鼎（M17：9）底部

3.A 型盒（M4：6）　　　　　　　4.A 型盒（M4：6）

5.B 型盒（M17：11）　　　　　　6.B 型盒（M17：11）

彩版一六　西汉墓出土陶器

1. 壶（M17：22）

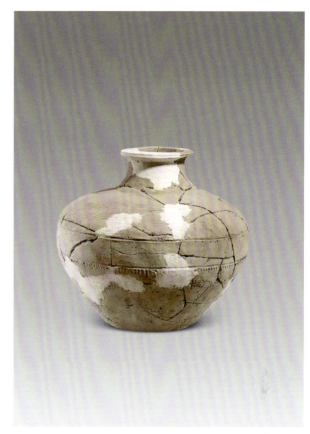

2. Aa 型小口瓮（M4：1）

3. Aa 型小口瓮（M4：4）

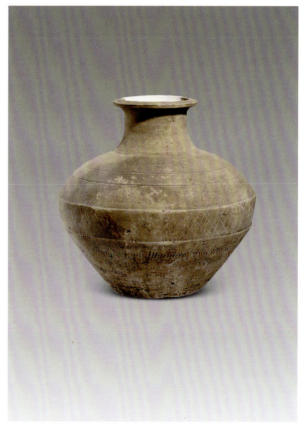

4. Ab 型小口瓮（M12：1）

彩版一七　西汉墓出土陶器

1. Ab 型（M12：76）

3. Ac 型（M15：3）

2. B 型（M13：1）

4. Ac 型（M15：3）

彩版一八　西汉墓出土陶小口瓮

1. 瓮（M16∶6）

2. 瓮（M16∶6）口部

3. 尊（M4∶28）侧面

4. 尊（M4∶28）正面

彩版一九　西汉墓出土陶器

1. A 型圜底罐（M16：1）

2. B 型圜底罐（M9：6）

3. B 型圜底罐（M8：1）

4. 平底罐（M18：10）

5. A 型高领罐（M4：22）

6. A 型高领罐（M4：23）

彩版二〇　西汉墓出土陶器

1. B 型高领罐（M18：12）

2. C 型高领罐（M9：2）

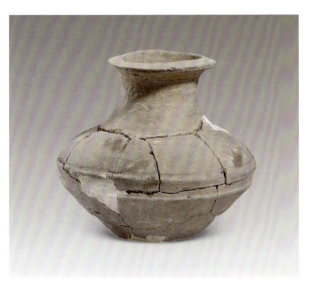

3. D 型高领罐（M8：12）

4. Ab 型矮领罐（M12：6）

5. Aa 型矮领罐（M4：14）

6. Aa 型矮领罐（M4：14）口部

彩版二一　西汉墓出土陶器

1. Ac 型矮领罐（M18：7）　　　　　　2. Ac 型矮领罐（M18：7）

3. B 型矮领罐（M14：8）　　　　　　4. C 型矮领罐（M17：10）

5. A 型深腹罐（M4：12）　　　　　　6. A 型深腹罐（M4：12）

彩版二二　西汉墓出土陶器

1. A 型深腹罐（M4：24）

2. B 型深腹罐（M12：7）

3. B 型深腹罐（M15：7）

4. B 型敛口罐（M14：5）

5. A 型敛口罐（M17：6）

6. A 型敛口罐（M17：6）

彩版二三　西汉墓出土陶器

1. A 型硬陶罐（M17：13）

2. B 型硬陶罐（M17：14）

3. A 型盘（M4：20）

4. B 型盘（M18：16）

5. B 型盂（M12：36）

6. B 型盂（M4：26）

1.B 型盂（M17：4）

2.Ab 型瓿（M12：111）

3.Aa 型瓿（M4：25）

4.Aa 型瓿（M4：25）底部

5.B 型瓿（M12：48）

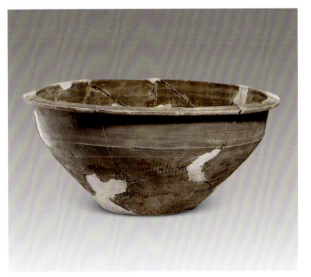

6.盆（M12：47）

彩版二五　西汉墓出土陶器

1. A 型（M14：6）

2. Ba 型（M15：8）

3. Ba 型（M8：11）

彩版二六　西汉墓出土陶仓

1. Ba 型 (M12 : 53)

2. Bb 型 (M17 : 15)

彩版二七　西汉墓出土陶仓

1. C 型仓（M17：20）

2. 井（M17：2）

3. A 型灶（M4：21）

4. A 型灶（M8：6）

5. A 型灶（M15：10）

6. B 型灶（M17：7）

彩版二八　西汉墓出土陶器

彩版二九　西汉墓出土铜鼎（M18：4）

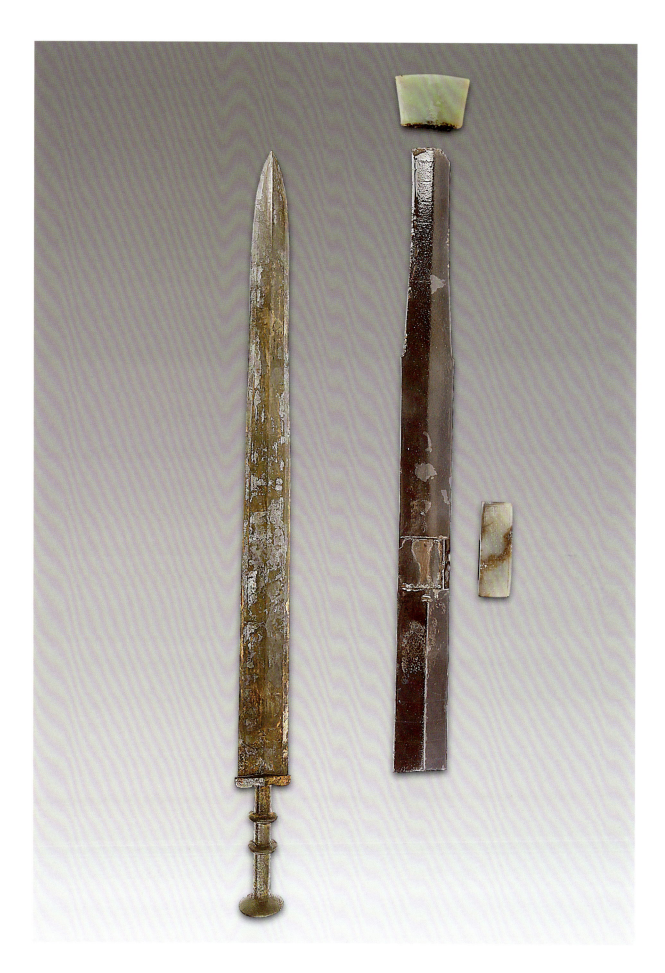

彩版三〇　西汉墓出土铜剑（M12：8）

1.铜剑（M12：8-1）

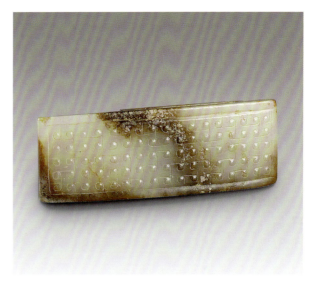

2.玉剑璏（M12：8-2）正面

3.玉剑璏（M12：8-2）背面

4.玉剑珌（M12：8-4）

彩版三一　西汉墓出土铜剑（M12：8）

1. M14：1 背面

2. M14：1 正面

3. M15：1 背面

4. M15：1 正面

5. M16：4 背面

6. M16：4 正面

彩版三二　西汉墓出土铜镜

1.带钩（M14：2）

2.带钩（M15：2）

3.铺首（M4：10）

4.钿器（M12：41）

5.器座（M12：42）

6.饰件（M12：110）

彩版三三　西汉墓出土铜器

1. Aa 型（M12：29）

4. Ab 型（M12：27）

2. Aa 型（M12：29）侧面

5. Ab 型（M12：27）侧面

3. Aa 型（M12：29）底部

6. Ab 型（M12：27）底部

彩版三四　西汉墓出土漆耳杯

1. 外部

2. 内部

3. 盒身

4. 盖顶纹饰

彩版三五　西汉墓出土漆酒具盒（M12：77）

1. 盘身

2. 内底

3. 外底

4. 内底纹饰

彩版三六　西汉墓出土 B 型漆圆盘（M12 ：43）

1. C 型圆盘（M12：109）

2. C 型圆盘（M12：109）外底

3. 椭圆奁（M12：64）

4. 椭圆奁（M12：64）盒身

彩版三七　西汉墓出土漆器

1.樽

2.盖顶

3.盖顶铜饰件

4.铜足

彩版三八　西汉墓出土漆樽（M12：100）

1. 樽

2. 盖顶纹饰

彩版三九　西汉墓出土漆樽（M12 : 101）

1.卮

2.盖顶

3.卮

4.器身纹饰

彩版四〇　西汉墓出土漆卮（M12：87）

1. 漆扁壶（M12：80）

2. 漆扁壶（M12：80）盖

3. 漆匕（M12：84）

4. 木扇柄（M12：11）

彩版四一　西汉墓出土漆木器

彩版四二　西汉墓出土漆几（M12：82）

1.漆圆奁（M12：79-1）

2.木篦（M12：79-2）

3.木梳（M12：79-3）

彩版四三　西汉墓出土漆木器

1. 盖顶纹饰

2. 盖内纹饰

3. 内底纹饰

彩版四四　西汉墓出土漆圆奁（M12：79-1）纹饰

1. M12：70 正面

2. M12：70 背面

3. M12：115 正面

4. M12：115 背面

彩版四五　西汉墓出土木袖手女侍俑

1.持物男侍俑（M12：34）正面　　　　2.持物男侍俑（M12：34）背面

3.骑马俑（M12：67）正面　　　　4.骑马俑（M12：67）背面

彩版四六　西汉墓出土木俑

1.驾车俑（M12：57）正面

2.驾车俑（M12：57）背面

3.持物跪俑（M12：23）正面

4.持物跪俑（M12：23）背面

彩版四七　西汉墓出土木俑

1.持物跪俑（M12：114）正面   2.持物跪俑（M12：114）背面

3.袖手跪俑（M12：46）正面   4.袖手跪俑（M12：46）背面

5.片俑（M12：107）正面   6.片俑（M12：107）背面

彩版四八　西汉墓出土木俑

1.马（M12：58）

2.马（M12：59）

3.牛（M12：60）

4.狗（M12：73）

彩版四九　西汉墓出土木动物

1.车厢（M12：16）

2.车厢（M12：16）内部

彩版五〇　西汉墓出土木车

1.车衡（M12：35）

2.车衡（M12：106）

3.车衡（M12：122）

4.轮毂（M12：125）

5.车构件（M12：61）

6.车构件（M12：105-5）

彩版五一　西汉墓出土木车

1.六博盘（M12：9）

2.T形器（M12：91）

3.饼形器（M12：150）

彩版五二　西汉墓出土漆器

彩版五三　西汉墓出土竹筷筒及竹筷（M12：86）

1.砚（M12：118）

2.砚（M12：118）

3.研磨石（M18：1）

4.研磨石（M18：1）底面

彩版五四　西汉墓出土石器

1. 侧面

2. 顶部

彩版五五　西汉墓出土竹笥（M12∶10）

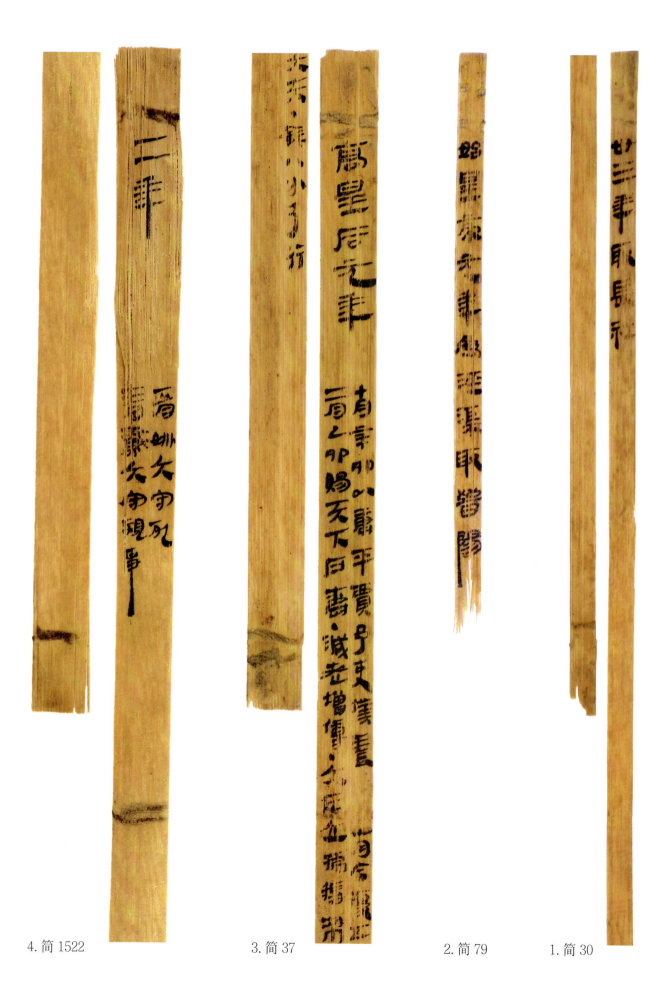

4. 简 1522　　　　　3. 简 37　　　　　2. 简 79　　　　1. 简 30

彩版五六　M12 出土岁纪简

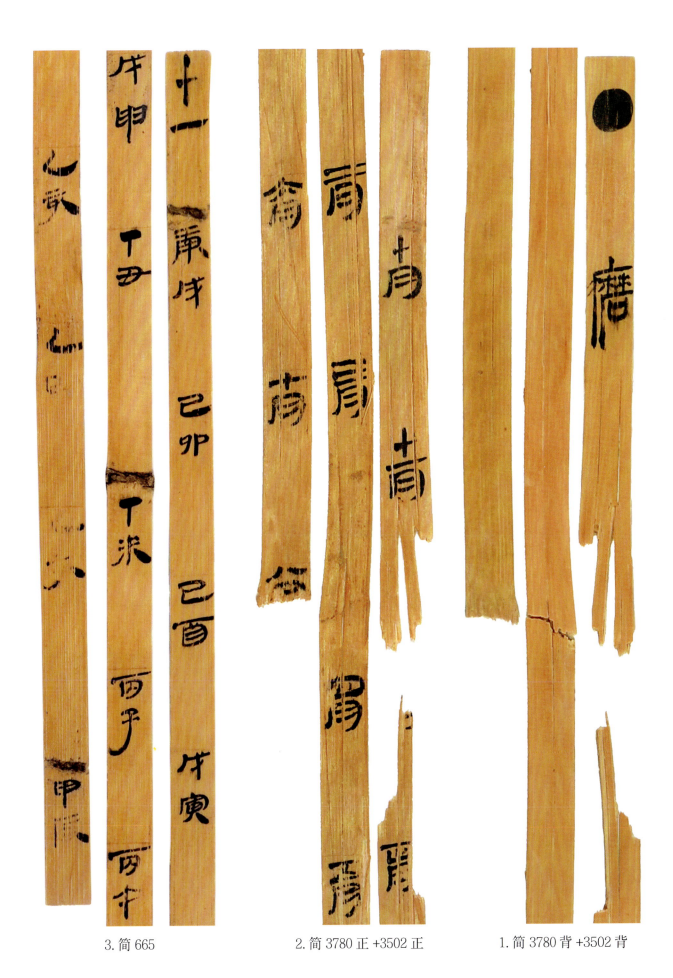

3. 简665   2. 简3780正+3502正   1. 简3780背+3502背

彩版五七　M12出土历简

3. 简605   2. 简3923正 +2723正 +3880正   1. 简3923背 +2723背 +3880背

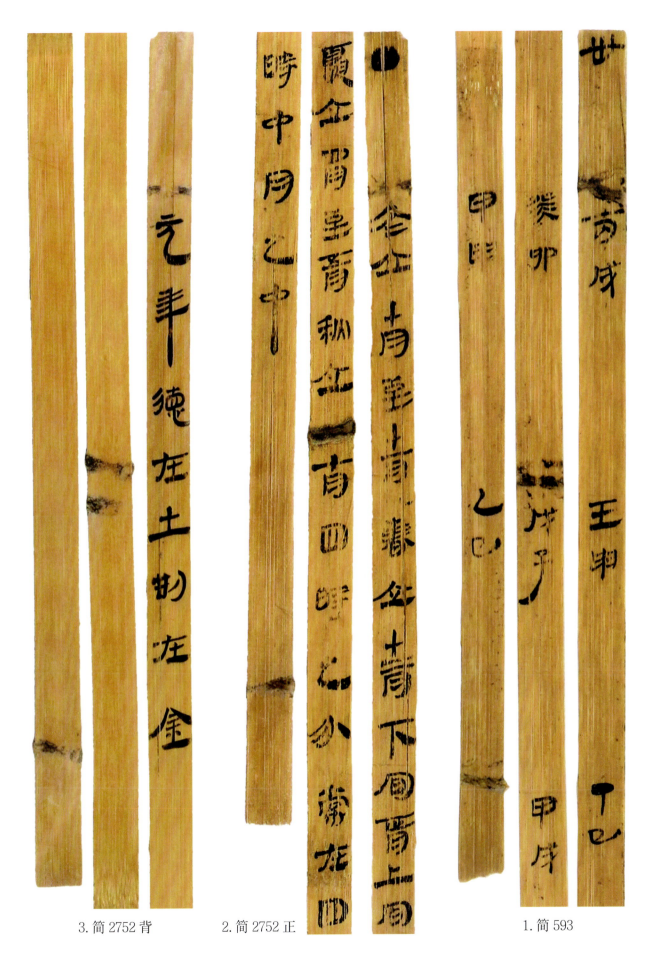

3. 简 2752 背   2. 简 2752 正   1. 简 593

彩版五九　M12 出土日至简

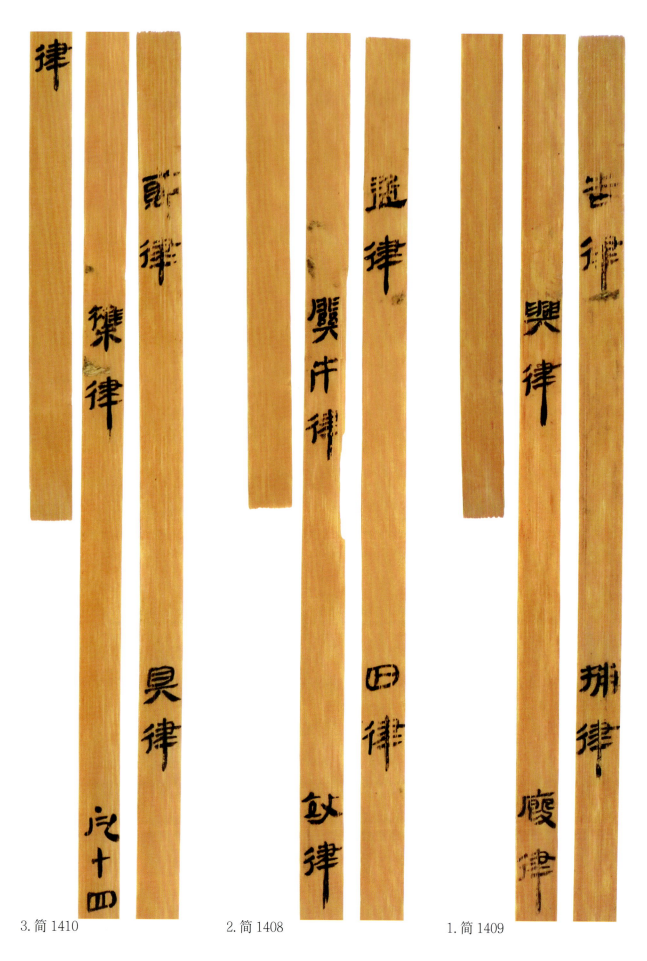

3. 简 1410

2. 简 1408

1. 简 1409

彩版六〇　M12 出土律令简

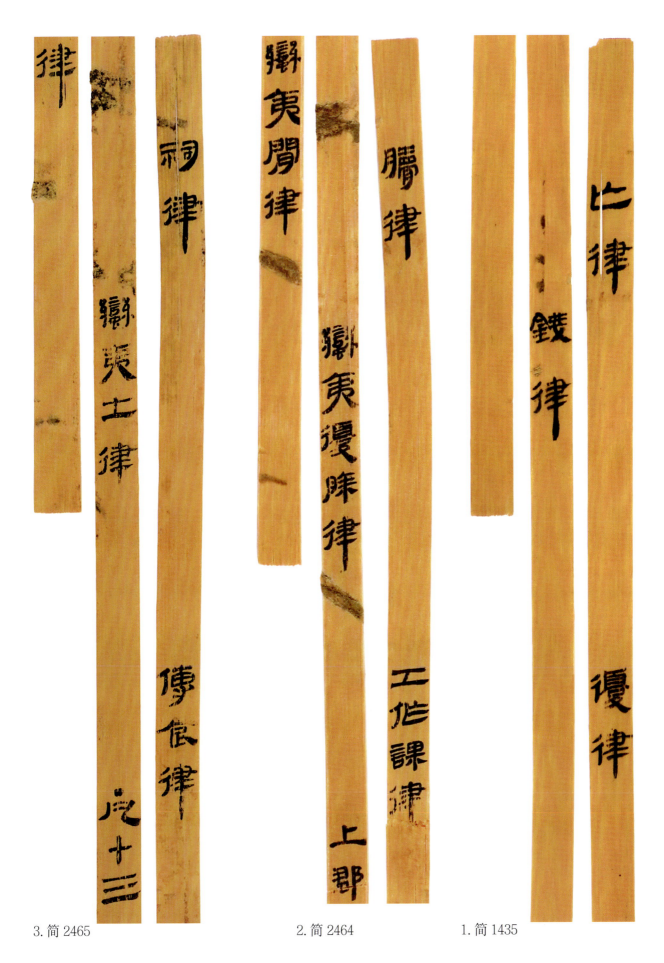

3. 简 2465   2. 简 2464   1. 简 1435

彩版六一　M12 出土律令简

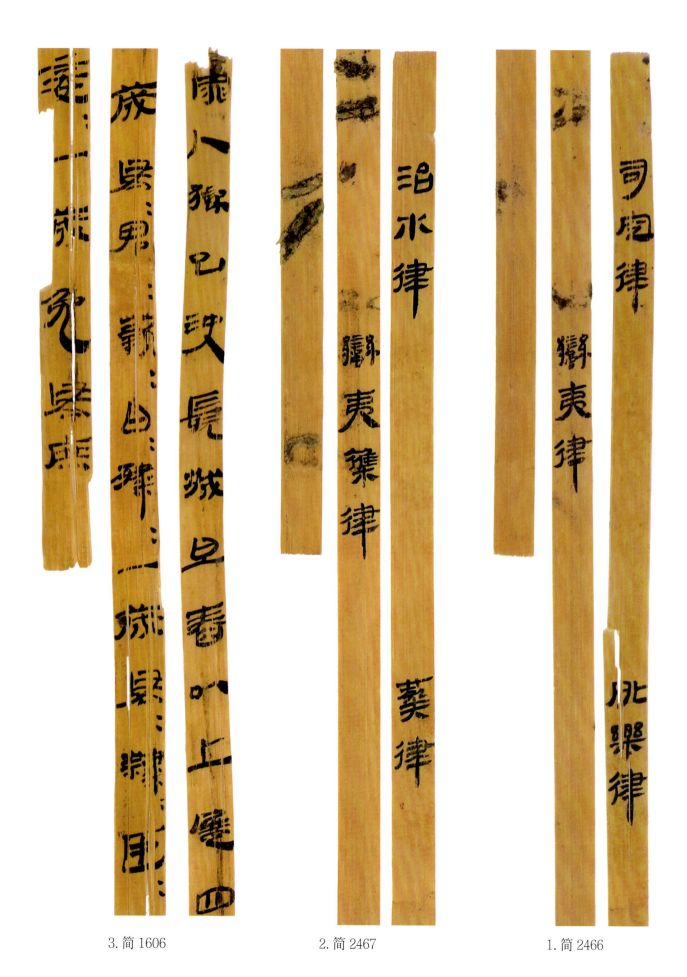

3. 简 1606　　　　2. 简 2467　　　　1. 简 2466

彩版六二　M12 出土律令简

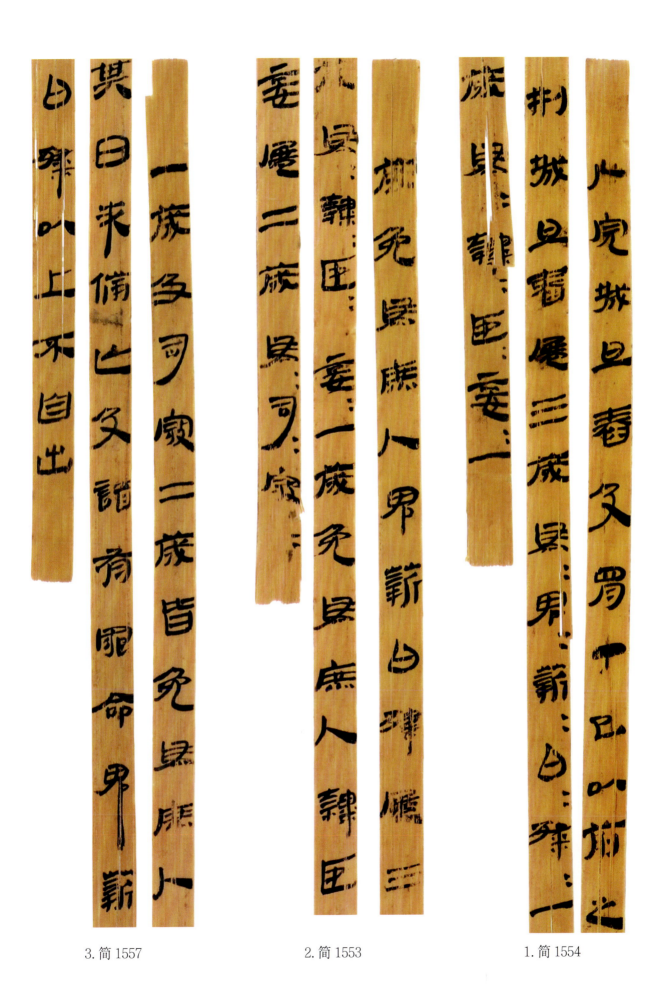

3. 简 1557　　　　　2. 简 1553　　　　　1. 简 1554

彩版六三　M12 出土律令简

3. 简2902

2. 简2924

1. 简3081

彩版六四　M12出土律令简

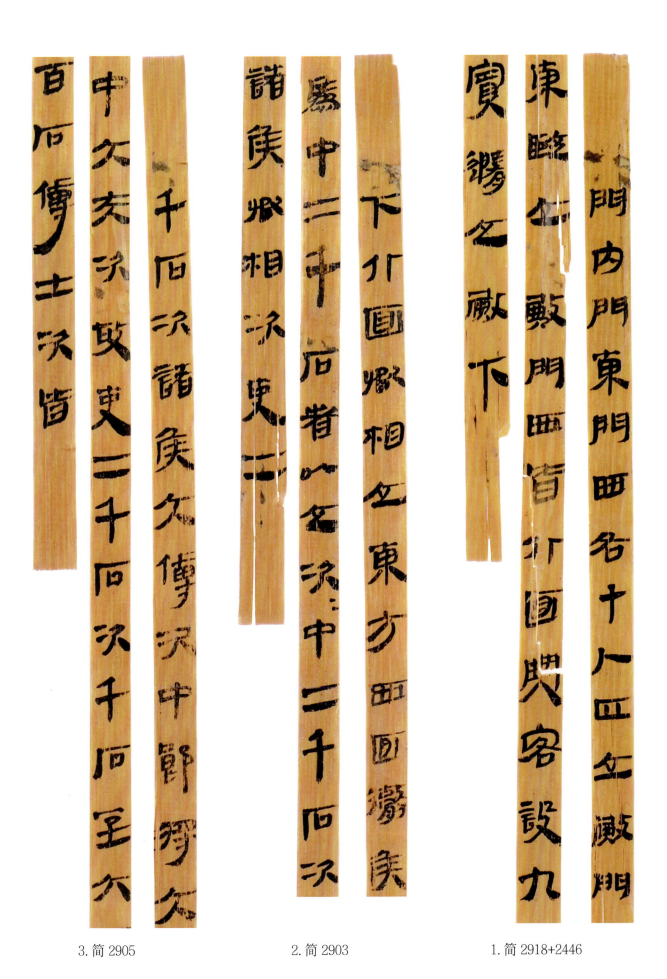

3. 简 2905　　　　　2. 简 2903　　　　　1. 简 2918+2446

彩版六五　M12 出土律令简

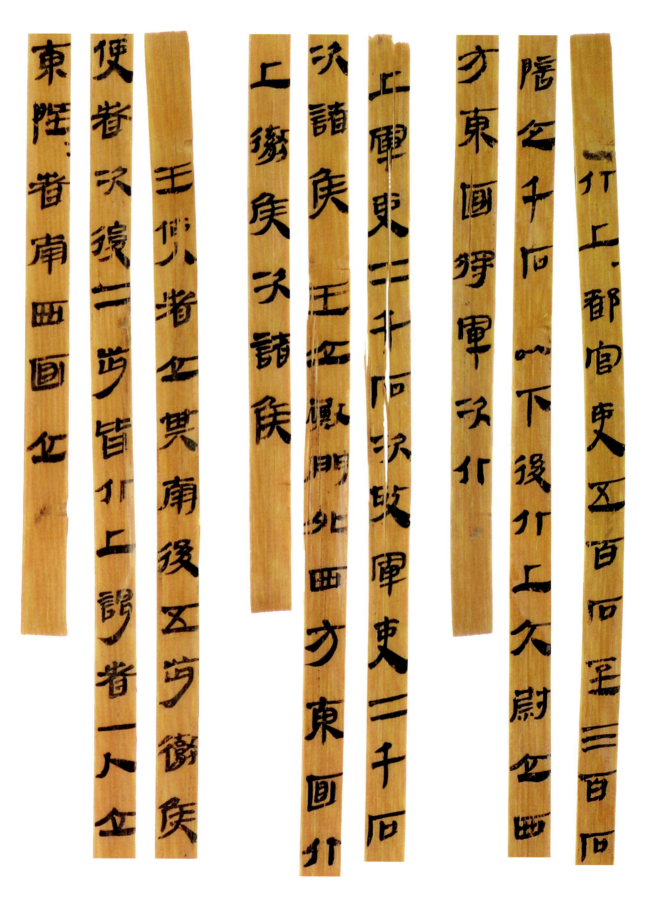

3. 简 2980　　　　　　2. 简 2913　　　　　　1. 简 2908

彩版六六　M12出土律令简

外殊稱黄日繫
名介介

3. 简 2832

臂各四外
二分米一

魚各一酒上下尊
各十介又醶

大甫土具用牛羊
聚雞鷹

2. 简 2831+3915-2

印牛止東方卷

奉常賓九賓多朝者
皆及立箭

問郡言具諉卷八閏皇甫出易

1. 简 2981

彩版六七　M12 出土律令简

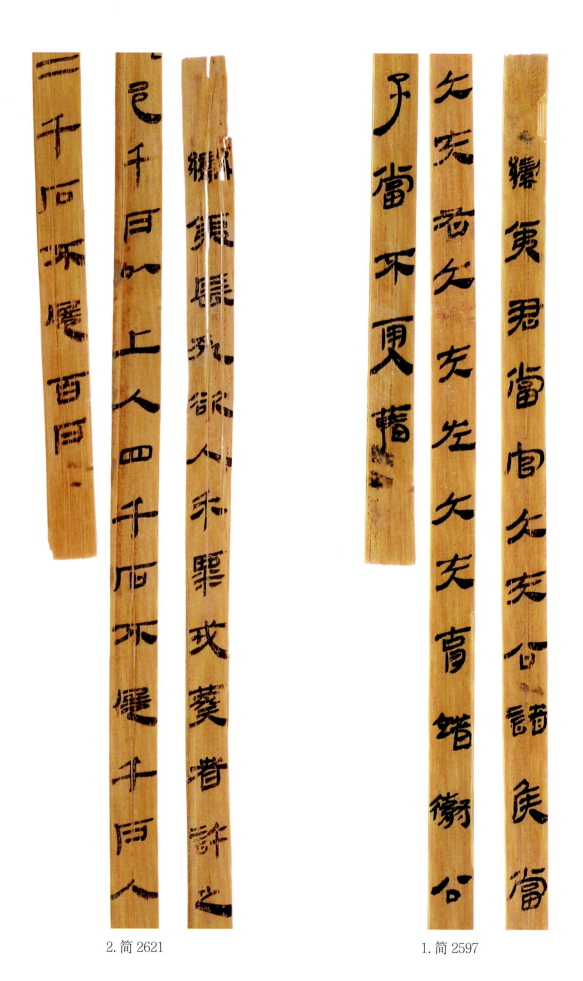

2. 简2621

1. 简2597

彩版六八　M12出土律令简

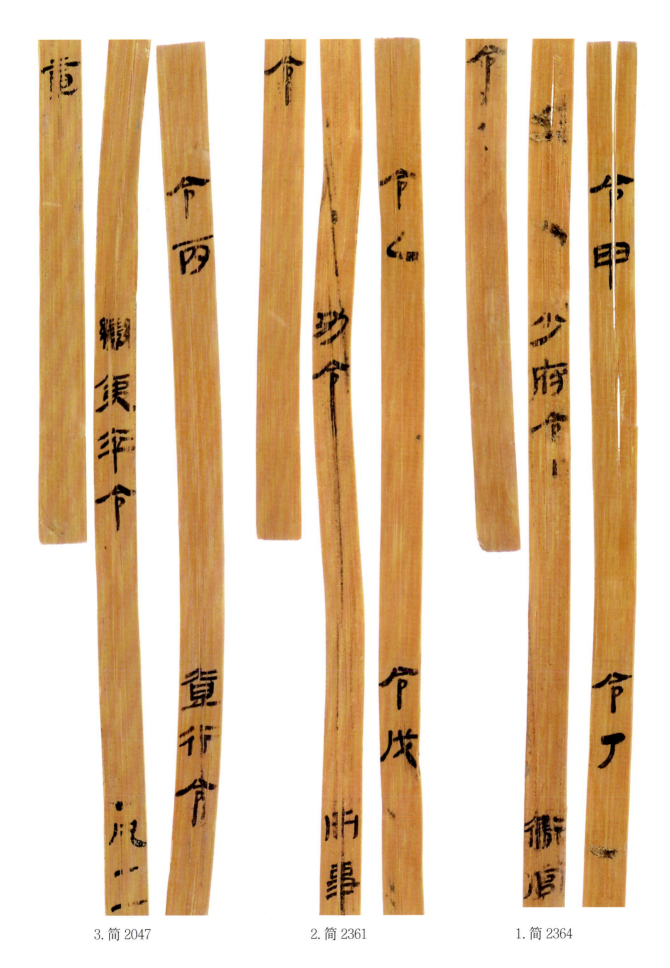

3. 简 2047   2. 简 2361   1. 简 2364

彩版六九　M12 出土律令简

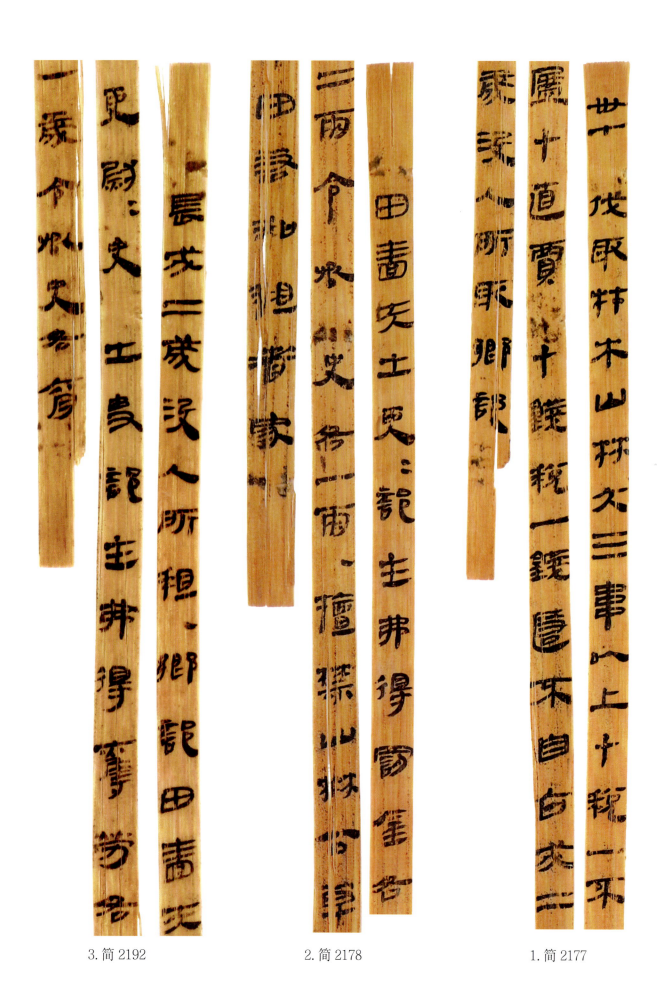

3. 简2192　　　　　　　2. 简2178　　　　　　　1. 简2177

彩版七〇　M12出土律令简

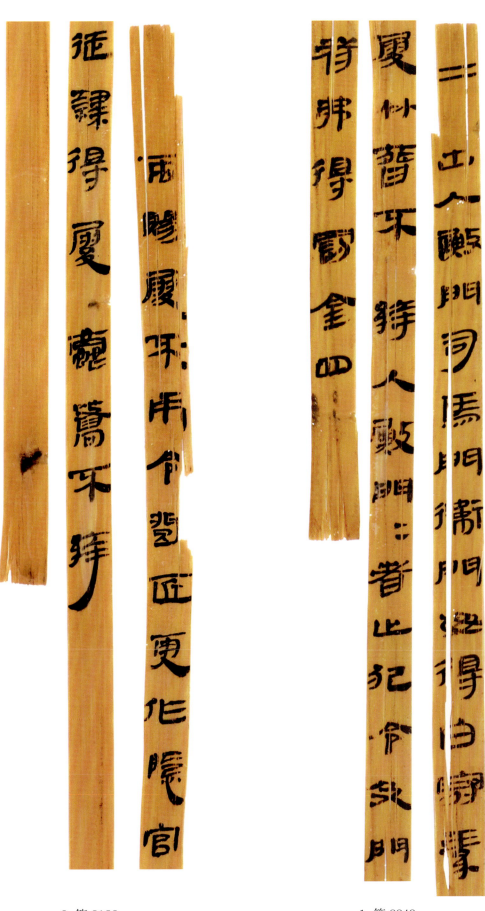

2. 简2138

1. 简2249

彩版七一　M12出土律令简

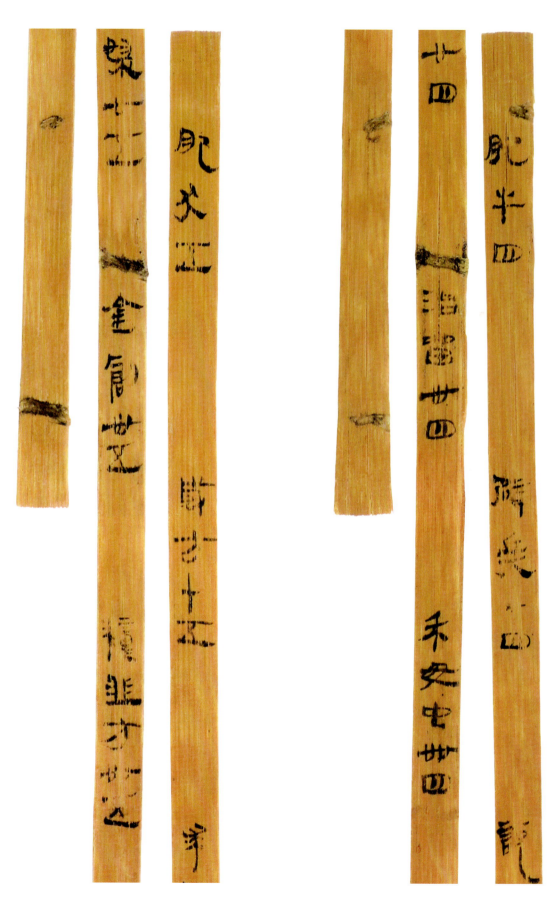

2. 简 794

1. 简 795

彩版七二　M12 出土医杂方简

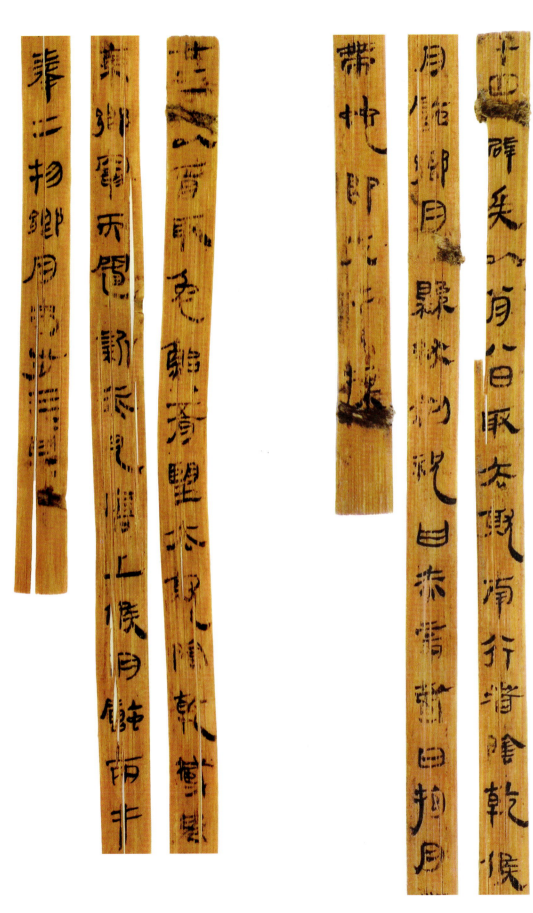

2. 简1032　　　　　　　　　　　　　　1. 简1039

彩版七三　M12出土医杂方简

3. 简839   2. 简856   1. 简935

彩版七四　M12出土医杂方简

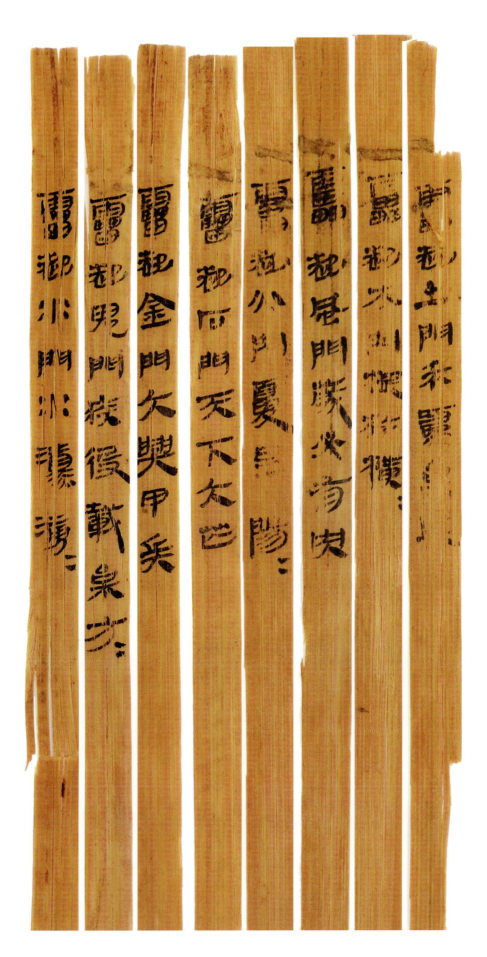

彩版七五　M12 出土日书简

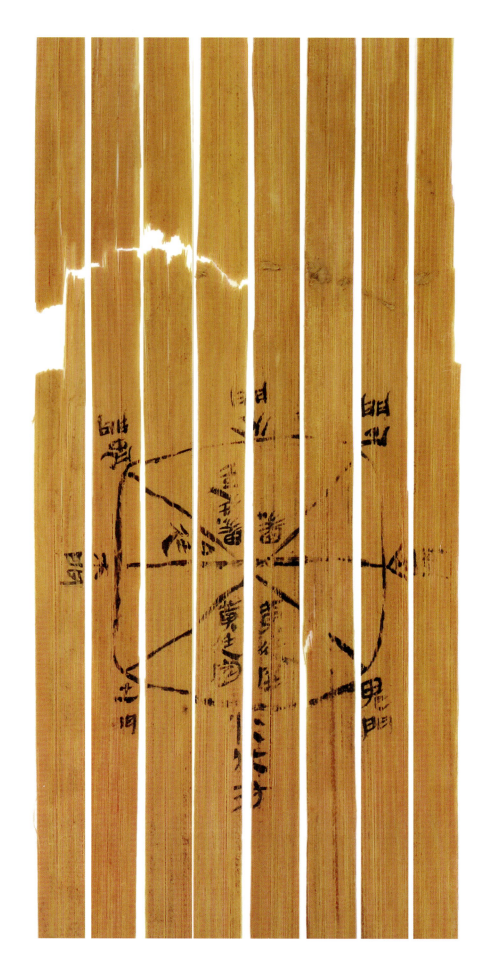

彩版七六　M12 出土日书简

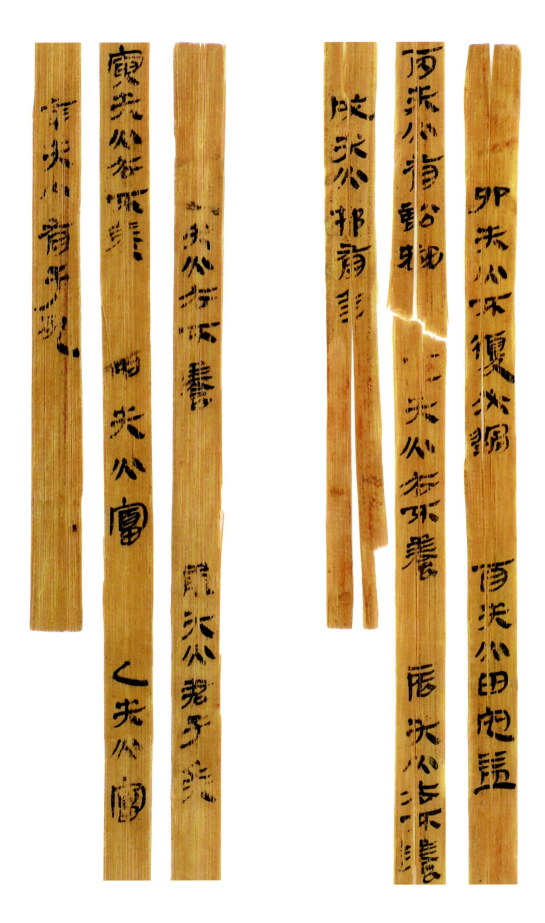

2. 简 722   1. 简 1809+1780

彩版七七   M12 出土日书简

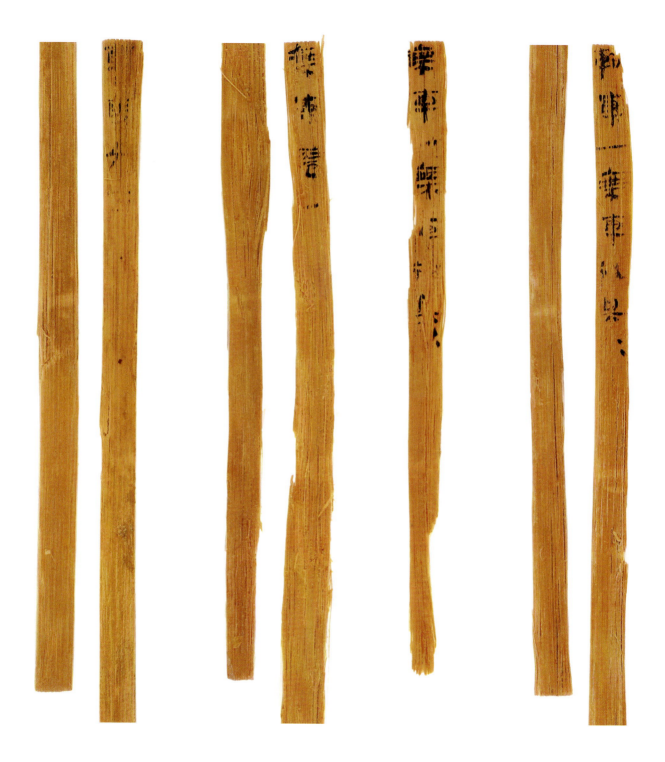

4. 简 4   3. 简 3   2. 简 2   1. 简 1

彩版七八　M12 出土遣册简

4. 简 8　　　　　3. 简 7　　　　　2. 简 6　　　　　1. 简 5

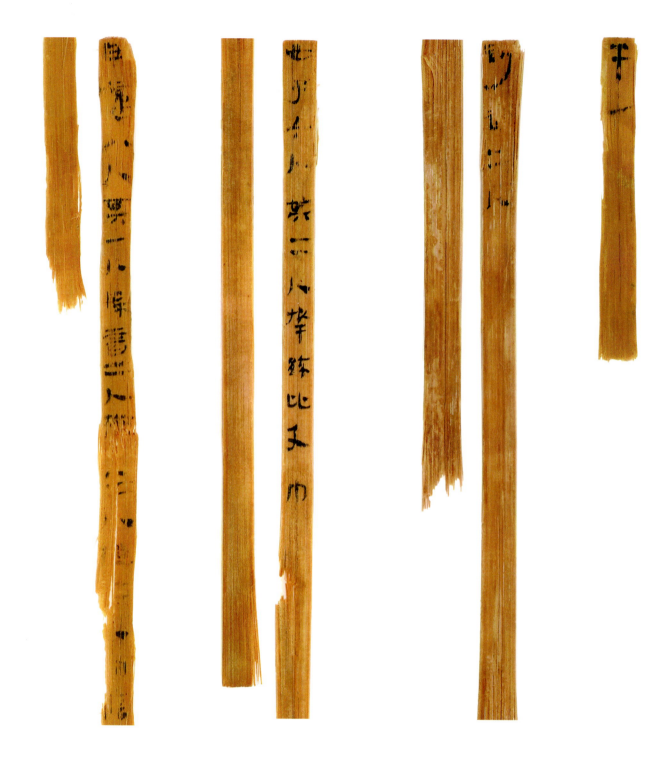

4. 簡 12   3. 簡 11   2. 簡 10   1. 簡 9

彩版八〇　M12 出土遣册簡

4. 简 16   3. 简 15   2. 简 14   1. 简 13

彩版八一　M12 出土遣册简

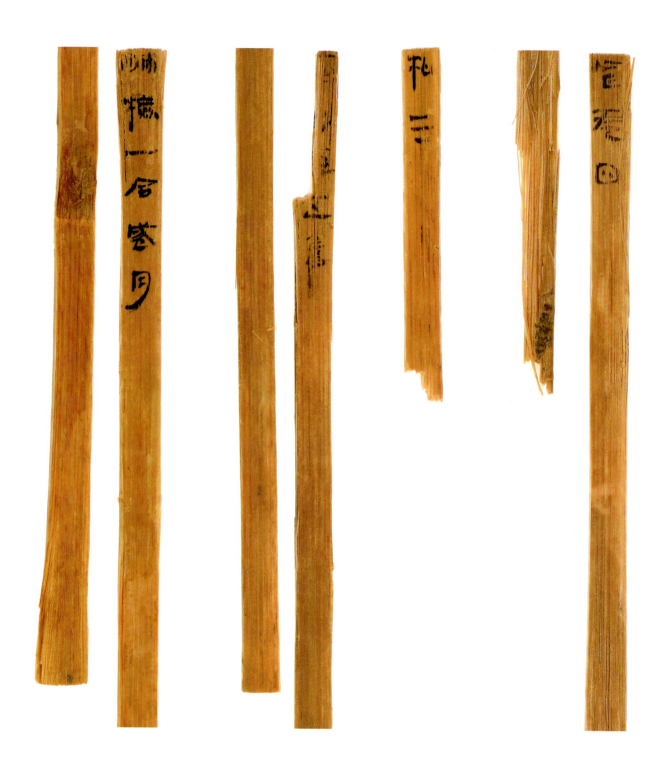

4. 简 20   3. 简 19   2. 简 18   1. 简 17

彩版八二　M12 出土遗册简

6. 简 26   5. 简 25   4. 简 24   3. 简 23   2. 简 22   1. 简 21

4. 简30　　　　　　3. 简29　　　　　　2. 简28　　　　　　1. 简27

彩版八四　M12 出土遗册简

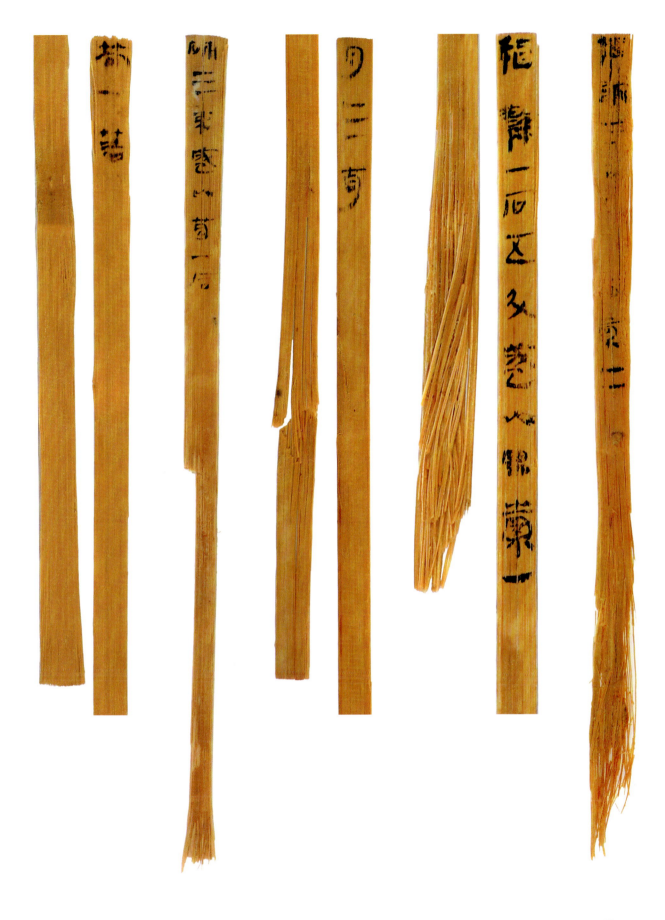

5. 简 35   4. 简 34   3. 简 33   2. 简 32   1. 简 31

彩版八五　M12出土遗册简

5. 简 40　　　　4. 简 39　　　　3. 简 38　　　　2. 简 37　　　　1. 简 36

彩版八六　M12 出土遺册简

5. 简 45   4. 简 44   3. 简 43   2. 简 42   1. 简 41

彩版八七　M12 出土遣册简

5. 简50 　　4. 简49 　　3. 简48 　　2. 简47 　　1. 简46

彩版八八　M12出土遣册简

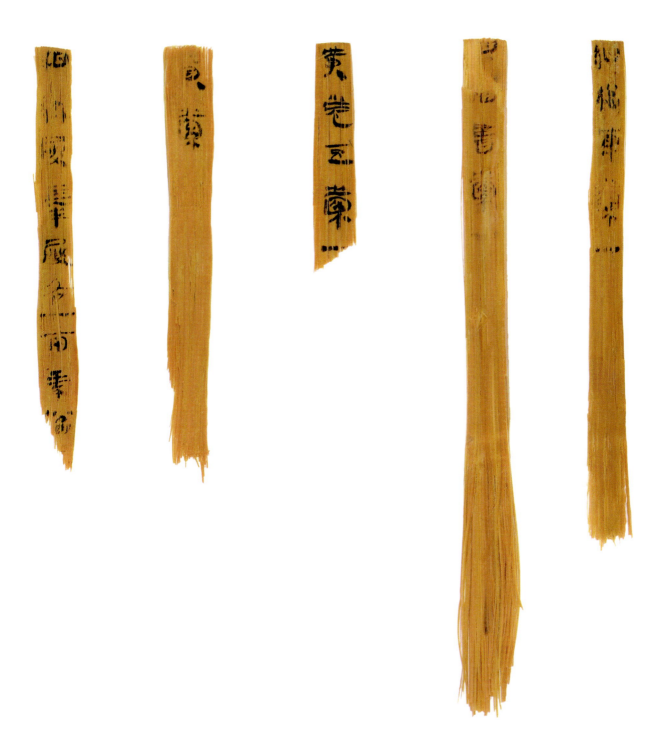

5. 简 55　　　4. 简 54　　　3. 简 53　　　2. 简 52　　　1. 简 51

4. 简 59　　　　　3. 简 58　　　　　2. 简 57　　　　　1. 简 56

彩版九〇　M12 出土遣册简

5. 简 64   4. 简 63   3. 简 62   2. 简 61   1. 简 60

彩版九一　M12 出土遣册简

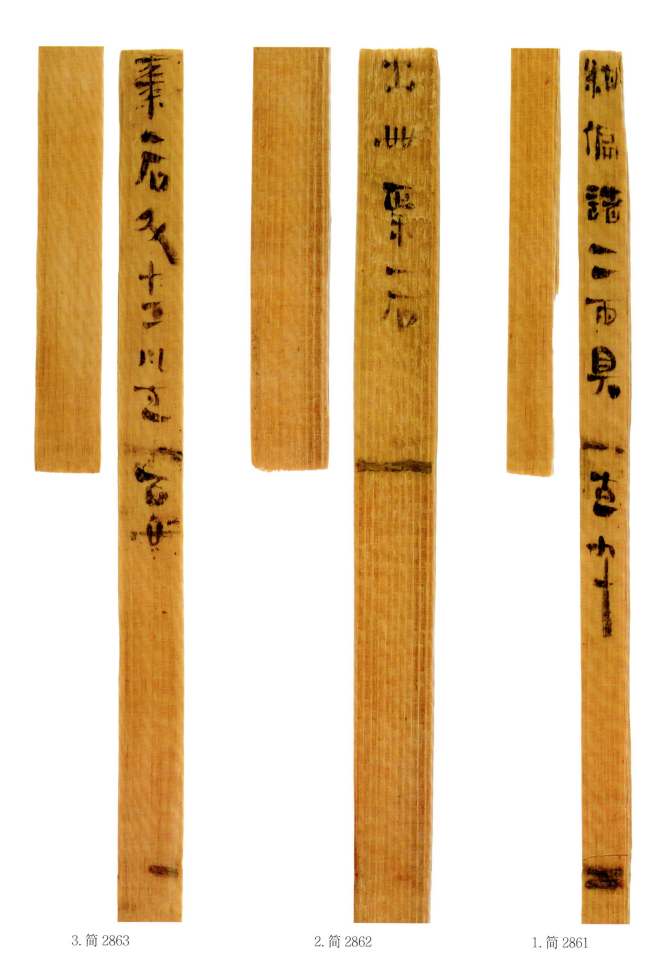

3. 简 2863   2. 简 2862   1. 简 2861

彩版九二　M12 出土木简

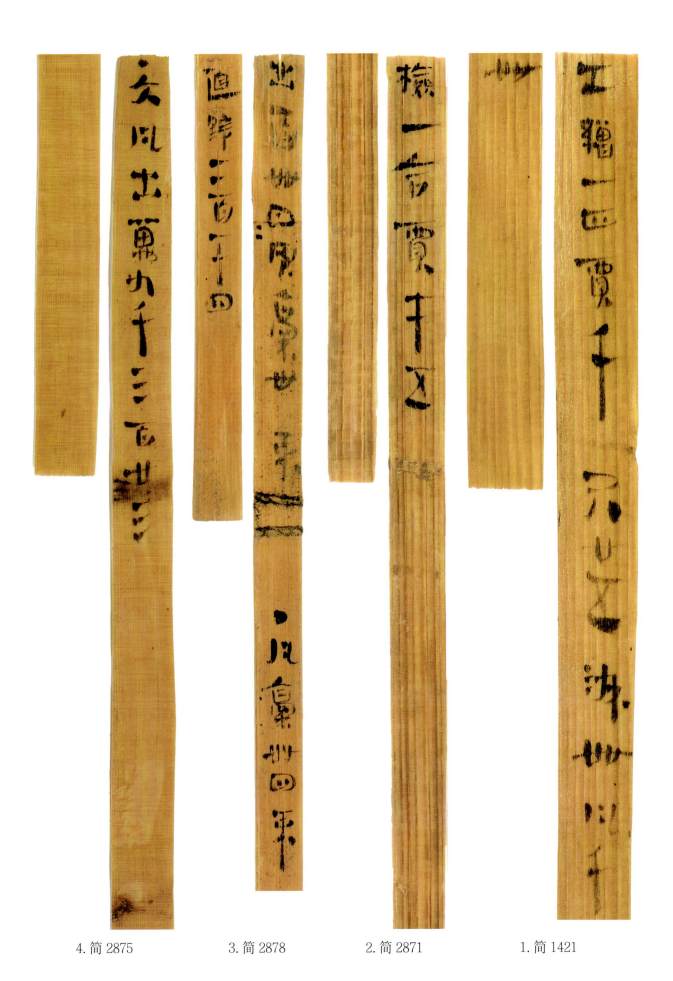

4. 简 2875   3. 简 2878   2. 简 2871   1. 简 1421

彩版九三　M12 出土木简

2.背面　　　　　　　　　　　　　　　　1.正面

彩版九四　M12出土2号木牍

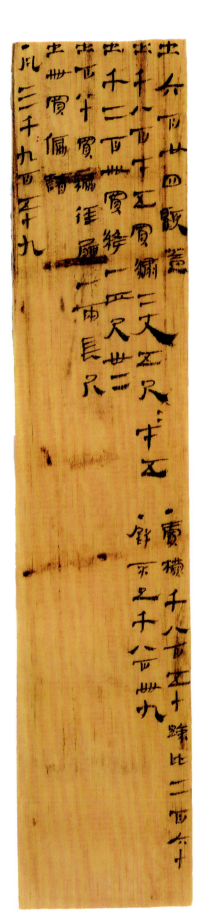

2.背面　　　　　　　　　　　　　　　　　　　　1.正面

彩版九五　M12 出土 5 号木牍

2.背面　　　1.正面

彩版九六　M12出土6号木牍

1. M7：5 内底

4. M7：4 内底

2. M7：5

5. M7：4

3. M7：5 外底

6. M7：4 外底

彩版九七　宋代墓出土瓷碗

1. 釉陶罐（M7：6）

4. 铜镜（M7：1）背面

2. 石砚（M7：2）正面

5. 铜镜（M7：1）正面

3. 石砚（M7：2）背面

6. 铜镜（M7：1）背面纹饰

彩版九八　宋代墓出土器物

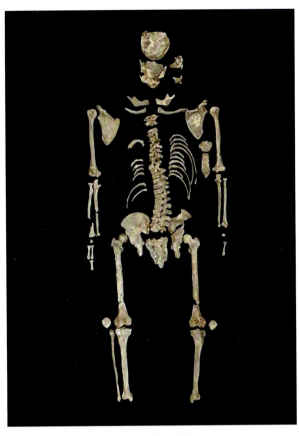

1. 人骨复原图

2. 胸椎

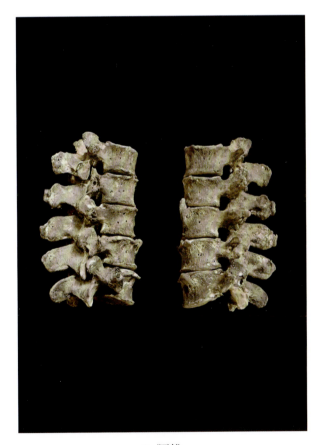

3. 腰椎

4. 胫骨骨膜炎示意图

彩版九九　M12 出土人骨

1. 简牍清理前状态

2. 简牍清理后状态

3. 第三组简牍第一次揭取后剖面

4. 第三组简牍第二次揭取后剖面

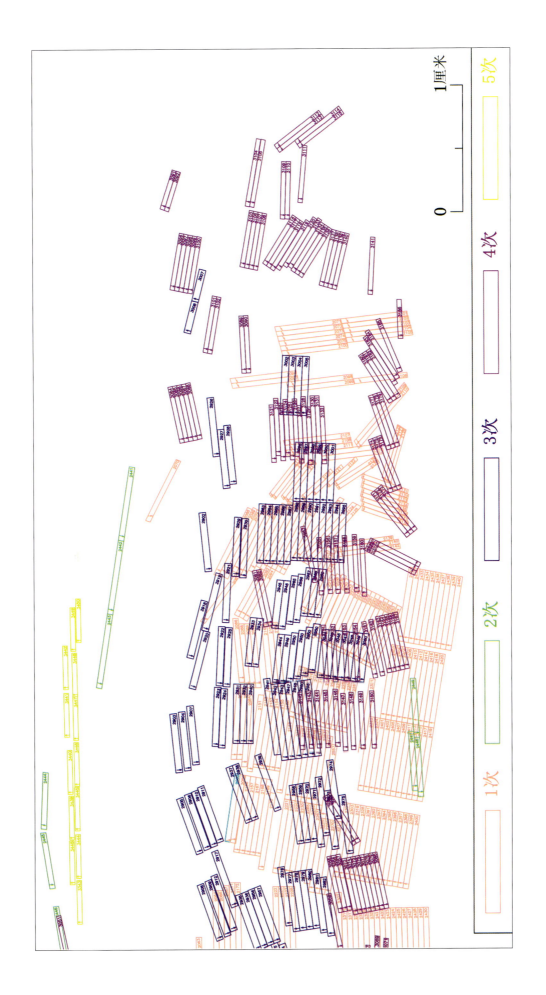

彩版一○一 M12 出土简牍第三组剖面图（局部）

1厘米

0

1次　　2次　　3次　　4次　　5次

彩版一〇二　M12 出土简牍残存编绳

1. 木牍脱色前状态

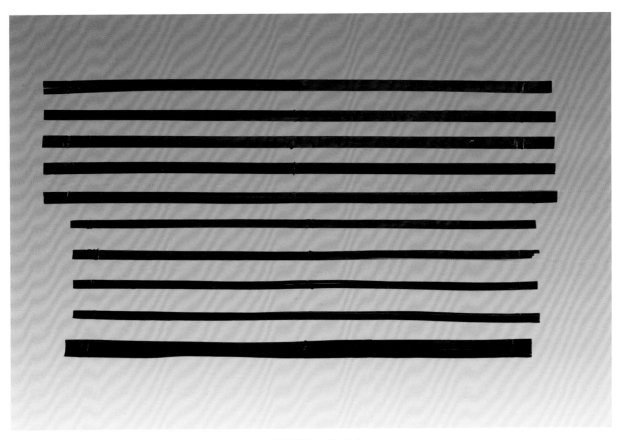

2. 竹简脱色前状态

彩版一〇三　M12 出土简牍保护情况

1.简牍变形情况

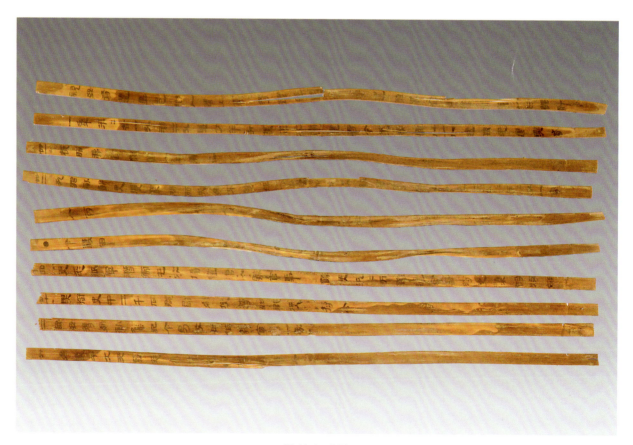

2.简牍变形情况

彩版一〇四　M12出土简牍保护情况

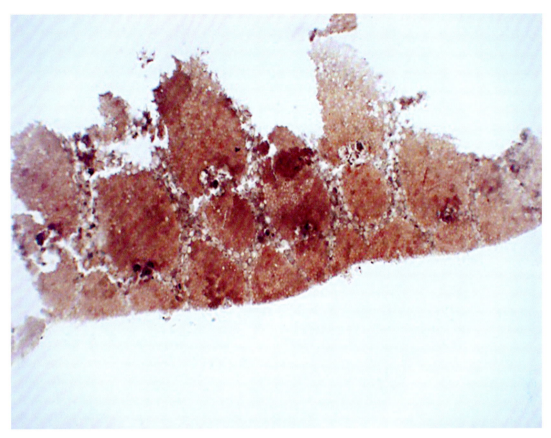

1.竹简横切面

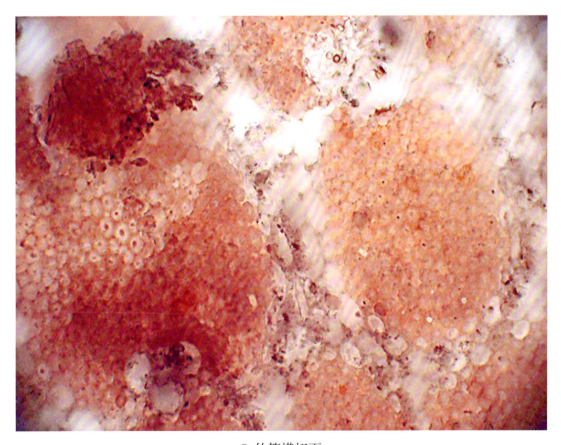

2.竹简横切面

彩版一〇五　M12 出土简牍保护情况